Hinweis

Der Text dieses Buches entstand im Frühjahr 1985.
Bis auf Rechtschreibkorrekturen wurde das Original nicht verändert.
Die Ansichten des Autors haben sich allerdings in den vergangenen 30 Jahren erheblich verändert, nur die Erinnerungen sind geblieben.

Psst: Alle Namen, der Name des Autors ohnehin, sind rein zufällig.
Irgendwelche Ähnlichkeiten mit lebenden oder gestorbenen Personen sind frei erfunden.

Christian Salvesen

Sex, Haschisch und Erleuchtung

Ein Liebesroman

© tao.de in J. Kamphausen Mediengruppe GmbH, Bielefeld

1. Auflage 2014

Autor: Christian Salvesen
Umschlaggestaltung: tao.de
Illustration: Christian Salvesen

Printed in Germany

Verlag: tao.de in J. Kamphausen Mediengruppe GmbH, Bielefeld, www.tao.de, eMail: info@tao.de

Bibliografische Information der Deutschen Nationalbibliothek:
Die Deutsche Nationalbibliothek verzeichnet diese Publikation in der Deutschen Nationalbibliografie; detaillierte bibliografische Daten sind im Internet über http://dnb.d-nb.de abrufbar.

ISBN: 978-3-95802-022-1

Das Werk, einschließlich seiner Teile, ist urheberrechtlich geschützt. Jede Verwertung ist ohne Zustimmung des Verlages unzulässig. Dies gilt insbesondere für die elektronische oder sonstige Vervielfältigung, Übersetzung, Verbreitung und sonstige Veröffentlichungen.

Inhalt:

1: VORGESCHICHTE 1968 - 1980. 7
Vom „Kosmischen Schock" zur Abreise nach Indien

2: FEBRUAR - JUNI 1980. 19
Ankunft Aschram Poona, Goa, „Taufe" in Poona

3: JULI 1980 - FEBRUAR 1981. 51
Mit Sabine in Hamburg, in LKWs nach Griechenland

4: FEBRUAR / MÄRZ 1981. 75
Mit Sabine auf Gran Canaria. Fasten, Meditation, Natur

5: MÄRZ 1981. 97
Mit Sabine auf Gran Canaria. Eine verrückte Welt, abgründig

6: APRIL-JUNI 1981. 163
Zurück im Aschram in Poona und in Goa. Irre Rauschtage

7: JULI 1981 - MÄRZ 1982. 193
Mit Sabine in Hamburg, Amsterdam, erste Trennung

8: APRIL -NOV 1982: 233
TM-Gruppe bei Köln und Lahnstein, Bhagwan versus Maharishi, Zuspitzung

9: NOV. 82 - AUGUST 83: 301
RMC Hannover, TM Urach, Kloster Italien, Rajneeshpuram

10: JAN. 84: 345
Letzte Begegnung in Hamburg

SCHLUSS 357

1: Vorgeschichte 1968 – 1980.

Vom „Kosmischen Schock" zur Abreise nach Indien

Vor der Hälfte meiner Jahre erlebte ich etwas, das alle Vorstellungen, die mir bis dahin mitgegeben worden waren, vorübergehend wegfegte. Ich saß mit meinem Freund Michael, den ich sehr verehrte, auf dem Bett in meinem kleinen Zimmer. Meine Eltern waren verreist. Wir rauchten Haschisch. Ich hatte das Zeug vorher schon zweimal probiert, ohne dass irgendetwas Außergewöhnliches passiert war. Ohne Angst nahm ich drei tiefe Züge.

Da merkte ich plötzlich die Veränderung. Es war eine Veränderung, aus der es kein Entrinnen gab, endgültig wie der Tod. Ich wusste, dass ich nun sterben würde, ohne dass ich irgendeinen Einspruch erheben konnte. Ich sah mich selbst auf dem Bett sitzen, die Arme bewegten sich in Zeitlupe. Dann sah ich mich auf dem Rathausplatz von Lüneburg. Ich schwebte über dem Boden, stieg höher hinauf, über das Rathaus hinweg. Michael war schon hoch über mir. Ich rief: „Warte auf mich!" Dann wurde ich wohl bewusstlos.

Auf meinem alten Tonbandgerät lief das Streichquartett von Maurice Ravel. Die Musik beeinflusste zweifellos das innere Geschehen. Nur Bruchstücke davon kann ich erinnern. Zunächst fand ich mich in einem Gewirr von Kinderspielzeug,

Kasperlepuppen, bunten, seltsamen Formen. Und dann diese wunderschöne tropische Insel voll erfüllter Sehnsucht, die ich verlassen musste. Ich sah sie am Horizont verschwinden. Nun ging es auf und ab im Ozean des Lebens. Unzählige Wesen – Grashalm, Insekt, Tiger – so unendlich viele Menschen in ihrem Leid und Glück, Sehnen, Hoffen, Enttäuschung, Erfolg, Erkenntnis atmeten durch mich ein und aus, wurden geboren, liebten, hassten, starben. Kulturen entstanden und vergingen, zukünftige Welten. Jeder Moment die Ewigkeit.

Aber wo war ich – meine kleine Geschichte in diesem Bauerndorf an der Elbe? Meine Freunde, meine Eltern, meine vertraute Umgebung - alles war verschwunden! Ich war verloren, für immer aufgelöst in diesem Gewoge von Leben und Tod, Ah und Ach, Ja und Nein. In diesem Dahinströmen tauchte nicht der Gedanke auf, dass ich etwa in einem kleinen Zimmer auf einem Bett sitze, in einem Körper, und dass neben mir mein Freund sei. Und doch war da Bewusstsein.

Ich war das ganze Leben, und es war vollkommen klar: So ist es! Das ist die Wahrheit! Alle Gegensätze heben sich auf: schwarz und weiß, Hass und Liebe, Nacht und Tag. Wie die negativen und positiven Zahlen im Koordinatenkreuz. Alles zusammen ergibt Null. In Wirklichkeit ist nichts da, seit jeher bis in alle Ewigkeit. Welch raffinierte Harmonie!

Eine vage Erinnerung an mein eigenes Leben kam später doch auf, ein Festhalten wollen und damit zugleich eine furchtbare Angst: Nein, nein, das ist zu viel, ich will wieder zurück, wie schön war es doch gewesen glauben zu können, dass etwas existiert, ein Tisch, ein Stuhl, etwas essen, trinken, ein Freund, ein Halt!

Durch Begrenzung war mein früheres Lebensgefühl bestimmt, das, was ich als Leben kannte. Ein kleiner Bereich. Der Tag für sich, die Nacht für sich, dieser Klang hier, jene Pause da, ein freundliches Wort jetzt, ein böses später – das hatte seinen Sinn! Aber alles zusammen – auf einmal? Grauenhafte Leere, aber wahr. Das war nicht Theorie. Das war ich selbst: Alles –Nichts!
Die Tür zum Zimmer öffnete sich und jemand kam herein. Dann wieder eine Folge ganz anderer Bilder. Wieder öffnete sich die Tür und jemand kam herein, ein Frau. Ewigkeiten vergingen, Generationen starben, neue wurden geboren. Wieder öffnete sich die Tür und eine Frau kam herein: Rosi, unsere Raumpflegerin. „Das ist die Hölle!". Nun sah ich Michael. Ich bin mit Michael in der Hölle. Ewig dasselbe. Die Tür geht auf, jemand kommt herein – Rosi. Ausgerechnet die! (Dabei kenne ich sie, seit ich 5 Jahre bin und mag sie), Was ist das für eine Welt? Bin ich auf ewig verdammt, mit diesen beiden Personen zusammen zu sein?
Es geht so weiter – ich weiß nicht wie lange. Immer wieder geht die Tür auf, dieselbe Szene, dazwischen eine Serie von Leben der verschiedensten Art, hasserfüllt, liebevoll, dumpf, erhaben. Das Leben eines oder unzähliger Menschen in einem Atemzug auf den Nenner gebracht. Die Tür geht auf. Rosi kommt herein. „Gift!" schreie ich. „Wir sind vergiftet!". Wieder eine Serie von Leben und Tod. Es geht in Wellen. Ich schwinge mich – besser: es schwingt sich - auf die „Realität" ein. Aber es gibt für mich nicht mehr das, was ich früher darunter verstanden habe.

Michael klärt irgendwie die Situation. Später gehen wir spazieren – an der Elbe. Das beruhigt. Hin und wieder verlange ich nach einem Arzt, weil ich überzeugt bin, verrückt geworden zu sein. Nach insgesamt drei Stunden normaler Zeitrechnung sitze ich wieder im Zimmer und weine erschöpft. „Ich weiß alles, Michael, ich kann es nicht beschreiben, aber es ist so!"

Immer wieder habe ich versucht, Worte zu finden für das Erlebnis, jahrelang: „Es ist, als würdest du einen Kuchen essen, in dem alle Geschmacksrichtungen sind. Du isst und schmeckst und kannst dich nicht festlegen. Du musst immer weiter probieren, um darauf zu kommen, wie es eigentlich schmeckt. Doch es hat überhaupt kein Ende. Das Weiterprobieren ist auch nur wie eine Geschmacksrichtung, ein Aspekt, notwendig, unaufhaltsam…Es ist immer da, auch jetzt, wir sind mitten drin und wissen es nicht. Wir glauben, wir seien da, ein Koordinatenkreuz, alles zusammen ergibt Null, Leben und Tod, kein Unterschied…"
Kein Verständnis. „Und das willst du durch ein bisschen Haschisch erlebt haben? Mensch, ich bin auf mindesten 20 LSD-Trips gegangen, aber da weißt du doch die ganze Zeit, was eigentlich los ist! Ganz schön witzig, klar, aber letzten Endes…!"
"ich glaub', du hast einen Minderwertigkeitskomplex, wahrscheinlich zu wenig Anerkennung gekriegt …Das ist doch letztlich alles nur Einbildung gewesen, ausgelöst vom Haschisch. Ist ja auch wieder weg gegangen, jetzt bist du doch ganz normal …"

Ja, stimmt schon, es ist durch das Rauchen ausgelöst worden. Aber dummerweise kommt der Zustand doch immer wieder plötzlich auf, ganz von selbst. Haschisch meide ich seitdem sowieso wie die Pest. Wenn ich irgendwo sehe, wie jemand sich einen Joint anzündet, hau ich sofort ab. Schon der Geruch bringt mich wieder in diesen Zustand. Es ist ganz klar der wahre Zustand, das weiß ich, er lauert hinter mir, in mir - aber ich will das nicht. Ich will normal sein, mein begrenztes Dasein leben, mit kleinen Freuden und meinetwegen auch etwas Ärger und Leid, aber nicht Das. Und doch ist es immer wieder da. Ich sitze zuhause am Esstisch. Meine Eltern und Geschwister, ja, da sind sie doch, ganz real, es wird munter gegessen, aber für mich ist alles ganz unwirklich, weit weg, eine winzige Episode in einem ewigen Kreislauf, jeden Moment kann sich wieder die Tür zu meinem Zimmer öffnen und Rosi kommt herein.

Sogar mein Freund Michael, dem ich nicht gerne begegne, weil sein Anblick mich an diesen angstvollen Zustand des Gestorbenseins erinnert, scheint mich nicht wirklich verstehen zu können. Er sagt zwar, er kenne das Gefühl der Zeitlosigkeit, aber die Beschreibung seiner Zeitlosigkeitserfahrung spricht mich nicht an. Auch das, was ich als ausgleichende Gerechtigkeit des Lebens erfahren habe, dass Mitgefühl für den Anderen nichts mit Moral oder der bekannten Nächstenliebe zu tun hat, sondern wie ein Naturgesetz ist, weil ich der Andere bin (war oder sein werde) - das versteht er, glaube ich, nicht.

Ich bin allein. Aber ich passe mich ganz gut an. Natürlich war ich auch beim Psychiater. Der gab mir Beruhigungspillen. Bei der Bundeswehrmusterung konnte ich mich darauf berufen. Ich sah dem Arzt leicht irre in die Augen und begann: "ich hab' da so eigenartige Zustände ..." Na, es ist also etwas Gutes dabei herausgekommen - ich musste nicht zur Bundeswehr.

Es kamen auch Ideen, wie dieser seltsame Zustand, der mir als die Wahrheit überhaupt erschien, künstlerisch vermittelt werden könnte. Z.B.: in einem Diafilm, wo sich die Bilder in einem Kreislauf ständig wiederholen, Bilder aus allen Bereichen des Lebens, vom Grauenhaften zum wunderbar Schönen. Meine Art zu zeichnen und zu malen änderte sich. Ich zeichnete viele kleine Figuren, Menschen, Pflanzen, Tiere, groteske Gestalten, die sich zu umfassenderen Einheiten zusammenschlossen. Ich studierte Philosophie, insgesamt sieben Jahre, begann mit Schopenhauer, Nietzsche, Heidegger, ging über zu Aristoteles und den gegenwärtigen Sprachanalytikern und war schließlich überzeugt, dass mein damaliges Erlebnis keine Wahrheit, sondern mystischer Unsinn war. Die östliche Philosophie tat ich verächtlich ab, ohne sie zu kennen. Ich lebte mit einer netten Freundin in einem Reihenhaus, hatte meine Freundesclique und meine kleinen Erfolge im Seminar, und die Welt war in Ordnung.

Es gab in der ganzen Zeit nur drei "Ausfälle", und zwar im Zusammenhang mit Alkohol. Ich trank täglich Bier und Wein. Die Grenze zeigte sich durch Übelkeit. Bei jenen drei Ausfällen hatte ich bis an die Grenze getrunken, und plötzlich überkam mich ein solches Gefühl beseligender Schwäche, dass ich in Tränen ausbrach. Dabei war die gesellschaftliche Situation in allen drei Fällen höchst unpassend. Die

Leute waren peinlich berührt. Das war mir aber völlig gleichgültig. Im letzten Fall, der wohl eher durch eine persönliche Konfliktsituation ausgelöst wurde als durch Alkohol, war eine Freundin dabei, die Medizin studierte. Sie sagte mir später, dass sie sehr besorgt um mich gewesen sei, weil meine Atmung Symptome eines akuten Sauerstoffmangels gezeigt hätten. Wie dem auch sei. Ich kannte nun zwei Extreme: die leere, Tod und Leben umfassende Weite des Bewusstseins, in die ich durch die Droge Haschisch gestoßen worden war und vor der mir graute, und das alkoholbedingte, kindlich hilflose, wonnevoll überströmende Liebesgefühl. Beide Zustände waren in ihrer Art ganz klar von dem gewöhnlichen Alltagsbewusstsein getrennt, auf das ich gern verzichtet hätte, wenn mir eine Verschmelzung der beiden Extreme möglich gewesen wäre.

Es vergingen einige Jahre mit dem üblichen Auf und Ab von Liebesfreud und Liebesleid, Erfolg und Misserfolg, was jeder kennt. Ich hatte mich bisher hartnäckig gegen östliches Gedankengut verschlossen. Meditation war für mich ein leerer Begriff. Seit einem Jahr machte ich nun aber ziemlich regelmäßig in einem Aikidokurs mit. Ich war ehrgeizig bemüht, die Bewegungen richtig auszuführen, spazierte oder stolzierte auf der Straße schon manchmal in der Erwartung eines Angriffs, den ich mit den erworbenen Kenntnissen natürlich lässig an mir vorbeirauschen lassen würde und nicht wie in früheren, demütigenden Konfrontationen. Vor dem Aikidotraining wurde eine kurze Zen-Meditation abgehalten. Auf den Knien sitzen. Das tat weh, und es war für mich eine

Frage des Aushaltenkönnens. Irgendeine Verbindung zu meinen Rauscherlebnissen entstand dabei nicht.

In dem Kurs lernte ich ein Mädchen kennen, das sich in Tibetanischem Buddhismus übte. Sie bemerkte wohl meine Verschämtheit, als ich nach einem Samenerguss schnell "das Zeug" wegwischen wollte und sagte liebevoll: "Kennst du denn nicht die vier Nektare des Menschen: Blut, Eiter, Urin und Sperma?" Ich war geschockt. "Nektar?" "Buddha nennt sie 'Nektar'." Das war ja ein starkes Stück. Was für eine Religion! Ich musste unwillkürlich zurückdenken an meine schuldbewussten Onanieexperimente im elterlichen Pfarrhaus.

Das Aikidotraining fand in einem Meditationszentrum statt. Das Zentrum stellte allerdings nur den Raum zu Verfügung, darüber hinaus hatten wir Aikidoleute mit den rotgekleideten Leuten, die sich Sannyasins nannten, kaum etwas zu tun. Sie waren offensichtlich Jünger eines Indischen Meisters, dessen Bild sie sogar an einer Halskette trugen. Wir hatten unseren eigenen "Erleuchteten Meister", der das Aikido in Japan begründet hatte. Er war zwar schon tot, aber wir verbeugten uns immer ehrfürchtig vor seinem Bild, das an der Wand hing. Eigentlich war mir dieses Gehabe ziemlich gleichgültig. Ich wusste weder mit dem Titel "Erleuchteter Meister" noch mit den eigenartigen roten Sektierern vom Center etwas anzufangen. Jede Art von Gruppierung, sei sie politischer oder religiöser Art, war mir zuwider. Unsere Aikidogruppe empfand ich aber doch als recht locker und individuell.

Im Wachbewusstsein stellte ich keine Beziehung zwischen meinen Erfahrungen im Meditationszentrum und den früheren, fast vergessenen Rauscherlebnissen fest. Dafür tat sich aber etwas in den tieferen unbewussten Schichten, wie ein Traum aus jener Zeit deutlich machte. In jenem Traum begegnete ich in dem dunklen Hausflur des alten Pfarrhauses meiner Kindheit einem Mann, dessen Erscheinung sofort eine nur allzu bekannte Panik auslöste. Ich war wieder und immer noch in diesem Ewigkeitszustand. Das war kein Traum, aber auch nicht die normale Wirklichkeit. Der Gegensatz von Traum und Wirklichkeit war in diesem Zustand aufgehoben. Zugleich wusste ich, dass dieser Mann ein "Erleuchteter Meister" ist. Seine Gegenwart beruhigte nun. Er sah mich lächelnd und ermutigend an und überreichte mir dann ein Geschenk. Es sah aus wie ein großes, vergoldetes Blatt mit fünf oder sieben Zacken. Dazu erhielt ich ein geigenbogenähnliches Instrument, mit dem ich über den Rand des Blattes strich, wodurch ein feiner klarer Ton entstand, vergleichbar dem singenden Ton, der beim Reiben eines Bierglases entsteht. Dann verschwand das Bild, ich konnte kurze Zeit nichts sehen, spürte aber meinen liegenden Körper. Das war kein normales Aufwachen, eher ein allmähliches Absinken aus dem Zustand zwischen Traum und Wirklichkeit, ein Vergessen der Wahrheit.

Einige Wochen darauf sah ich den Film "Aschram in Poona". In dem Film tritt gleich am Anfang ein Mann in einem weißen Gewand auf. Schon die Art, wie er auf das Podium schwebt, machte mich hellwach. Und als er sprach - ich konnte die Worte akustisch kaum verstehen wegen der ungewohnten indischen Aussprache - kamen mir die Glückstränen.

So, wie er die Worte aushauchte, hatte ich bei meinen kurzen Seligkeitserlebnissen geatmet und gesprochen. Es gab keinen

Zweifel: Der ist in diesem Zustand! Dauernd? Ohne Drogen? Alles andere in dem Film interessierte mich nur noch am Rande.

Einen Monat später war ich in Poona, in Indien, im Aschram des Erleuchteten Meisters Bhagwan Shree Rajneesh.

Aber da muss ich noch von einem kleinen Zwischenfall berichten, der sich vorher in Hamburg ereignete. Die Begebenheit ist wie ein Same, der fast unbemerkt in den Erdboden fällt, vergessen wird und sich dann zu seiner Zeit und zum großen Erstaunen dessen, der den Garten kontrollieren will, zu einem üppigen und sehr eigenwilligen Gewächs entwickelt.

Ich wollte mich von einer Freundin verabschieden, stand im Flur ihrer Wohngemeinschaftswohnung und besah mir ein Bild, das den Titel 'Ver-WirKlichung' hatte. Das Bild faszinierte mich. Es war eine große Federzeichnung auf Pergament; sie stellte eine Buddhafigur dar, und das Glas darüber war gesprungen. Aber es war deutlich zu erkennen, dass dieser Sprung nicht zufällig, unbewusst, aus einem Missgeschick entstanden, sondern so bewusst gestaltet war wie die Zeichnung selbst. "Gefällt dir das Bild?" Ein zierliches Mädchen mit etwas pummeligem Gesicht, langen schwarzen Haaren und tiefen, wachen, braunen Augen war an meine Seite getreten. "Ja, nicht schlecht, hat irgendwie 'ne verborgene Botschaft - ist das von dir?" "Ja."

Sie erzählte noch etwas von einer kleinen Ausstellung, die sie hier in der Wohngemeinschaft veranstaltet hatte, ich gab ein bisschen mit meinem Aikido an, und dass ich jetzt demnächst nach Indien fahren würde, um einen Erleuchteten Meister zu suchen. Es war ein kurzes, lebendiges Gespräch.

Ich fühlte mich verstanden, dann verschwand sie wieder in ihrem Zimmer, aus dem eine Männerstimme heraustönte.

„Nicht schlecht, die Frau", dachte ich, „irgendwie mein Typ, vielleicht nicht gerade umwerfend schön, aber - naja, sie hat ihren Freund, und ich fahr nach Indien, was soll's" – Sabine.

2: Februar – Juni 1980.
Ankunft Aschram Poona, Goa, „Taufe " in Poona

An meinem Geburtstag fuhr ich los nach Indien. Es war mir nicht bewusst, dass ich zu Bhagwan wollte; es ging mir darum, irgendeinen Meister zu finden, und Bhagwan erschien mir als eine anzutestende Möglichkeit. Ich bin dann aber doch geradewegs nach Poona gefahren und fast ein halbes Jahr dort geblieben. Wer aus der Insider-Szene ist weiß, dass ich nichts geleistet habe. Ich bin nicht in den Aschram Hofstaat vorgedrungen wie z.B. mein berühmter Sannyasinkollege Satyananda oder manch anderer, der aus seinen Poonaerlebnissen ein Buch gemacht hat. Ich bin am Rande geblieben, wohnte in slum (schlamm-)artigen Verhältnissen, lebte zusammen mit Sannyasins, die ihre Nächte mit Haschischrauchen, Musikmachen und Verrücktheiten zubrachten.

Faul und glücklich. Ich habe meinen Meister ziemlich selten gesehen, aber ich fühlte mich auf eine so wunderbare Weise mit ihm verbunden, dass es mir die ganze Zeit hindurch trotz extrem mieser materieller Bedingungen sauwohl ging,- wie nie zuvor in meinem Leben und, das muss ich allerdings hinzufügen, wie seitdem auch nicht wieder. Das Seltsame dabei ist, dass ich mich nicht zurücksehne nach dieser unbeschreiblich schönen, freien, zeitlosen Zeit. Sie ist in sich vollständig. Ich werde auch nicht von Encounter- und anderen Therapiegruppen berichten, die ich natürlich mitgemacht habe, und die wahnsinnig aufregend und bereichernd waren. Ich setze für mich selbst die wichtigsten Punkte in meiner Entwicklung woanders.

Meine erste Begegnung mit Bhagwan war 'unpersönlich'. Ich wartete auf seinen Auftritt in der "Buddhahall", saß ganz hinten bei den Neuankömmlingen und schaute in den Garten gen Osten. Es war 7.30 morgens, der Garten leuchtete bunt im Morgenlicht. Plötzlich wurde das Licht noch heller, viel lebendiger. Ich dachte, dass ich eine Einbildung oder dass ein Morgennebel die Sonne vorher" etwas verdeckt habe. Aber dann war mir intuitiv klar, dass diese besondere Aufhellung weder psychologisch noch physikalisch zu erklären sei. Es war eine Art inneres Leuchten, das sich außen zeigte. Und diese Tatsache war über jede Rationalisierung erhaben, wie Jesus über eine Meute diskutierender Schriftgelehrter – punkt um. Es war wunderbar. Ich fühlte Bhagwans Gegenwart. Und als er dann später 'in persona' erschien, hatte das für mich weniger Bedeutung.

Am Abend desselben Tages ergab sich die Gelegenheit, Haschisch zu rauchen.
Tja, das war nun so eine Mutprobe. Das, wovor ich am meisten Angst hatte, sah ich konkret vor mir - und ich

rauchte mit. Für die Anderen war es normal, ein Kinderspiel. Aber bei mir ging es sofort wieder los. Jeden Augenblick konnte die Tür aufgehen, Rosi würde hereinkommen, und ich war in demselben, ewigen Kreislauf. Das Gefühl ist wirklich unbeschreiblich - wahrscheinlich auch nicht nachzuvollziehen, wozu auch? Welchen Wahrheitsgehalt könnte es für Andere haben? Für mich bedeutete es jedenfalls: totales Zurückgeworfensein auf mich selbst. Alles Äußere war nur ein Traum, der im nächsten Moment sein hoffnungsloses Kreislaufgesetz offenbaren würde. Das Gefühl war schon da: Der Raum um mich herum verschwindet, ich sitze wieder auf meinem Bett im Zimmer zuhause, die Tür öffnet sich... Aber nichts dergleichen geschah. Das Gefühl der Ewigkeit blieb, und der Raum des indischen Hotels mit den Menschen darin blieb, wenn auch in einer unwirklichen Ferne.
Ich beginne auf der Stelle zu traben. Laufen, laufen, laufen. Es geht ganz automatisch und gibt mir ein Gefühl von Boden und Realität. Ich laufe seit Ewigkeiten. "Da muss ich also durch", stöhne ich und weiß plötzlich, dass Bhagwan da auch durchgegangen ist. Ist Bhagwan identisch mit diesem Zustand, nur dass er ihn für immer akzeptiert hat und nicht gelegentlich da hineinstolpert durch Drogen wie ich? Und er scheint darin selig zu sein - mir ist es zuviel. Und genau der Teil, der mir fehlt, um von selbst, ohne Hilfsmittel, in dieser Ewigkeit zu sein, dieser fehlende Teil macht die Erfahrung für mich zum Albtraum. So ist das. Aber dieser Teil ist in seiner Größe nicht abzuschätzen. Klar: Auf der einen Seite zwei bis drei Züge aus einer Haschpfeife - aber auf der anderen Seite?

Das war mein 'Meditationsprogramm' für Poona -und später: einige Züge Haschisch durch authentisches Dasein aufzuwiegen, d.h. unnötig zu machen. Hört sich lächerlich an - und vor allem ganz widersinnig. Warum einen Zustand erreichen wollen, der einem wie ein Albtraum erscheint?

In der ersten Woche meines Aufenthalts in Poona fühlte ich mich sehr einsam und fehl am Platze. Der Mief des verklemmten und verkrampften Neuankömmlings aus dem Westen schien eine echte Kontaktaufnahme mit den Menschen im Aschram und überhaupt mit dem, was da vor sich ging, unmöglich zu machen. So fuhr ich ans Meer, nach Goa, um mich auszulüften. Das war gut. Da konnte ich mich auch in Ruhe meinen Haschischexperimenten widmen. Nachts schlief ich im Schlafsack im eigenen kleinen Zelt am Strand. Das Rauschen der Wellen, die milde warme Luft, die ich atmen durfte, der klare Sternenhimmel über mir...und es gab keine Insekten oder Schlangen. Die Sonne weckte mich, ein Bad im Meer, ein paar Aikidoübungen, dann Sitzen und den Atem beobachten. Frühstück in einem der kleinen Hippierestaurants, Hütten, die am Rande der Palmenhaine standen. Mein Lieblingsrestaurant wurde von einer hübschen, energischen Inderin namens Lilly geführt. Da hielten sich vor allem Sannyasins auf. Ich gewann Freunde.

In einem Buch von Bhagwan las ich eine Geschichte, die mich schon damals tief bewegte. Doch wie sehr sie mich ganz persönlich betraf, habe ich erst viel später bemerkt. Einmal wollte ich die Geschichte abends einer Gruppe von Leuten erzählen, die mir wie eine Horde Fußballfans erschien, die durch irgendeinen Zaubertrick aus ihrer Stammkneipe in Deutschland plötzlich in diese Märchenwelt in Goa versetzt worden war. Sie redeten alle durcheinander. Ich hatte etwas geraucht und begann zu sprechen. Es wurde ganz still.

"Da war einmal eine wunderschöne Frau, eine Heilige, und die…die wollte ein Dorf besuchen …d.h., sie wurde in dem Dorf angekündigt, aber ich weiß nicht, ob sie überhaupt … ja also stellen wir uns vor, wir sitzen hier und…ach nein, wir sitzen hier ja wirklich… oder stellen wir uns das nur vor?…jedenfalls… ich verstehe überhaupt nicht, was ich da erzähle - spreche ich wirklich oder bilde ich mir das nur ein… ach ja, das gehört alles zu der Geschichte, es ist eine magische Geschichte, wer sie erzählt, ist auf ewig darin gefangen… "

So ging das eine ganze Zeit, einige Leute fingen an zu kichern, die Dame schräg gegenüber, der ich anfangs hatte imponieren wollen, wandte sich gelangweilt ab zu ihrem Nachbarn und setzte ihre unterbrochene Unterhaltung fort. Während sich der Strom meiner Worte immer mehr verselbständigte und auf immer abwegigere Bahnen geriet, wurde mir heiß und kalt, und ich musste feststellen, dass sich die Geschichte tatsächlich einer Verlautbarung durch mich hier und jetzt verweigerte. Ich fühlte etwas unsagbar Verheißungsvolles und Reines in dieser Geschichte, aber es war so weit weg von dem, was ich darstellte - so wie ich war, voller Verachtung für die anderen und voller Imponiergehabe und Gier, dass ich die Geschichte noch nicht einmal mit Worten wiedergeben durfte. Zum ersten Mal ahnte ich, dass

'Bhagwan' der Name für eine sehr reale, klare Kraft ist, vor der meine Haschischerlebnisse zu kindischen Träumen verblassen. Am selben Abend erzählte ich dann doch noch die Geschichte zwei Freunden, die neben mir im Schlafsack am Strand lagen. Ich sah dabei die Sterne über mir durch Tränen schimmern.

Eine Frau, die als Heilige bekannt ist, kommt in ein Dorf, tritt vor die versammelte Männerschaft und bietet demjenigen die Hochzeit an, der gewisse spirituelle Prüfungen besteht. Die Männer sind völlig verzückt durch die Schönheit der Frau. Die Aufgabe scheint sehr einfach. Es gilt, einen religiösen Text auswendig zu lernen und am nächsten Tag aufzusagen. Unter den Vielen, die den Text dann deklamieren, ist jedoch nur einer, dessen Vortrag der Schönen beweist, dass er das, was er da sagt, auch versteht, d.h. mit seinem Herzen erfasst hat. Der glückliche Auserwählte sucht am Abend der bevorstehenden Hochzeitsnacht seine zukünftige Braut. Die Tür zum Garten steht offen. Er sieht ihre Fußspuren, die zum Fluss führen. Da stehen ihre Schuhe, aber die Geliebte selbst scheint sich in Luft aufgelöst zu haben. Der Mann schaut traurig auf das dahinströmende Wasser und bricht dann plötzlich in ein schallendes Gelächter aus.

Der Abschied von Goa, Lillys Restaurant und den wundersamen Abenteuern auf meinen Wanderungen fällt mir schwer - eine paradiesische Insel verschwindet am Horizont. Aber es geht auf eine neue, noch viel tollere Abenteuerserie zu, das fühle ich. Und vor allem: ich bin verliebt. Während der zwölfstündigen, strapaziösen Busfahrt nach Poona kreisen meine Gedanken himmlisch entnervend nur um eines:

'Bhagwan'. Komme ich noch rechtzeitig heute Abend zu dem Fest, wo der Jahrestag seiner Erleuchtung gefeiert wird? Wird er mich bemerken? Die idiotischten Phantasien rasen durch meinen Kopf: ich betrete die Buddhahalle, ehrfürchtige Stille, alle scheinen auf mich gewartet zu haben, ich schreite direkt auf Bhagwan zu, er lächelt mich an, ich knie vor ihm nieder, und er gibt mir eine saftige Ohrfeige, schallendes Gelächter von allen Seiten usw. Als ich in Poona ankomme ist es fast Mitternacht, der Aschram ist schon geschlossen.

Einen Monat später sitze ich aber dann wirklich direkt und ganz allein vor Bhagwan. Fünf Tage vorher hatte ich im Büro meinen Wunsch angemeldet, Sannyasin, also Bhagwans Jünger zu werden. Danach bin ich in die Berge gefahren, die zwischen Poona und Bombay liegen. Ohne Wasser, Proviant und Schlafsack stieg ich, nur mit einem Tuch bekleidet, in die Dschungeltäler hinab und verbrachte dort die längste Nacht meines Lebens, zitternd vor Angst und Kälte. Als dann doch endlich die Sonne aufging, lief ich immer tiefer in den Wald hinein und begegnete Eingeborenen, die sich so verhielten, als hätten sie noch nie einen Weißen gesehen. Ich fühlte mich wie der Held in den Abenteuerromanen, die ich als Kind gelesen hatte.

Na, nun saß ich also in einem Abenteuer ganz anderer Art zusammen mit vier anderen an der Seite eines Podiums, wo auf einem Sessel in der Mitte Bhagwan bedächtig auf ein Blatt Papier sah, vielleicht die Namensliste der Anwärter, die darauf warteten, an die Reihe zu kommen. Ich hatte die Augen geschlossen und lauschte auf die Geräusche. Welch eine unermessliche Weite tat sich da auf! Nie zuvor hatte ich so wahrgenommen. Mir schien, als hörte ich alle Laute im Umkreis von vielen Kilometern, - und zugleich war im Zentrum eine so sanfte Stille, unzerstörbar zart.

"Christian!" Der Name schien über Mikrophon gesprochen zu sein, mit einem merkwürdigen Echoeffekt. Die Weite zog sich augenblicklich zusammen, ich schreckte hoch und wollte aufstehen, denn das war Bhagwans Stimme gewesen. Aber er saß noch genauso da wie vorher, niemand beachtete mich. Nach der Sitzordnung war ich als erster an der Reihe. Hatte ich mir nur eingebildet, gerufen worden zu sein7 Bhagwan hatte den Namen englisch ausgesprochen, im Englischen bedeutet das Wort "Christ", und ich hörte im Aussprechen des Namens so etwas wie ein Erstaunen, als wollte er sagen: 'ist das ein Name, oder was?" Etwas später wurde ich von einem assistierenden Sannyasin aufgefordert, vorzutreten.

Bhagwan begrüßte mich lachend, und ich wusste sofort: der kennt mich schon lange. Seine Mimik und Haltung erinnerten mich an meinen Deutschlehrer, den ich sehr geliebt und verehrt habe. Die ganze Situation kam mir vor wie die Vorstellung vom Himmel, die ich mit vier oder fünf Jahren hatte. Ohne dass ich wusste, wie mir geschah, kniete ich vor ihm und sah unverwandt in seine großen Augen, die mich einsaugten. Er erläuterte meinen Namen:

„Christian bedeutet Nachfolger Christi. Doch Christus ist keine Person, er ist ohne Ego, er ist ein Niemand (nobody, wörtlich: kein Körper). Also bedeutet das: Nachfolger von Niemand. Das ist ein Widerspruch. Folge Niemandem. Sei bewusst, authentisch und folge niemandem, dann kannst du selbst ein Christus sein, ein Buddha, ein Laotzu. Wie lange wirst du hier bleiben?" Ein dünnes Stimmchen antwortete kaum hörbar: "bis Mai". "Gut". Er lächelte verschmitzt. "Mach ein paar Gruppen." Dann wurde ich behutsam zu einem Platz im Kreise der Anwesenden geleitet, aber da ich mir durch meine Urwaldnacht eine enorme Erkältung geholt hatte und ich wahnsinnige Niesanfälle heraufkommen fühlte, bin ich lieber gleich hinausgegangen.

An dieses Ereignis habe ich natürlich immer wieder zurückgedacht. Da sind vor allem drei Punkte, die mir auffielen. Meine angstgeprüften Ewigkeitszustände waren nicht einmal im Ansatz aufgetaucht. Es hätte doch sein können, dass Bhagwans Gegenwart dieses Gefühl des bodenlosen Abgrunds auslöst, so wie der Mann in dem Traum. Nein, nichts dergleichen. Alles verlief ganz nüchtern, und ich erschien nackt und hilflos - ein Piepsmäuschen, das nicht den Mut hatte, irgendeinen Satz zusammenhängend, klar und deutlich auszusprechen. Das Zweite, was mir auffiel, war mein Verhältnis zu den eigenen Gedanken. Während Bhagwan sprach rankten sich meine Gedanken wie Seitenmelodien kontrapunktisch um seine Worte. Die Gedanken waren klar getrennt von mir, so als würde ein Anderer seinen Kommentar dazu geben.

Das Wort 'Christus' löste hingebungsvolle Nächstenliebebeteuerungen aus: 'ja, alle Menschen lieben bis zum Kreuz, oh, wie gern bin ich bereit, Herr Jesus!' Bei dem Stichwort 'paradox' kam ein selbstzufriedenes 'Ja,ja, das kenn ich, das Leben ist ein Paradox!' und da schwangen dann doch einige Erinnerungen mit an Situationen, wo ich im Haschischrausch die zerreißende Spannung der Widersprüchlichkeit durchlebt hatte. Dann der Gedanke - verblüfft: 'der da vor mir sitzt, das bin ich ja selbst - halt, zurück, wie kannst du nur so etwas glauben, bist du verrückt?' Eine kleine Welle von Angst, etwas Abgründiges, und ich spürte deutlich einen Knacks tief innen im Kopf und hinten im Genick, ein chirurgischer Eingriff bei örtlicher Betäubung. Genick gebrochen. Bei der Aufforderung, authentisch zu sein und Niemandem zu folgen waren seine Augen weit aufgerissen, in höchster Dringlichkeit, beschwörend: 'paß da bloß auf!' Ich glaube, er konnte in meine Zukunft sehen. Nach der Aufzählung: Christus, Buddha ergänzte die kontrapunktische Stimme ‚…und Bhagwan', aber es kam der Name 'Laotzu'.

Und schließlich, drittens, sollte die Erfahrung des unabgrenzbaren Tiefenraums der Klänge und Geräusche eine Schlüsselfunktion für mich haben. Es war eine Methode und eine in jedem Moment verfügbare Möglichkeit, in einem egolosen, meditativen Zustand zu sein, ohne die künstlich chemische Beeinflussung des Denkmechanismus' durch Drogen.

Besonders aufschlussreich schien mir, wie sich die Weite des Bewusstseins sofort zusammengezogen hatte, als der Name 'Christian' erklang. Das war das Phänomen der Identifikation. Was genau hatte sich da im Raum des Bewusstseins in einer Weise angesprochen gefühlt, dass 'ich' wieder da war - verkrampft in einer unwillkürlichen, körperlichen Reaktion? Es hätte der Name ja auch als Klang unter den vielen anderen

Geräuschen wahrgenommen werden können, ohne dass sich irgendjemand damit identifizierte! Da war eben niemand, der auf diesen Namen hört - fertig. Doch eine solche Distanz hatte ich nicht.

(Bei solchen Analysen geraten die Begriffe ins Schwimmen, werden spürbar unpassend, die Sprache selbst scheint wie ein nebulöser Schleier, der zudeckt und täuscht, vor allem, wenn es darum geht herauszufinden, worauf sich denn das Wörtchen 'ich' bezieht)

Jedenfalls hatte ich einen Geschmack von dem bekommen, was Bhagwan als 'no-mind' bezeichnet. Statt der Gedanken waren für einen nichtabschätzbaren Moment nur Klänge im Bewusstsein aufgetaucht, und dieses Erlebnis vermittelte mir eine vage Ahnung von einem unpersönlichen, weder mit einem Körper noch mit einem Gedankenidentifizierten, 'namenlosen' Gegenwartsbewusstsein, worauf sich der Name 'Bhagwan' eigentlich bezieht.

Der Name 'Christian' dagegen hatte eine Art Zusammen-oder Aufschrecken bewirkt. Das zeigte, was 'mich' mit diesem Namen verband. Nicht etwa:. ein königlich stolzes Gefühl - jawohl, hier, das bin ich! - sondern Angst und schlechtes Gewissen. Wie oft muss ich als Kind davor gezittert haben entdeckt zu werden. Und so erkläre ich mir auch, warum ich nicht, wie die meisten anderen Sannyasins, einen neuen indischen Namen bekam. Ich sollte lernen, eine positive Verbindung zu meinem Namen zu finden, im tieferen Sinne: mich selbst so zu akzeptieren, wie ich bin.

Und weil ich nun schon einmal so nett beim Reflektieren bin - ein durch das lange Philosophiestudium herausgebildeter 'Charakterzug', den ich seit Poona vergeblich bekämpft habe und nun allmählich akzeptiere - will ich einige weitere Beobachtungen anbringen. Ich bin mir darüber im Klaren, dass viele der nun folgenden Gedanken nicht ausschließlich auf eigenen Erfahrungen beruhen, sondern zum Teil durch Bhagwans Vorträge inspiriert sind. Aber so ist das nun mal bei Philosophen, sie spinnen gern aus vorhandenem Begriffsmaterial weiter.

Sei bewusst, sei authentisch und folge Niemandem! Diese drei Ratschläge Bhagwans galten mir als Leitmotive für meine weitere Entwicklung und trafen den Nagel auf den Kopf. Ich musste da manchmal an meinen Konfirmationsspruch denken, den mein Großvater, der wie mein Vater evangelischer Pfarrer war, für mich ausgesucht hatte. Die drei zentralen Begriffe, die er damals mit Inbrunst erläuterte: Glaube, Hoffnung, Liebe. Tatsächlich bedeuteten sie im Kontext meiner christlichen Erziehung das genaue Gegenteil von dem, was Bhagwan mir auf den Weg gegeben hat, und doch schwingen sie, richtig verstanden, mit den drei neuen Leitmotiven in einer harmonischen Entsprechung wie drei Pärchen zusammen.

Sei bewusst. Das umfasst natürlich alles, also auch dieses: übernimm nicht unbewusst irgendwelche Meinungen und Dogmen. Ist es nicht absurd, Glauben zu predigen? Indoktrinierte reden von Tod, Auferstehung, Liebe und Ewigkeit, ohne selbst erfahren zu haben, was sie da verkünden. Angelesenes theologisches Wortmaterial, mit eigenen Wünschen, Ängsten und vagen Vorstellungen vermischt. Was ich schon als Kind intuitiv spürte, dass das ganze Gerede leer und hohl ist, wenn keine eigene Erfahrung mitschwingt, wurde mir nun zunehmend in einer Weise klar, die nicht ablehnt und verurteilt, sondern sich auf eigene Erlebnisse gründen kann und versteht.

Hinter der Arbeit der Pastoren, die ich kenne, steckt ein aufrichtiges Bemühen. Aber es gibt so gut wie keine Chance, das, was ein Christus erfahren hat, nach einer 2000~jährigen Überlieferung und völliger Verdrehung des eigentlichen Sinns existentiell zu verstehen. Dazu bedarf es eines lebenden Erleuchteten Meisters, der, wie alle Religionsstifter, aus der Wahrheit direkt schöpft und die zeitgemäßen, geeigneten Mittel kennt, diese Wahrheit durch die uralten Kirchenmauern - die leider als einzige immer fester zu werden scheinen statt zu zerbröckeln - hindurchzuhämmern.

Aber von der anderen Seite der Mauer, von innen heraus, ist eine gewisse Anstrengung nötig. Sei bewusst. Glaube nicht. Aber lass auch deine Kritik beiseite und beobachte die Zweifel; denn von woher wird die Kritik gespeist? Aus den unzähligen Meinungen, die du vorher von Außen aufgenommen und zu deinem Glauben gemacht hast. Zwischen Zustimmung und Ablehnung zu verharren und einfach nur zu lauschen - das ist meine Aufgabe; und das hat mir, der ich in einer Tiefenschicht der Identifikation Musiker bin, eingeleuchtet. Was in Bhagwans Gegenwart, als ich ihm gegenübersaß, ohne eigene Bemühung ganz von selbst geschah, lernte ich allmählich mit vielen Anstrengungen für mich selbst: die Stimme der Zustimmung und Ablehnung wie einen musikalischen Kontrapunkt zu hören. Keine Identifikation, kein Glaube, sondern Bewusstheit.

Auch das zweite Leitmotiv - sei authentisch - bezieht sich zwar auf alle Aspekte des Daseins, erwies sich aber für mich vor allem als 'hoffe nicht!' Akzeptiere jeden Moment so, wie er ist. Das bist du. Du bist deine eigene Gegenwart. In allen traditionellen Religionen wird die Hoffnung auf ein besseres Dasein, auf einen Himmel und eine Erlösung gepredigt. Warum? Hat jemals ein Religionsstifter gesagt: 'im Moment ist zwar alles daneben, aber warte mal ab, wenn du schön brav bist, dann kommst du nach deinem Tod in ein Land, wo alles zu haben ist, das ist dann die Belohnung. Nein, das kann kein Erleuchteter auch nur angedeutet haben.

Doch die Phantasie mit ihrem ungeheuren Potential an unerfüllten Wünschen ist sehr raffiniert. Man kann die vieldeutigen, bildhaften Worte beliebig auslegen. Sei authentisch. Noch immer sind viele Hoffnungen da. Irgendwann werde ich wirklich glücklich sein, dann, wenn sich meine tiefsten Wünsche erfüllt haben. Nein, sagt mir derselbe Computer mit Bhagwans Stimme, das ist Flucht vor der Wirklichkeit. Jetzt, in diesem Moment, bin ich so, und etwas anderes existiert überhaupt nicht. Gut gesagt. Doch Worte nützen überhaupt nichts, wenn man die Gegenwart beschissen findet. Ein Ansatzpunkt in der eigenen Erfahrung ist notwendig.

Dieser Ansatzpunkt war für mich jenes Haschischerlebnis, das mir ein Gespür dafür vermittelte, welch ein Geschenk es ist, dass ich überhaupt irgendetwas erleben darf. Das Leben, jeden Moment des Daseins als ein Geschenk zu erleben, es nicht als selbstverständliche Gewohnheit unzufrieden hinzunehmen und immer mehr zu fordern, ist beinahe unmöglich, wenn man nicht etwas verstanden hat, was sich sehr seltsam anhört.

Die Tatsache der Existenz ist überhaupt nicht selbstverständlich. "von Rechts wegen", "rein logisch gesehen"- es gibt keinen Ausdruck für die Position, aus der diese Wahrheit erkannt wird - dürfte überhaupt nichts existieren. Die Existenz ist grundlos. Und diese Grundlosigkeit kann erlebt werden. Das ist für mich Meditation. Auf diesem Hintergrund der selbstverständlichen Leere ist jeder kleinste Pups ein ungeheures Ereignis. Dann ist die Gegenwart so übervoll, dass Hoffnung überhaupt keinen Platz mehr hat. Aber, wie gesagt, diese Einsicht beruht auf einer Drogenerfahrung. Sie ist hilfreich, aber letztlich nicht authentisch. Ich muss mich daran erinnern, sie ist mir nicht total gegenwärtig.

Ja, und schließlich, "das Höchste von diesen dreien": Liebe - folge Niemand! So könnte der Titel dieses Buches lauten. Die ganze weitere Geschichte dreht sich um dieses Pärchen - ein hübsches Paar, fürwahr.

Aber noch sind wir nicht soweit. Noch bin ich in Poona, ohne Partner. Bhagwans unermüdliche Anfeuerungen: sei bewusst, authentisch, natürlich, entspannt, akzeptiere alles, sei total, spring, riskier, sei hier und jetzt, vertrau, hör das Klatschen der einen Hand usw. entfachten nicht etwa Diskussionen - sie zündeten tatsächlich, entflammten das Herz, das ganze Wesen lichterloh. Das Vertrauen war von einer wirklich existierenden Energie getragen und steigerte sich bei jedem Einzelnen je nach seinem individuellen Entwicklungsstand in nie zuvor gekanntem Ausmaß.

Man sprang von Bäumen fünf Meter tief in dunkle Brunnenlöcher, deren Wasserstand so ungewiss war wie die Möglichkeit des Herauskommens - sicher eine etwas äußerlich verstandene Mutprobenvariante der Aufforderung: "take a jump" - aber auch ich kämpfte mit meiner Angst, in einen Brunnen zu springen, obwohl ich die Anderen darin baden sah. Man stolzierte in unendlich verlangsamten Bewegungen durch die Stadt - Zeitlupe, bewusstes Gehen, man ließ sich als Blinder herumführen, tagelang, oder deutete stumm auf ein Schild an der Brust: "in silence". Man schrie öffentlich seine Wut heraus oder ging wie ein Tier in den Sex, so dass andere im Kilometerumkreis nachts ihre Freude daran haben konnten. Man saß stundenlang unbeweglich irgendwo herum oder hatte gar einen monatelangen Dauerplatz als Bettler.

All diese Kuriositäten am Rande waren integriert in das gesamte soziale Feld, das allerdings zum Zentrum hin immer geordneter und zugleich undurchsichtiger erschien. Natürlich, die Meditationen und verschiedensten Therapiegruppen, dann die Aschramworker mit ihren diversen Aufgaben, Kloputzer, Wächter, Handwerker, Sekretärinnen, Musiker, Therapeuten bis hin zu den Wenigen, die mit Bhagwan unter einem Dach wohnten. Aber alle waren auf ihre Weise bereit, immer neue 'Mutproben' zu bestehen, immer wieder in den Fluss zu springen und tiefer zu tauchen, die Zweige der

Vergangenheit loszulassen und sich dem Strom des Geschehens vertrauensvoll hinzugeben.

Ich gehörte, wie schon gesagt, zu einer Randgruppe, die man wohl als 'Freaks' bezeichnen muss. Es gab da natürlich wieder die verschiedensten Untergruppen. Der Kreis, zu dem ich mich hingezogen fühlte, hatte in der Nähe des Aschrams, der ja bekanntlich am Rande der Stadt in einem Villenviertel lag, eine Hütte in Pyramidenform aufgebaut. Dort konnte man Tee und Kaffee trinken, manchmal auch Bier und Wein, und kleine Kuchen oder Sandwiches essen, für etwas Geld, versteht sich. Umsonst gab es: den ganzen Abend bis morgens um drei in geselliger Runde schmusen, klönen, Haschischrauchen und musizieren. Für mich war das neu und toll; denn immer noch übte die Droge Haschisch bzw. das starke Keralagras aus Südindien eine enorme Anziehungskraft auf mich aus, mit der entsprechenden Angst dazu.

Ich nahm nur winzige Mengen, aber die reichten vollkommen, um mich für Stunden "abheben" zu lassen. Das war eben die Mutprobe auf meinem damaligen Entwicklungsstand. Und ich glaubte auch, dass ich damit den Leitmotiven "sei bewusst" und "sei authentisch" folgen würde. Denn die Droge führte immer wieder in dieselbe Grundstimmung: alles ist ein Traum, da bin ich vollkommen allein und auf mich selbst zurückgeworfen. Was könnte authentischer sein - es gab kein Entkommen aus dem Hier und Jetzt. Dass Andere möglicherweise diese Drogenerfahrung längst hinter sich hatten und nun, unter Bhagwans Führung, mit einem 12-Stundenarbeitstag einen Weg suchten, den Zustand wacher

Gegenwärtigkeit zu stabilisieren, das lag nicht in meinem Horizont. Es mochte so sein oder auch nicht, ich war jedenfalls an diesem meinem Punkt der Entwicklung, und ich fühlte mich von Bhagwan unterstützt.

Bevor Bhagwan mich 'taufte', hatte ich einen Brief an ihn geschrieben. Darin deutete ich kurz jene Erfahrung·an, die ich als Siebzehnjähriger gemacht hatte (ohne den auslösenden Faktor zu bekennen), bedankte mich für die bisher erlebte Zeit im Aschram, und zum Schluss, so nebenbei, ganz scheinheilig, fragte ich, ob es etwas ausmache, wenn ich gelegentlich Haschisch rauche. Die Antwort gab mir seine Sekretärin Arup, schmunzelnd, meinen Brief in der Hand:"Durch Haschisch kommt das Unbewusste zum Vorschein. Genieß es. Doch du kommst damit Bhagwan nicht näher." Das empfand ich als sehr lieb und verständnisvoll. Schuldgefühle brauchte ich mir also nicht zu machen. Enjoy! Doch was sollte das heißen: 'du kommst damit Bhagwan nicht näher? Hatte mich nicht das Haschisch in einen Bewusstseinsraum geführt, wo es weder Nähe noch Ferne zu irgendjemandem gab - jeder existierte unendlich allein auf seiner Bahn, eine Annäherung war unmöglich. Aber diese Gewissheit währte eben nur solange, bis die Wirkung der Droge vorbei war. So lebte ich in zwei Welten.

Später schrieb ich noch einmal eine Frage, die für die morgendliche Lecture gedacht war. Ich hatte miterlebt, wie Bhagwan dort manch einem Frager die Wahrheit in einer so schonungslosen Weise klargemacht hat, dass mir die Tränen kamen. Es gehörte wirklich Mut dazu, dort öffentlich seine

Frage zu stellen. Aber ich war entschlossen, diesen Mut zu beweisen. Allerdings fiel mir keine Frage ein - alle Fragen schienen mir überflüssig.

Es ging also nur um die Aktion selbst: einfach mal wieder in die Mitte gehen, wie in den Encountergruppen, und sich dem aussetzen, was da über einen hereinbrechen konnte. Ich schrieb, auf Englisch: "Bhagwan, kann diese Frage deine Antwort provozieren?" und setzte meinen Namen darunter. Ich fand, die Frage entsprach meinem Bewusstseinsstand. Sie ist inhaltslos und logisch gesehen unbeantwortbar. Ein intellektueller Witz, aber was solls? Er weiß ja ohnehin, was mit mir los ist, aber ich weiß es nicht. Die Frage wurde meines Wissens nie zu Gehör gebracht. Aber eine Antwort erhielt ich trotzdem. Beim nächsten Haschischrausch war glasklar die Stimme zu hören, auf Englisch:"Kann diese Antwort deine Frage provozieren?" Ich stellte im Verlauf der nächsten Jahre noch viele Fragen an Bhagwan, die Adresse diente der Intensivierung meiner Bewusstheit. Aber irgendwelche Briefe an Bhagwan 'Persönlich' habe ich seit dieser Antwort nicht mehr losgeschickt. Es war zu offensichtlich, dass ich letztlich nur mit mir selbst rede.

Dennoch suchte ich immer wieder nach Legitimationen für meine Drogenexperimente, die ja nicht gerade auf der offiziellen Liste der Methoden und Hilfen für spirituelles Wachstum standen. Auch da fand ich unter den Äußerungen des Meisters, der über alles redete, den passenden Hinweis: Es hatte im alten Indien Tantriker gegeben, die mit Drogen experimentierten. Es ging darum, unbeeinflusst zu bleiben, klar und bewusst. Die Dosis wurde gesteigert, bis hin zu tödlichem Schlangengift. Und auch hier, im Umfeld des Aschrams, gab es solche Tantriker, die, ähnlich wie die Therapeuten, aber inoffiziell und außerhalb jeglichen Programms, in kleinen Gruppen oder mit Einzelnen arbeiteten, und ihre Schüler im Zusammenhang mit dem Haschisch in haarsträubende Situationen führten. In diesem Energiefeld hatte die Droge eine andere Wirkung als anderswo, was ich allerdings erst später merkte, als ich wieder in Deutschland war und vergleichen konnte.

Ich bewegte mich oft an der Grenze zum Wahnsinn. Zeitparadoxien, Gedankenlesen, Beeinflussung von Dingen und Menschen durch Gedankenkraft, Außerkörperliche Erfahrungen, Durcheinanderfließen verschiedener Seelen und andere seltsame Ereignisse geschahen, ohne dass ich eine Kontrolle darüber hatte. Das war sicher gefährlich. All diese Erfahrungen lehrten mich immerhin, im Umgang mit der Angst Vertrauen zu gewinnen, wenn auch nur in einem bestimmten Rahmen, innerhalb einer Begrenzung, die sich aus der Tatsache ergab, dass die Erlebnisse durch Haschisch beeinflusst, also nicht authentisch waren. Was diese Begrenzung bedeutete, spürte ich damals nur untergründig. Ich komme immer wieder auf diesen Punkt zurück, weil es schwer ist, die Illusion der Drogen-Erleuchtung selber zu durchschauen.

Man sagt, ein Magier sei dazu fähig, jeden Gedanken augenblicklich Wirklichkeit werden zu lassen. Manchen Menschen erscheint dies als das höchste Ziel der Bewusstseinsentwicklung. Durch Drogen und gewisse Techniken, die ich einfachheitshalber unter dem Stichwort 'Yoga' zusammenfasse, kann man sich in solche Zustände bringen. Der wahre Meister vermittelt jedoch etwas, das viel weniger Aufsehen erregt und doch unendlich viel höher steht - Liebe. In diesen Bereich konnte ich durch das Haschischrauchen nicht gelangen. Ich durfte einige Zeit damit spielen, um gewisse Erfahrungen zu machen - später sollte mir das Spielzeug wieder weggenommen werden. Zwei Beispiele dafür, wie sich im magischen Bewusstsein die Gedanken zur Wirklichkeit verhalten:

Einmal fühlte ich mich so leicht, dass ich mich beim Gehen so gerade eben auf Zehenspitzen halten konnte. Ich hatte Angst, vom Boden abzuheben und wollte an einem Imbissstand ein oder zwei indische Frikadellen (samosa) essen, um mich zu 'beschweren'. Als ich auf ein Glas sah, in das die Inderin gerade heißen Tee gegossen hatte, sprang es entzwei. Die Herumstehenden sahen völlig verblüfft auf das Glas und dann sofort auf mich. Hatte mein Blick das Glas zerspringen lassen? Ich fühlte Panik aufsteigen. Nur nicht denken, dachte ich, alles ganz normal, reiner Zufall, ich habe mit all dem nichts zu tun. Dabei wusste ich ganz genau, dass jeder Gedanke sofort Wirklichkeit werden konnte. Ich hatte Angst, - irgendeinen Gegenstand länger anzusehen. Dann fühlte ich so etwas wie einen Schlag auf den Kopf - der Stock, mit dem der Zen-Meister den Schüler schlägt, wenn er bei der Meditation einschläft.

Als ich eines Nachts auf dem schmalen Fußweg, der durch die Auberginenfelder führte, auf mein Zelt zuging, wuchs ein bestimmter Gedanke, wurde immer stärker und dringlicher in seiner Forderung, Wirklichkeit zu werden. Ich sollte mir selbst begegnen. Im Zelt würde Jemand im Schlafsack liegen, ich würde erschrocken näher treten, das Gesicht sehen, die Augen öffnen sich, blicken mich an - wie im Spiegel: mein eigenes Gesicht. Mit dem intensiven Vorausfühlen der unvermeidlichen Begegnung öffnete ich den Reißverschluss des Zelteingangs. Ja, da lag jemand, wie ein Schatten, das Gesicht war nicht zu erkennen, nur die vagen Umrisse einer Gestalt, und vor allem: ich spürte die Gegenwart eines Anderen. Ich hatte mich verdoppelt. Der gebückt stehende Körper beugte sich nun näher über den Schlafsack, der Schatten darin war durchlässig, der Schlafsack wurde geöffnet, der Körper krabbelte mechanisch gewohnheitsmäßig hinein und lag dann still da. Gleich werde ich hören, wie der Reißverschluss des Zelteingangs aufgezogen wird, ein Körper wird gebückt am Eingang stehen und auf den Schlafsack starren, näher kommen und... Nein, das war vorbei, Vergangenheit. Die Reihenfolge der Ereignisse blieb ungeklärt. Es muss eine Science-Fiction Idee gewesen sein: zwei Zeitebenen bewegen sich aufeinander zu wie zwei Körper und treffen sich in der Gegenwart, verschmelzen miteinander. Die abwegigsten Gedanken können Wirklichkeit werden, wenn Wirklichkeit und Traum nicht mehr zu unterscheiden sind. Ich erwachte morgens wie üblich ernüchtert.

Gelegentlich fuhr ich nach Bombay. Die Fahrt im Zug dauert 6 - 8 Stunden und ist ziemlich strapaziös, vor allem, wenn der einzige freie Platz vor dem Klo ist und gerade ausreicht, um sich wie in einer Bio-Energetik-Marathon-Folterübung in den Dreck zu hocken. Zum Glück fühlte ich mich mit der indischen Mentalität so vertraut, als hätte ich hier schon ewig gelebt. So konnte ich mich in der dichten, brodelnden Menschenmasse auflösen. Und es gelang sogar hin und wieder, die Augen einer schönen Inderin zu erwischen und die aus moralischen Barrieren aufgebaute Fremdheit in einem verliebten Augenblick verschwinden zu lassen, - um dann gleich wieder durch das Fenster auf die langsam vorbeiziehende Landschaft zu sehen, wenn sich die schönen braunen Augen irritiert abwandten und sich routiniert mit dem Ehemann oder anderen Bekannten beschäftigten.

Ich wollte zum Deutschen Konsulat, um einen neuen Paß zu beantragen, denn alle Papiere samt Rückflugticket und etwas Geld, Fotoapparat und mein geliebtes Tagebuch waren aus dem Zelt gestohlen worden. Damit war sowieso zu rechnen gewesen, ich hatte um ein Wunder pokern wollen. Nun saß ich also im Zug, der durch die endlosen Müllhalden fuhr, in denen Millionen Inder leben. Bombay. Der Zug war endlich leer geworden, ich hatte einen normalen Sitzplatz gefunden und sank in einen erholsamen Schlaf. Als ich ausstieg, sah ich in den Brustbeutel. Er war leer. Mein letztes Geld war mir, während ich schlief, auch noch geklaut worden. Ohne Ausweise und mit umgerechnet 10 Pfennig in der Tasche landete ich wie betäubt an einem Teestand und genehmigte mir einen Tee und ein Bidi, die aus Tabakblättern gerollte indische Zigarette der Armen.

Nach dem Konsulatsbesuch, der mir nicht weitergeholfen hatte, glitt ich wie auf einem Laufband durch den dreidimensionalen Film "Hektik der Großstadt". Ich war wohl gestorben und wurde als Geist durch diese groteske Welt getragen, das Schreien der Händler, das Autogehupe und der ganze sinfonische Straßenlärm klangen wie in Watte verpackt. Eine Flut von Gesichtern, Farben, Eindrücken, alles strömte dahin ohne Anfang und Ende, von einer unergründlichen, gleichgültigen Stille durchzogen. Keine Bettler störten mich. Sie sahen, dass bei mir nichts mehr zu holen war. Ich bekam Lust auf ein Eis, ging zu einem Stand und bestellte mir eins, griff ohne besondere Erwartung aber mit sicherer Gelassenheit in die Hosentasche, die ich Stunden vorher wenigstens zehnmal umgedreht hatte - ich wusste, dass sie leer war - und zog ohne Überraschung das nötige Kleingeld für das Eis heraus. In den Raum der Gleichgültigkeit stieg eine heimliche, kindliche Freude auf darüber, dass ich im Zustand des Wunderbaren sein durfte.

In den vergangenen Monaten war so viel Unglaubliches geschehen, die Märchenwelt war schon so etwas wie meine Heimat geworden. Ich setzte mich auf eine bequeme, niedrige Mauer am Hafenbecken und genoss mein Eis. Etwas berührte mein Bein. Ich schrak auf wie aus einem Schlaf und bemerkte einen großen schwarzen Regenschirm, der an der Mauer gelehnt und zur Seite gerutscht war, und dessen geschnitzter, runder Holzgriff nun an meinem Oberschenkel ruhte. "Der Schirm scheint dich zu mögen", sagte der Mann neben mir auf der Mauer.

Ich hatte den ungewöhnlichen Typen vorher gar nicht bemerkt, dabei saß er höchstens einen Meter von mir entfernt. Der Mann erweckte sofort Vertrauen bei mir, und eine Art Hochachtung. Eine imposante Gestalt, etwa 60 Jahre alt, starker grauer Vollbart. Sein Englisch war ziemlich akzentfrei und gut verständlich. "Der Schirm ist kein normaler Schirm, weißt du, er hat eine Seele und gibt mir Zeichen. Dies hier ist ein gutes Zeichen." Er meinte wohl die Tatsache, dass der Schirm zu mir hin gekippt war. Er fragte mich, woher ich komme. Es war eine völlig andere Art zu fragen als die hier übliche. Hinter der Frage verbargen sich nicht Gier und hohle Dummheit vielmehr strömte sie aus einem Überfluss an Würde und Freundlichkeit. Ich war verwirrt.

Er erzählte von einem Mann, der am Hofe des Königs Salomo lebte und durch ein besonderes Öl (Haschischöl?) zur Wahrheit gelangt sei, und die vielgerühmte Weisheit Salomons käme in Wirklichkeit von diesem Mann. Seine Stimme trug mich in eine vergangene Welt. Erzählte er von mir oder von sich oder von uns beiden? Ich fühlte mich geborgen, so wie ich als Kind meinem Großvater zugehört hatte und in jüngster Zeit Bhagwan.

"Hast du eine Frage auf dem Herzen?" Wieder schrak ich aus der Versunkenheit, und wie damals vor dem Meister hörte ich das dünne Stimmchen: "Warum... warum ist das alles...so?" Der Platz vor der Mauer: jammernde Bettler, verkrüppelte Kinder, dumpfe Gesichter, sinnloses Geschrei, unvorstellbare, dreckige Armut und Elend. Die Stimme des Mannes sagte klar und freundlich: "Es ist wie es ist."

Das Bild war plötzlich ebenso klar und freundlich, vollkommen durchsichtig und ohne jede Beimischung von Gefühlen und Gedanken. "Du bist sehr intelligent." sagte er. Wie seltsam war das alles! Noch einmal führte mich die Stimme fort von dem, was um mich herum geschah. Es ging um Jesus. Er sprach so, als hätte er ihn gestern gerade wieder getroffen, ein alter Bekannter, und dann kamen einige unverständliche Bemerkungen, eher so, als führte er Selbstgespräche:
Ich solle mich nicht anstrengen, es sei alles bestens eingerichtet, wenn der Körper nicht mehr gebraucht wird, gibt es einen neuen, der Tod sei wie ein Kitzel, ein entzückendes Ah, und im selben Moment sei die Seele in einem neuen Körper. An dieser Stelle seiner seltsamen Ausführungen gluckste oder kicherte er geheimnisvoll wie ein Liebespärchen in der Vollmondlaube.
Ich verstand überhaupt nichts, und als er mich noch einmal fragte, ob ich irgendwelche Fragen habe, merkte ich, dass ich überhaupt nur aus lauter Fragen bestand, und es kam aus mir heraus gestottert: "Bist du Bhagwan?" Daraufhin schien er verlegen, lächelte kopfschüttelnd, abwehrend, und ich hatte das Gefühl, ich dürfe jetzt seine kostbare Zeit nicht länger in Anspruch nehmen. Beinahe wäre ich mit seinem Schirm losgegangen, mich an dem Griff festhaltend wie an der Hand meines Großvaters. Das war mir etwas peinlich. Der Mann sah mich gespielt vorwurfsvoll an, der Schelm blickte so liebevoll deutlich durch: "den Schirm brauche ich aber noch, junger Freund." Nach einigen Metern dreht ich mich nach ihm um und grüßte ihn zum Abschied mit dem indischen

'Namaste' (ich grüße das Göttliche in Dir'), wobei die Handflächen ehrerbietig vor dem Gesicht zusammengelegt sind. Er erwiderte den Gruß ebenso ehrerbietig, und ich fühlte mich von einer ach so selten erlebten Achtung emporgehoben und davongetragen.

Es schien mir, als hätten wir uns nur zwei Minuten unterhalten, aber aus der unerschöpflichen Flut der Erinnerungen an das Gespräch zu schließen, musste es viel länger gedauert haben. Eigenartig kam mir im Nachhinein der ständige, abrupte Wechsel zwischen geheimnisvollen und alltäglichen Inhalten vor. Er fragte mich z.B. nach Deutschland, und als ich ihm erzählte, dass ich demnächst meine (frühere) Freundin in Freiburg besuchen wolle, berichtete er von seinem Bruder, der in der Nähe von Freiburg wohne, vielleicht würden wir uns dort wiedertreffen. Das kam mir geradezu komisch vor, ganz unglaubwürdig. Er erzählte wie ein Kind und ging dann im selben Tonfall über zu Themen wie Tod und Wiedergeburt. Es gab keinen Bruch, alles schien gleich bedeutsam oder bedeutungslos - der Märchenonkel, der sich selbst nicht ernst nimmt und das Kind, das mit ernstem Gesichtsausdruck von der Geige spielenden Ameise erzählt - alles in Einem.

Er trug eine seltsame Kopfbedeckung, eine Art Fez, aber was Kleidung und Gehabe betrifft, hat Indien ja wirklich den ausgefallensten Zirkus der Welt zu bieten. Insofern fiel er äußerlich nicht aus dem Rahmen, was hier ja auch fast unmöglich ist. Aber er war auch kein Spinner, keiner der verrückten Heiligen und Asketen, von denen in Indien mehr als genug herumlaufen. Seine Ausstrahlung konnte ich nur mit der von Bhagwan vergleichen: War mein Meister mir in dieser Gestalt begegnet? Konnte er jede Gestalt annehmen? Meine Gedanken wirbelten freudig erregt durcheinander. Doch allmählich mischte sich die Sorge mit ein, wie es denn nun weitergehen sollte, ohne Geld und ohne Pass.

Es ging wie immer gut weiter. Ich traf Sannyasins, die mir Geld liehen, um nach Poona zurückzufahren. Dort lebte ich noch einen Monat im Monsunregen, ohne Zelt. Das hatte ich einem jungen Inder geschenkt, weil es bei den Regengüssen und Schlammmassen sowieso idiotisch war, auf dem Feld in einem Zelt zu leben. Ich schlug mich eben irgendwie durch, wurde eingeladen oder verbrachte die Nacht auf dem Bahnhof. Diese Art zu leben kannte ich schon.

Aber irgendwann wurde es mir doch zu viel. Ich sehnte mich nach Ruhe, nach einem warmen, trockenen Platz, nach den Wiesen und Wäldern in Deutschland, nach meiner früheren Freundin. Die hatte mich zwar schon ein Jahr zuvor abserviert, aber die Hoffnung war inzwischen wieder gewachsen, und immer stärker drängte der Wunsch: 'raus hier aus diesem magischen Kreis. Die Abenteuer bekamen, in Verbindung mit dem alles intensivierenden Haschisch, immer groteskere und entnervendere Züge. Von einem geregelten, meditativen Leben im Aschram war ich weit entfernt - ich wollte das ja auch gar nicht. Das erschien mir zu langweilig.

Eines Tages erreichte mich die Nachricht, mein Reisepass und mein Flugticket seien von einem Landarbeiter auf dem Feld gefunden worden. Ich konnte sie mir im Aschramoffice abholen. Die Rückkehr nach Deutschland schien gesichert. Aber im Grund war mir in den vergangenen Wochen immer mehr bewusst geworden, dass die Macht der Entscheidung nicht in meiner Hand, meiner Planung, meinem Kopf lag. Ich war überhaupt nicht fähig, irgendetwas zu wollen. Nicht, dass mir hier diese Fähigkeit genommen worden wäre, als Opfer eines Magiers, als willenloses Sektenmitglied usw. Nein, mir wurde klar, dass ich nie eine solche Fähigkeit der freien Entscheidung besessen habe. Das so vertraute Gefühl: 'ich kann tun, was ich will' ist eine komplette Illusion. Alle Handlungen waren bisher unbewusst abgelaufen, nach irgendwelchen Vorstellungen Wünschen und Verhaltensmustern, die ebenfalls unbewusst und automatisch von Außen aufgenommen waren.

Es gab, klar gesehen, nicht einmal das Recht, die ablaufenden Gedanken und Aktivitäten als "meine" zu bezeichnen. Es geschieht, und der kleine, angehängte Zusatz 'was ich will', ist so aufgebläht und absurd, dass er durch keinen Vergleich in seiner Lächerlichkeit offensichtlich gemacht werden kann. Eine unsichtbare Tarnkappe. Und doch markiert der Zusatz 'was ich will' die Grenze zwischen zwei Welten. An dieser Grenze befand ich mich. Alles, was äußerlich geschah, war ein Bild des inneren Kampfes, meines Widerstandes, endgültig loszulassen und das 'ewige Gefängnis' der Gegenwart zu akzeptieren. Was ist das Unangenehme an einem Gefängnis?

Die Vorstellung, dass es draußen schöner ist? Aber was gibt es außerhalb der Gegenwart? Sogar die Gedanken, die nach draußen gerichtet sind, existieren hier und jetzt. Trotzdem.

Ich wollte weg, heraus aus diesem Sog, der Vergangenheit und Zukunft, Personen und Orte außerhalb des wahrnehmbaren Horizontes immer unwirklicher werden und an einer weit entfernten Peripherie zurück ließ. Aber wo ist das Zentrum dieses saugenden Wirbels der Gegenwart? Es konnte doch nicht an einen geografischen Ort wie Poona gebunden sein. Bin ich nicht selbst dieser Ort, nehme ich ihn nicht überall hin mit, liegt nicht gerade darin die Freiheit? Es war zum Wahnsinnigwerden. Einerseits zog mich die unwiderstehliche Spirale dorthin, wo ich Bhagwan vermutete, ins Laotzuhaus, andererseits wurde die Intensität des Erlebens immer unerträglicher, ich konnte kaum noch schlafen. Es gab Momente, in denen alle Geräusche um mich herum wie unzählige Wecker rasselten und 'wach auf! wach auf! wach auf!' schrien. Momente, in denen ich meinen eigenen Namen vergessen hatte.

Auf meinen ziellosen Wanderungen durch den nächtlichen Regen hängten sich zerlumpte Gestalten mit irren Augen an mich, und ich fühlte mich zwischen Mitleid und erschöpfter Abwehr hin und hergerissen. Manchmal glaubte ich, der Meister habe eine solche Gestalt der untersten sozialen Schicht angenommen, um mich zu prüfen. Eine Frau, kaum älter als dreißig, aber mit zahnlosem Mund, wollte meine Hand nicht mehr loslassen, redete ununterbrochen in einer singenden Sprache - es war kein Hindi, ich hatte die Sprache noch nie gehört, sie klang wie von einem anderen Planeten. Ich schleppte mich mit ihr durch den ständigen Regen zum Bahnhof, wo noch nachts um vier Tee verkauft wurde. Ihrem

Gezerre nach zu urteilen wollte sie eigentlich zum Aschram, aber was sollte ich da mit ihr? Alle Inder machten einen weiten Kreis um uns und schimpften angstvoll, deuteten auf die Frau, einer wollte sie sogar schlagen. Vielleicht war sie als Hexe verschrien. Ich wollte sie endlich loswerden, ich war todmüde und durchnässt.

Ereignisse dieser Art häuften sich, das ging über meine Kräfte. Wenn ich wenigstens einen kleinen trockenen Platz für mich gehabt hätte. Klar - das war der Meister - in allen möglichen Formen, Schlag auf Schlag. Als Kind war mir der Ausspruch "was du einem meiner geringsten Brüder tust, das hast du mir getan" tief ins Herz gedrungen, aber im Rahmen einer Pflichterfüllungsauffassung. Dagegen stand Bhagwans: "genieße jeden Moment total". Ich musste erkennen, wie wenig ich zentriert, bei mir selbst war. Jeder Vollidiot und Wahnsinnige konnte sich hier meine Aufmerksamkeit holen und durch dunkle Bemerkungen und ausgefallenes Verhalten in mir den Eindruck erwecken, er sei eine Verkörperung des Jenseitigen. Prüfungen, Herausforderungen, extreme Situationen, außen wie innen. Der Gedanke, nach Deutschland zurückzufliegen, musste geradezu eingeübt werden, damit irgendwie eine zielgerichtete Handlung daraus erwachsen konnte. Es war so, als müsste ich mit äußerster Anstrengung gegen die Strömung eines riesigen Flusses ans Ufer schwimmen. Und das Ufer existierte nur noch in der Erinnerung. Gab es Deutschland überhaupt?

3: Juli 1980 - Februar 1981.
Mit Sabine in Hamburg, in LKWs nach Griechenland

Deutschland entstand, wurde zunehmend Wirklichkeit. Gerade war ich noch im brodelnden Bombay-Wahnsinn herumgelaufen, hatte unter mysteriösen Umständen mit längst abgelaufenem Visum (Gefängnisstrafe!) die Wachposten passiert, mit starrem Blick ins Weite und meiner ganzen Habe - einer kleinen, ausgeleierten Stoffumhängetasche, nun bin ich in lustiger Sannyasingesellschaft und lasse mich von einer Ostberliner Zolldame untersuchen. Unter strengem, angewidertem Blick wird der Inhalt meines Täschchens ans klare deutsche Julilicht gezerrt. Ich war selbst überrascht, was da alles zum Vorschein kam. Der mit mir reisende Sannyasinbruder im langen Poonakleid und ich kichern albern, als die Dame verwirrt die Stofftierchen, Glasmarmeln, Vogelfedern, Zahnbürste, Holzstöckchen, Schlangenbeschwörerquäke und ich weiß nicht was ordnet. Ruckartig schiebt sie den ganzen Ramsch zur Seite. 'Verrückte' sagt ihr eisiger Blick, und ich bin schnell durch den Zoll gekommen.
In Westberlin habe ich Verwandte, die mich trotz meiner seltsamen Aufmachung und der womöglich noch seltsameren Verhaltensweise, die sich meiner eigenen Urteilsfähigkeit

entzieht, verständnisvoll aufnehmen. Mit meinem fünfjährigen Patenkind Christian und seiner dreijährigen Schwester gehe ich im Wald spazieren und verliere jegliches Zeitgefühl. Wir spielen, und ich bin höchstens fünf Jahre alt. Irgendwo im Hinterkopf sagt eine Stimme: 'du musst wieder zurück, du hast die Verantwortung für diese Kinder übernommen, die Eltern machen sich Sorgen'. Aber ich kann mich nicht an den Rückweg erinnern. Es fällt mir schwer, eine Vorstellung von dem zurückzugewinnen, was der Name 'Berlin' bedeutet. Wir sind an einem stillen See, umgeben von Wald und Vogelgezwitscher. Die Gegenwart hält mich gefangen wie ein kleines Kind. Es ist mein Patenjunge, der uns schließlich zum Haus zurückführt. Ich ahne, dass ich lernen muss, meinen Verstand zu benutzen - in dieser Welt.

Die entrückende Euphorie des vom Meister trunkenen Schülers hält noch lange, verebbt allmählich in Wellen, monatelang, ohne je ganz zu verschwinden. Und unmerklich wächst eine neue Welle unter der vorangegangenen heran. Noch wird sie vom Wachbewusstsein nicht bemerkt. Eine ganz andere Welle leidenschaftlicher, menschlicher Liebe.

Wenige Tage nach der Ankunft in Berlin war ich wieder in Hamburg. Die Vergangenheit feierte Triumphe. Da war meine Freundin Doris, die ich mit klopfendem Herzen aufsuchte, um sie mit all meinen Poonaerlebnissen und therapeutischen Gruppenspielen zu beglücken, und deren angstvoll abgewandter Blick mir gleich zu Beginn hätte zeigen sollen, dass ein solcher Strom des Mitteilenwollens einer ganz anderen Aufnahmebereitschaft bedurfte - oder behutsamer abgelassen werden musste.

Noch am selben Tag besuchte ich etwas enttäuscht, aber nicht entmutigt, eine andere Freundin, meine Jugendliebe, mit der ich lange zusammengelebt hatte. Unser Verhältnis war abgeklärter. Sie freute sich, mich wiederzusehen, hatte keine Angst vor mir und hörte zu, als ich am Tisch in der WG-Küche zu erzählen begann. Doch ob der Strom der Worte und Gefühle in sie einfloss oder nicht konnte ich nicht feststellen, weil es mich nicht mehr interessierte; denn da ist noch jemand eingetreten und hat sich dazugesetzt. Ein zierliches Mädchen mit etwas pummeligem Gesicht, langen, schwarzen Haaren…Plötzlich ist weiter Raum da, Empfänglichkeit, Offenheit. Ich werde zum Zapfhahn, aus dem endlich eine unermessliche Flut von Begeisterung und Berauschtheit herausquellen kann.

Nachträglich scheint mir, dass eine tiefe Beziehung zwischen zwei Menschen als ein einheitlicher Kreislauf der Energie beginnt, als ein unbewusstes Verschmolzensein; dann erst werden sich die Partner als individuelle Teile bewusst und verlieben sich, um schließlich - vielleicht- im höchsten und entwickeltsten Stadium, wieder zu verschmelzen, diesmal bewusst und endgültig.

Durch kurze Zwischenfragen und Bemerkungen aus eigener Erfahrung lenkte die so vertraute und noch nicht als Gegenüber wahrgenommene Partnerin meinen Erzählstrom von den abenteuerlichen Indienreiseberichten über Gruppentherapie-Psychostories immer stärker zum Zentrum, zum Erleuchteten hin. Viel kräftiger noch als die wissensdurstigen und verständnisvollen Fragen zapften ihre leuchtenden, großen, lebendigen, tiefbraunen Augen eine Quelle in mir an, die ich noch gar nicht kannte. Dies war, soweit ich mich erinnern kann, meine zweite Begegnung mit Sabine.

Jeder Augenblick im Leben enthält unendlich viel, aber gewisse Momente treten in der Erinnerung als Schlüsselstellen heraus und bieten sich der Reflektion und Interpretation wie Kunstwerke an, mit einer tiefer und tiefer reichenden Fülle von Sinnebenen. Wie oft hatte ich mir von sich zierenden Frauen sagen lassen, dass ihnen eine freundschaftliche Unterhaltung wichtiger sei als zu bumsen, dass sie erst geistig dem Menschen näherkommen müssten, bevor sie körperlich intim werden. Dahinter verbarg sich aber die Tatsache, dass sie 'geistig' weder geben noch empfangen konnten, und gerade dasjenige, was sie durch ihren Körper und ihr Gefühl hätten geben und annehmen können, erschien zu einmalig, kostbar und gefährlich. Die Worte dienten als Schutzwall vor der einzigen Möglichkeit, überhaupt tiefer Kontakt aufzunehmen, nämlich über den Körper.

Nun hatte ich zum ersten Mal etwas ganz anderes und sehr Schönes zwischen einer Frau und mir erlebt. Die körperliche Hingabe war bereits als ein Teil in die geistige Vereinigung aufgenommen. In diesem Fall war das seelische Verständnis wirklich höher als das körperliche, einschließend und nicht ausklammernd. Dass wir in der Nacht miteinander schliefen, bedeutete keine Steigerung der Nähe und Intimität. Es war wie ein genüsslicher Nachtisch, eine sinnfällige Bekräftigung, dass die Vereinigung auf dieser Ebene längst geschehen war. So wie wenn zwei Menschen, die sich in Gedankensprache - telepathisch - unterhalten, gelegentlich auch laut reden, um sich am Klang ihrer Stimmen zu erfreuen. Am nächsten Morgen trennten sich unsere Wege. Sabine fuhr mit Freunden auf eine Insel, ich fuhr nach Hause zu meinen Eltern.

Die Begegnung mit meinen Eltern war für beide Seiten nicht leicht, aber es war die bisher aufrichtigste und intensivste. Ich hatte ihnen durch mein unregelmäßiges Leben schon manche Sorgen bereitet, und nun kam ich nach der langen Reise mit dieser seltsamen Kette von einem indischen Guru zurück. Für einen Landpfarrer muss das ein harter Schlag sein, denn nach der Bibel gibt es keinen anderen Weg zu Gott als durch Jesus, dem Einzigen Sohn Gottes. Wie sollte ich meinen Eltern vermitteln, dass ich in Bhagwan einen lebendigen Christus gefunden hatte, der darüber hinaus das Gegenteil von dem ist, was mir als christliche Vorstellung in meiner christlichen Erziehung beigebracht worden war?

Es erschien mir nun z.B. unerlässlich, meine wahren Gefühle zu zeigen, statt auf einer scheinbar harmlosen Gesprächsebene herumzurutschen, unter der Angst und Hass brodelten. Wir saßen ziemlich still und bedrückt am Abendbrottisch, und die Spannung steigerte sich. Das kannte ich aus den Encountergruppen, dieses anwachsende, fiese Gefühl im Bauch. Es ist wie ein Barometer für die emotionale Temperatur im Raum. Mein Vater redete über Renten-und Krankenversicherung, ich müsse endlich einen ordentlichen Beruf ergreifen, und im selben Atemzug kamen Behauptungen über

Bhagwan, die offensichtlich aus irgendwelchen Zeitungen stammten. Mir liefen die Tränen vor Beschämung, Wut, Trauer und Verzweiflung, was mein Vater nicht bemerkte, da er – wie früher über all die Jahre - neben mir saß und mich nicht ansah. Wie kümmerlich hatte ich hier meine tiefen Erfahrungen zum Ausdruck gebracht, wie wenig Überzeugung und Begeisterung war in meinen Worten gewesen, immer noch das dünne, zaghafte, angstvolle Stimmchen! So konnte unmöglich jemand reden, der wirklich ein Jünger des lebendigen, wiedergekehrten Christus ist!

Und dann brachen plötzlich die jahrzehntelang unterdrückte Wut und der angsterfüllte Hass aus mir heraus, und ich schrie ihn, wohl zum ersten Mal in meinem Leben, an, mit zitternder Stimme und durch die weinerliche Schicht hindurch. Ich weiß nicht mehr, was da an Worten herausquoll, religiös und sanftmütig klang es bestimmt nicht. Er wurde blass und still, murmelte etwas von "das ist also deine heilige Bekehrung" und verschwand aus dem Zimmer. Meine Mutter sagte betroffen: "da hast du ja wieder 'was angerichtet" und eilte hinter ihm her. Irgendwie fühlte ich mich erleichtert.

Und als mein Vater nach einiger Zeit wieder herein kam, da erschien er mir als ein völlig anderer Mensch. Nachdenklich, vorsichtig, fast bescheiden kam er näher und begann etwas hilflos: "Mutti hat mir erzählt, dass du geweint hast, das hab' ich ja gar nicht gemerkt. Naja, ich hab sicher Vieles nicht ganz richtig gemacht in der Erziehung. Weißt du, es ist auch so schwer, wenn man sich als Pastor immer um andere Leute kümmern muss…" Und er erzählte von seiner Kindheit und von seiner strengen religiösen Erziehung und vieles mehr, was ich z.T. schon kannte, aber die Stimme klang so weich und offen, wie ich sie bei ihm noch nie gehört hatte.

Es war das erste und seitdem letzte Mal, dass wir uns wirklich nahe gekommen sind. Insgeheim dankte ich meinem Meister, dass dieses "Wunder" passiert war. Am nächsten Morgen verlief alles wieder ganz normal, als wäre nichts gewesen. Wir verabschiedeten uns, meine Eltern fuhren einige Wochen in den Urlaub, und ich wollte im Haus bleiben, um in Ruhe meine fast fertige Doktorarbeit abzuschließen. Daraus sollte nichts werden. Diese Art der wissenschaftlichen Arbeit erschien mir immer unsinniger. Zwar war mir das Thema wichtig und ist es auch geblieben. Es geht um eine bestimmte Musiktheorie, die den unbewussten Kräften im musikalischen Erleben eine stärkere Rolle zuspricht als dem Verstand. Aber die offizielle Forderung, mich in eigenen Ideen zurückzuhalten, wollte ich nicht erfüllen.

Mir fiel auch auf, dass diese Tätigkeit, die mich vor der Indienreise jahrelang voll beschäftigt hatte, den Denkmechanismus sofort wieder verstärkte. Es ratterte im Kopf, wenn ich durch den Garten ging, das Gezwitscher der Vögel wurde aufgefangen in den Nebelwänden weiter ablaufender Formulierungsversuche. Das wollte ich nicht.

Als ich die Arbeit aufgab, kam ein anderes Problem zum Vorschein. Ich hing an der alten Beziehung zu Doris; das Erlebnis mit Sabine war in Vergessenheit geraten. Ich schrieb Briefe, von denen ich nur zwei abschickte, versuchte Doris anzurufen, die Antwort lautete unmissverständlich 'nein' und wurde im Ausdruck immer häßlicher, je mehr ich mich um Kontakt bemühte. Ich wollte nicht einsehen, dass ihr Verhalten nur der Spiegel meiner eigenen Dummheit des Nichtloslassenkönnens war, und so musste ich leiden. Ich heulte und fing wieder an, reichlich Alkohol zu trinken. Die tolle Woge spielerischer Leichtigkeit, die mich ein halbes Jahr getragen hatte, schien ausgelaufen. Ich unterhielt mich mit Bhagwan. Er ließ mich witzige Antworten schreiben, über die ich wirklich lachen konnte.

Eine davon deutete an, dass er mir eine Frau zukommen lassen wird, mit der ich ein für allemal genug haben würde. "Ich bin der Doktor Eisenbart, kurier die Leut' auf meine Art." Kluge Köpfe, in deren Reihe sich auch mein Kopf gerne einordnet, wissen natürlich, dass ich all diese Antworten in mir selbst trage, und ich mir selbst die Medizin verordne. Kluge Köpfe wissen eben einfach alles. Übrigens waren die einsamen Wochen in meinem Heimatdorf nicht nur mit derartigen Wehmutsstudien angefüllt. Es gab auch schöne, stille Pausen, die mich ahnen ließen, dass mit dem Meditieren eine unendliche, wunderbare Reise angebrochen, dass doch tief in meinem Inneren etwas Beseligendes angeregt worden war, das mir niemals verloren gehen würde.

Einmal saß ich im Wohnzimmersessel und stellte mir mit geschlossenen Augen vor, wie ich durch den Garten schreite und alles genau beobachte. Dann stand ich auf und machte es genau so, wie ich es vorher bildlich gesehen hatte, wobei ich nun annahm, ich säße in Wirklichkeit noch im Zimmer und alles sei ein Traum. Dabei wurde mir bewusst, welche ungeheure

Evolution der Natur es allererst möglich macht, dass ich auch nur ein einziges, grünes Blatt sehen kann - dass dieser ganze, komplexe Organismus der Sinnesorgane und des Gehirns ja all das voraussetzt und einschließt, was das Bewusstsein in diesem Moment wahrnimmt und widerspiegelt. Dass 'ich' somit an der Spitze der gesamten Evolution stehe und das Wahrgenommene zugleich erschaffe.

Dies wurde nicht gedacht, sondern erlebt. Der Baum vor mir konnte sich selbst durch meine Augen sehen und war dafür dankbar. Das Vogelgezwitscher war auch mein Gesang. Worte wie 'Baum' und 'Vogel' bekamen den Charakter fremdartiger Störgeräusche, es war mir unbegreiflich, wie sie überhaupt jemals in diese Welt hatten eindringen können. Doch solche Einsichten waren von kurzer Dauer, dann überwogen wieder alle möglichen Zweifel: "ich bin zurückgefallen, steh genauso dumm da wie vorher usw."

Die Erinnerung an Sabine wird wach. In Hamburg erwartet mich ein Brief von ihr, der schönste, den ich bis dahin in meinem Leben geschenkt bekam. Sie beschreibt das Meer und die Wolken und wie sie Musik hört und manchmal an mich denkt und sich auf ein Wiedersehen freut. Sie schreibt rein und klar, ohne jede Übertreibung, liebevoll und warm. In einigen Tagen wird sie wieder in Hamburg sein. Bis dahin benutze ich einfach ihr Bett, ohne mir Sorgen darum zu machen, ob sie damit einverstanden ist. Später sagte sie dann lachend: "Na, du bist ja ganz schön frech! Normalerweise mag ich so etwas nicht, aber bei dir hat es mich komischerweise überhaupt nicht gestört. Sind denn wenigstens deine Läuse weg?"

Gottseidank hatte ich dieses nette Reiseandenken inzwischen nicht weiterverschenkt, sondern mit einiger Mühe verloren. Ich durfte weiter in ihrem Bett schlafen, und wir genossen das vertraute Zusammenliegen, das keine sexuellen Spannungen auslöste. Manchmal fragte ich mich besorgt, ob ich in Poona meine männliche Potenz verloren hatte - auch dort hatte sich sexuell fast gar nichts für mich abgespielt. Es war ein neuer, ungewohnter Zustand, glücklich und entspannt. Nur gelegentlich mahnte eine Stimme aus der Vergangenheit, dass vielleicht doch etwas Wichtiges, ein gewisser feuriger Pep fehlt.

Erst Wochen später begann das, was normalerweise unter einer Liebesgeschichte verstanden wird. Sabine war noch einmal weggefahren in ihr Lieblingsland Italien, und ich hatte zwischendurch mit einer Sannyasin erfahren, dass meine Sexualität noch ganz gut funktioniert. Sabine war ziemlich eifersüchtig geworden, wenn sie es sich auch nicht anmerken ließ.

An einem grauen Oktobertag holte ich sie mit dem Auto der Sannyasinfreundin von einem winzigen Kaff an der Elbe ab. Gelegentlich fuhr sie dorthin, um bei einem Freund in Ruhe ihre Diplomarbeit vorzubereiten. Nach einem langen Spaziergang auf den Elbwiesen waren wir aus dem weißgrauen Nebel wieder in das kleine Häuschen zurückgekehrt und standen uns gegenüber.

Ob einer von uns aussprach, was beide im selben Augenblick fühlten, weiß ich nicht mehr - es war, als wäre ich zum ersten Mal verliebt. Natürlich kannte ich das Gefühl des Verliebtseins, aber jetzt erlebte ich es viel intensiver und bewusster als jemals zuvor. Ich verstand, ohne mit dem Verstand zu analysieren, dass diese besondere Wonne durch etwas gespeist wird, das wie eine Droge wirkt. Es bedeutete den Beginn und zugleich das notwendige Ende eines Höhenflugs. Die zeitliche Begrenzung der Liebesbeziehung kommt aus derselben Quelle wie ihre Intensität - aus der Ausschließlichkeit. Diese Frau ist die wunderbarste, schönste, reinste, phantasievollste, saftigste, verständnisvollste bewundernswerteste Frau der Welt, und sie liebt mich, mich ganz allein. Welch ein herrliches, stolzes Gefühl. Wir umarmen und küssen uns, erschauernd vor Glück.

Die nächsten Wochen rauschten dahin, und diese schönste Zeit meines Lebens zu beschreiben ist sprachlich gesehen keine lohnende Sache. Begriffe wie wunderbar, wunderschön, wonnevoll, himmelhochjauchzend usw., in leichten Variationen abgewandelt, ständig zu wiederholen - was solls? Warum ist es so schwer, Glück zu beschreiben, ohne den Leser oder Zuhörer zu langweilen? Weil wahres Glück gleichbedeutend ist mit "von Worten befreit sein". Zum ersten Mal durfte ich mit einer Frau die ganze Schönheit des Daseins in Stille teilen. Musikhören, Singen und Tanzen, Spazierengehen, Essenkochen und Essengehen, Massieren und Küssen und Schmusen und alle Arten von Liebesspiel. Was anscheinend nur wenigen Menschen in ihrem Leben geschenkt wird, das wurde für mich Wirklichkeit. Ich hatte die Traumfrau gefunden.

Und doch beunruhigte mich tief innen eine Stimme, die immer durchdringender wurde. Ich wollte zurück nach Poona, zu meinem Meister. Warum nur? Hatte ich nicht das langersehnte Glück gefunden? Konnte ich mich noch nicht einmal mit diesem Paradies zufrieden geben? Sabine und ich unterhielten uns häufiger über Bhagwan, über die Meister-Schüler Beziehung und die verschiedenen spirituellen Wege. Sie hatte eine Yogalehrerin gehabt, die ihr aber bald nicht mehr in die Augen sehen konnte - und das bei einer besonderen Disziplin des Yoga, in der das In-die-Augen-Sehen eine zentrale Technik darstellt.

Der Begriff der Disziplin war ein Punkt, in dem wir verschiedener Ansicht waren. Sabine ist eine 'Yogini', die durch eigene Anstrengung, regelmäßige Körperübungen und Mantrameditationen, durch Selbstbeherrschung und bewusstes Abtöten störender Begierden und Einflüsse den Weg zu Gott sucht. Und ich? Hatte ich überhaupt irgendeine Disziplin? Ich versuchte, jeden Moment so genussvoll zu erleben, wie es eben gerade möglich war. Das sollte genügen? War das wirklich die Botschaft des Erleuchteten Meisters?

Nun, es gab ja genügend Aussprüche von ihm, die totale Anstrengung, äußerste Entschlossenheit, höchsten Mut und unbeirrtes Warten können forderten. Aber von der Notwendigkeit gewisser Yoga- und Mantratechniken sowie Fastenübungen hatte "Er" meines Wissens nie gesprochen. Das lag mir zumindest nicht. Eigentlich konnte ich doch tun und lassen, was ich wollte: Alkohol trinken, Haschischrauchen, Fleisch essen, Bumsen, Pornofilme sehen, wütend werden, herumhängen und nichts tun - nur bewusst sollte ich dabei sein. Und das ist natürlich der springende Punkt. Sabine meinte, das Gefährliche an dieser Einstellung sei, dass sie zu einer hemmungslosen Ausschweiferei verleite, die eben letztlich überhaupt nicht weiterführt im inneren Wachstum. Man bleibt bequem und ändert seine Verhaltensmuster nicht. Was mich betrifft, so hatte sie genau meinen wunden Punkt erwischt. Ich neige zu Sucht, Faulheit, asozialem Schmarotzertum und Unordentlichkeit, und es war dann auch meine Unfähigkeit, mich in diesen Hinsichten wesentlich zu ändern, was Sabine und mich später trennte.

Während es Sabine letztlich darum ging, immer reiner und perfekter zu werden, körperlich und geistig, - wollte ich lernen, immer mehr Seiten an mir und an der Welt um mich herum zu verstehen und zu akzeptieren. Vorerst wurden diese Gegensätze noch gut verdeckt durch unseren Liebesrausch.

Bhagwans Erscheinung bedeutete für mich die Vollendung an Reinheit und Klarheit, da konnte auch Sabine nicht heranreichen. Und ich hatte oft seine Warnung im Ohr, daR der Weg des asketischen Yogi, der seinen Willen auf Perfektion richtet, nicht nur äußerst mühselig, sondern letztlich zum Scheitern verurteilt ist. Er wird immer unter der Anspannung stehen, ein höchstes Ziel erreichen zu wollen und sich selbst und Andere aufgrund und wegen der Unvollkommenheit ablehnen. Er kann nicht "entspannt im Hier und Jetzt" sein - und die Gegenwart ist doch alles, was existiert. 'Gott ist unvollkommen, denn sonst könnte er nicht wachsen. Perfektion bedeutet Tod, Stillstand.'

So versuchte ich Sabine das zu vermitteln, was ich von Bhagwan aufgenommen hatte, und sicher war es leichter, dies in Worten wiederzugeben als durch mein ganzes Wesen auszudrücken. Aber ich merkte deutlich, wie sie manchmal unter ihrer Härte gegen sich selbst litt, und dass ich ihr immerhin dabei helfen konnte, die andere Seite, ihre spontane Kreativität und kindliche Freude an alltäglichen Kleinigkeiten stärker werden zu lassen. In den ersten Wochen unseres verliebten Zusammenseins floss die undisziplinierte Lebensfreude in ungehemmtem Strom.

Der Rahmen einer netten deutschen Studenten WG, in der ich der einzige Sannyasin war, begann mich allerdings allmählich zu langweilen. Es war doch alles kein Vergleich zu dem, was ich in Poona erlebt hatte. Bei aller Wonne und Verliebtheit und trotz der tiefen und schönen gemeinsamen Meditationen mit Sabine fehlte mir etwas ganz Entscheidendes, was eben in Worten nicht zu fassen ist. Oder wollte ich mich davor drücken, ernsthaft Ja zu Sabine zu sagen und mit ihr weiter zu gehen, auch durch nicht so glückssprudelnde Zeiten? Im Nachhinein muss ich es so sehen.

Aber es war beschlossene Sache: zurück nach Poona, zum Meister, nicht zuletzt auch zur warmen indischen Sonne. Diesmal aber, um es abenteuerlicher zu machen, auf dem Landweg. Ich hatte bald jemanden gefunden, der, zusammen mit einem Freund, zwei kleine Mercedes-LKW's in Nepal verkaufen wollte und Mitfahrer suchte. Die beiden Freaks hatten zwar nicht viel übrig für Bhagwan und seine Anhänger; sie rauchten lieber ihren Joint und waren stolz auf ihre vermeintliche Individualität und Selbstständigkeit. Aber ich wurde akzeptiert, als sie merkten, dass ich genauso ein Freak bin und über ihre Bhagwanwitze ohne Mühe mitlachen konnte.

Ganz wohl war mir bei der Sache allerdings von vornherein nicht, und, als sollte mir Bedenkzeit gegeben werden, der Aufbruch verzögerte sich Woche um Woche. Eines Abends waren Sabine und ich zu Gast bei Rudi, dem älteren und erfahreneren der beiden Globetrotter. Schon Stunden vorher hatte ich ein unangenehmes Gefühl im Bauch gehabt, das sich nun erklärte, als Rudi eine Pfeife mit bestem schwarzen Haschisch stopfte und uns die 'Todesdroge' mit einem vertraulichen Schmunzeln anbot. Trotz der tiefen Angst, wieder in diesen unerklärlichen, hilflosen Zustand des Gestorbenseins geworfen zu werden, nahm ich zwei Züge.

Der Zustand ist in seiner Eigenart und Intensität nicht vorauszuberechnen. Es geschieht ein vollkommener Bruch mit der Vergangenheit und mit dem Daseinsgefühl, wie es gerade gewesen ist. Nun wird mir bewusst, wie unfasslich es ist, dass um mich herum ein Zimmer mit Gegenständen existiert, das so etwas wie einen Halt bietet. Nein, es kann die bodenlose Leere des Daseins nicht verdecken. Der Raum und der Körper, dessen Gewicht von einem Stuhl aufgefangen zu werden scheint, das ist nur geträumt, Variationen eines unendlichen Traumes, aus dem es kein Entkommen gibt. Woher kenne ich die beiden Wesen mir gegenüber? Sind wir schon ewig zusammen in diesem Raum? Ich muss 'raus hier, die Angst wird zu intensiv. Ich höre eine Stimme sagen: „ich geh' spazieren", beobachte einen Körper, der langsam auf die

Tür zu gleitet, und ein Gedanke bildet sich: 'welch ein ungeheurer Zufall, wenn ich die Beiden jemals wiedersehe, wenn in der unzähligen Abfolge von Eindrücken und Bildern irgendwann wieder dasselbe Zimmer mit denselben Menschen darin auftaucht!'

Irgendwann, nach vielen Leben, Bildern von Treppenstufen und Hausflur und Straßen und fremden Gesichtern und Schaufenstern war dann das Zimmer wieder da, und alles schien vertrauter, der Fußboden unter mir hatte selbstverständlich die Funktion, meinen Körper zu tragen, das stand nicht mehr in Frage, und die Menschen waren reale Wesen, mit denen ich sprechen konnte. Ich kniete mich vor Sabine, legte meinen Kopf in ihren Schoß. Sie beugte sich über mich, ihre langen schwarzen Haare umhüllten meinen verwirrten Geist, und sanft flossen die geflüsterten Worte unvergesslich in mein Herz: "ich liebe dich, nur dich, dich ganz allein, immer, immer, ewig!"

Der Tag meiner Abreise war festgesetzt und rückte näher. Sabine deutete an, dass sie gerne mitfahren würde, aber sie sei sich nicht sicher, auch wegen der Diplomarbeit, und sie wollte die Entscheidung von mir abhängig machen - ob ich sie gerne mit dabei hätte. Ich schwankte zwischen dem Trennungsschmerz jetzt und dem zu erwartenden Auseinandergehen in Poona. Welche Paarbeziehung konnte dort schon überleben? Ich hatte Angst vor der Eifersucht. Eine kleine Kostprobe hatte ich schon bekommen, als Sabine sich vorübergehend in einen Hamburger Sannyasin verknallte - und dort um Bhagwan gab es ganz andere Swamis. Also, ich war zu feige, dieses Risiko einzugehen und gab zu verstehen, dass ich lieber allein fahren wolle.

Es ist ja immerhin etwas, dass man später seine eigene Dummheit einsehen kann, und dazu sollte ich genug Gelegenheit bekommen. In dieser Zeit, kurz vor der Abreise, baute ich meinen ersten Autounfall nach zehnjähriger Fahrpraxis. Doch leider nützte auch dieses Signal nichts. Zwei Wochen vor Weihnachten fuhr ich los. Sabine blieb ein paar hundert Meter im Auto, bis zum Dammtorbahnhof, und dann war ich allein mit vier Leuten - zwei Mitfahrer waren noch dazu gekommen, sie wollten nach Griechenland.

Zu Rudi bestand zwar schon eine tiefere Beziehung, aber er fuhr den anderen LKW. Mein Fahrer war sehr nervös. Er hatte noch nie eine so lange Fahrt gemacht, und je weiter wir in den Süden kamen, desto häufiger rastete er aus. Den Wurzenpass bei 15% Steigung im Schnee zu überqueren, wenn der Kriechgang noch nicht einmal richtig funktioniert, das ist ja auch nicht gerade ein Vergnügen. Die Gespräche drehten sich fast nur um Autos, was mich überhaupt nicht interessierte.

Ich war allein - mit meiner Sehnsucht nach Sabine. Die Sehnsucht steigerte sich von Tag zu Tag. Immer wieder wollte ich die beiden Kassetten hören, die sie mir mit auf die Reise gegeben hatte. Da waren lauter Musikstücke drauf, die genau meinem Geschmack entsprachen. Die Musik verschmolz in meiner Seele mit den Erinnerungen an Sabine und mit der schönen Landschaft um mich herum zu einem

stillen See, den niemand je gesehen hat, und der doch unvergänglich ist. Die griechische Landschaft bot mir etwas Trost, weit mehr jedenfalls als die gutgemeinten Aufmunterungsversuche meiner beiden neuen Freunde: "Mensch, vergiss doch die Torte, Frauen findest du wie Sand am Meer!"
Manchmal musste ich wirklich lachen über die unüberbrückbare Entfernung zwischen unseren Einstellungen. Es war zu komisch, wie sie da die hartgesottenen Globetrotter und Abenteurer spielten und bei den geringsten Pannen in nackte Verzweiflung gerieten. Aber das Wunderbare ist, dass diese gemeinsame Zeit, einfach das Zusammensein und das Überstehen schwieriger Situationen, uns drei, die wir so verschieden waren, auf einer verborgenen Ebene auf denselben Nenner brachte. Man kann sich dagegen nicht wehren. Der Augenblick selbst mag einem langweilig, voll von Missverständnissen und blödsinnig erscheinen, - in der Erinnerung wird klar, dass gemeinsames Erleben notwendig vereint. Das stundenlange, schweigende Nebeneinandersitzen - mochte auch jeder mit seinen eigenen Gedanken beschäftigt sein - es wird nebenbei dieselbe Musik und dasselbe Motorengeräusch gehört, dieselbe Luft geatmet, dieselbe Landschaft betrachtet. Und so strickt jeder Moment das Seelenverbindungsnetz engmaschiger.
Wenn wir Rast machten, saßen wir gemütlich in einem kleinen griechischen Restaurant am Meer. Einmal konnten wir ein Gebilde entdecken, das sich unwirklich über die Wolkendecke herausstreckte, und wir rätselten gemeinsam, ob es der Olymp sei. Natürlich bewegte sich das Gespräch in erster

Linie um die Autos, wie sie laufen, bisher ging es, und wie schnell wir weiterkommen würden, durch Persien würden wir so schnell wie möglich fahren müssen, wegen des Krieges, ob wir dort Ärger bekommen würden? Und dann schwärmte Rudi, der die Strecke als einziger kannte, von den Tagen, an denen es immer wärmer werden würde, und wie man dann schließlich von einer Passhöhe herab in die Urwälder Indiens eintaucht, und unsere Augen glänzten erwartungsvoll.

Der erste Enttäuschungsschock kam schon an der türkischen Grenze, wo uns Soldaten mit Maschinenpistolen empfingen und wir nicht weiterdurften, weil angeblich mit den Autopapieren etwas nicht in Ordnung war. Rudi meinte in seiner nüchternen Art gelassen, da sei nichts zu machen, jetzt, wo hier die Militärregierung herrsche, würden wir weder mit Diskussionen noch mit Schmiergeldern weiterkommen, wir müssen zurück nach Saloniki, zum Deutschen Konsulat und weitere Bestätigungspapiere besorgen, schließlich seien die Autos ja ordnungsgemäß angemeldet, also kein Grund zur Sorge.

In Saloniki mussten wir drei Tage warten. Ich rief Sabine an. Welche Glückseligkeit, ihre Stimme zu hören. Sie erzählte von einem Geburtstagsfest, wo sie alte Freunde von mir kennengelernt habe, vor allem Michael, ausgerechnet Michael, der vor so langer Zeit eine so wichtige Rolle in meinem Leben gespielt hatte - das war ja nicht zu fassen, wie sich die Menschen, die mir nahe sind, nun "von selbst" begegnen, wie in einem magischen Zirkel, und sie habe so vertraut über mich sprechen können und so, viel Schönes zu hören bekommen, und sie sei immer ganz nah bei mir, in Gedanken und im Herzen. Mir liefen die Tränen vor Wonne und Sehnsucht.

Völlig benommen suchte ich nach dem Gespräch den Weg zurück in die mich sichtbar umgebende Kneipenrealität und wankte zu dem Tisch, wo meine beiden Reisegefährten die weitere Fahrt besprachen, aus der ich innerlich schon ausgestiegen, in die ich eigentlich nie wirklich eingestiegen war. Sie bemerkten, was in mir vorging, und es war nicht das erste und letzte Mal, dass meine Gefühle und Zweifel den Gegenstand einer nicht immer freundlichen Diskussion abgaben. Knut, mit dem ich fast ständig im Auto sitzen musste, weil er aufgrund geringerer Erfahrung einen Beifahrer nötiger hatte als Rudi, steckte voller Aggressionen, die er deutlich zum Ausdruck brachte:

"Entweder du bist voll mit dabei oder du verschwindest am besten gleich! Dies Hin und Her geht mir reichlich auf die Nerven." Und ich musste ihm Recht geben. Vielleicht lag es sogar an meiner rückwärtsgerichteten Haltung, dass dieses Unternehmen so schleppend voranging. Rudi war eher ein Verbündeter und in gewisser Weise eingeweiht in das Geheimnis der Beziehung zwischen Sabine und mir. Er war ja der Initiator jenes mysteriösen Abends gewesen. "Die Sabine ist wirklich keine normale Frau. Was die so von sich gegeben hat, damals, als du aus dem Zimmer 'raus warst- sowas Verrücktes hab' ich noch nie gehört. Die war ganz schön weit weggeflogen." Er mochte sie, das merkte ich, und er hatte einen Sinn für diese Art von Mystik, den er jedoch nur selten

nach außen zeigte und meistens unter einer coolen Sachlichkeit verbarg. Ja, und wie sollte es nun weitergehen?
„Wenn wir erst mal raus sind aus dieser kalten Ecke und durch die Wüste brettern, mit den Wahnsinnsbergen überall, und dann in Amritsar ... ich kenn da in der Nähe einen See, da leben nur Vögel und ein paar ausgeflippte Yogis, die dauernd bang trinken, das ist ein Zeug, sage ich euch, davon wirst du so High... Und überhaupt, du willst doch zu Bhagwan, oder? Vielleicht kommt Sabine hinterher geflogen ... "
Rudi hatte sein typisches, leicht spöttisches Schmunzeln drauf, und ich fuhr weiter mit, denselben Weg bis zur türkischen Grenze, wo es zum zweiten Mal den absoluten Stop gab. Knut schäumte vor Wut und Enttäuschung. Er zitterte am ganzen Leib. Monatelang hatte er hart gearbeitet, sein Geld in das Auto gesteckt, dies war seine erste große Reise ins unbekannte Abenteuer, und nun sollte alles umsonst gewesen sein? "Wir müssen es über Bulgarien versuchen" sagte Rudi lakonisch. Auf einer winzigen Straße, die über kahle Hügel ins Nichts zu führen schien, zuckelten wir nachts an der Grenze entlang nach Norden, Stunde um Stunde, erschöpft und entmutigt. Irgendwo machten wir Halt, und zwei Kühlschränke und etliche andere Geräte, die zusätzlich verkauft werden sollten, aber Schwierigkeiten beim Zoll machen konnten, rumpelten den Abhang hinunter.
Als wir dann am nächsten Morgen betont lässig und innerlich zum Platzen gespannt in den Büroraum der kleinen Grenzstation eingetreten waren, schien tatsächlich alles zu klappen. Der Beamte wollte schon seinen Stempel aufdrücken, da trat

ein höherer Offizier ein, musterte uns argwöhnisch, ließ sich die Papiere vorzeigen, schüttelte den Kopf und machte energisch eine Handbewegung, die unmissverständlich und drohend "haut sofort ab, ohne Diskussionen!" bedeutete. Die Atmosphäre war so geladen wie die MP's, welche die Grenzsoldaten zwar nicht direkt auf uns richteten, aber deutlicher zum Vorschein brachten. "Nichts zu machen, Jungs", sagte Rudi, "lasst uns hier so schnell wie möglich verschwinden." Auf einem Platz in der Nähe wurde beratschlagt. Die kuriosesten Ideen wurden durchgesprochen. Ich sollte allein mit dem Zug nach Hamburg zurückfahren und die Wagenpapiere auf Rudis Namen ummelden. Denn der offizielle Grund, der für das Spektakel an der Grenze angegeben worden war, lautete, dass die Papiere nicht auf den Namen des Fahrers ausgestellt waren. Das war nach Deutschem Recht völlig in Ordnung, und Rudi, meinte, das sei nicht der wahre Grund. "Die wollen einfach keine Freaks mehr durchlassen, das ist alles. Die Militärregierung pfeift auf die Papiere und unseren Schrieb vom Konsulat." Also hatte es auch nicht viel Sinn, wenn ich die Papiere ummeldete.

Schließlich wurde beschlossen, nach Athen-Pyräus zu fahren und dort auf ein Frachtschiff zu warten, das entweder nach Pakistan oder nach Afrika fährt. Damit war die Reise mit den beiden Wagenhändlern für mich zu Ende. Welch eine Erleichterung! Musste es erst zu einer solchen Situation kommen, damit mir klar werden konnte, was mein Herz wollte? So fuhren wir zum vierten Mal dieselbe Strecke am Meer entlang Richtung Saloniki, dumpf brütend die eine Partei, innerlich vergnügt die andere. Aber Stimmungen ändern sich ja bekanntlich schnell. Die Beiden wurden bald optimistisch, und mir kamen wieder Zweifel. Vielleicht war dies alles ein Test oder eine Prüfung, in welchem Maß ich bereit sei, Bindungen loszulassen und mich ganz dem Meister hinzugeben? Bhagwan und sein Energiefeld in Poona waren ja nicht verschwunden, ich konnte immer noch mit dem Flugzeug von Athen nach Bombay fahren. Auf der einen Seite zog es mich nach Osten, auf der anderen Seite zog mich Sabine nach Westen. Langsam, fast genüsslich, ließen die beiden Freunde mich den Bahnhof von Saloniki passieren. "Weiter nach Athen" murmelte ich, der innere Kampf war noch nicht entschieden.

Etwa hundert Kilometer vor Athen rasteten wir abends in einer kleinen Stadt. Auf jedem Balkon stand ein Tannenbaum mit schrecklich kitschigen, bunten Glühbirnen, die dem strahlenden Vollmond allerdings kaum Konkurrenz machen konnten. Ich spazierte allein am Meer entlang, von fern ertönte Kneipenlärm und Diskomusik. Weihnachten. Die Wellen rauschten. Das gleichmäßige Geräusch des Aufklatschens und Steinchengerassels nahm die Gedanken mit und es blieb nur ein Name übrig, süß und saugend, nah und fern wie der helle Stern da oben. In dem Ort gab es einen Bahnhof., dort hielt um 23 Uhr ein Zug von Athen nach München, da stieg ich ein. Viel Gepäck hatte ich ohnehin nicht mitgenommen. Tschüss, alles Gute, vielleicht sehen wir uns später doch noch in Indien, das wär's. 1:0 für Sabine.

Liebende wollen ungestört sein. Wir suchten nach einer kleinen Wohnung in Hamburg. War die Beziehung anfangs eine offene, spielerische, glücksverstrahlende Kraftquelle gewesen, an der die ganze Wohngemeinschaft teilhatte und mit aufblühte, so verstärkte sich allmählich die Abkapselungstendenz, die sich aus dem eigentümlichen Egoismus des Liebespaares entwickelt, und die normalerweise das Ende einer lebendigen Beziehung einleitet. Dieser Prozess verläuft unmerklich und schleichend. Nur wenn die Partner sehr bewusst darauf achten, dass sie sich nicht von den anderen Menschen isolieren, sondern ihr Glück bei jeder Gelegenheit nach außen mit-teilen und ausgeben, hat die Beziehung eine Chance, lebendig und erfüllt zu bleiben und zu wachsen. Wir fanden keine geeignete Wohnung. Immer häufiger erschien der Zettel: 'Meditation, bitte nicht stören!' außen an der Tür, hinter der Sabine und ich auch tatsächlich meistens versunken im Lotussitz saßen.

Sabine stand schon bevor ich aufgetaucht war bei ihren Wohngenossen in dem Ruf, leicht verrückt zu sein. Nun hatten sich zwei Verrückte gefunden. Den Anderen wurde es unheimlich. Mir kam die Idee, dass wir uns einem anderen Paar aus der WG anschließen und für einen Monat mit nach Gran Canaria fahren könnten. Renate und Dieter, zwei äußerst sanftmütige und liebevoll bescheidene Menschen, hatten auf der Insel Höhlen ausfindig gemacht, in denen man zurückgezogen vom Touristenrummel sehr schön leben konnte. Ihre Beschreibungen gefielen uns, die Reise würde wenig kosten, und so starteten wir Mitte Februar in ein Abenteuer, das mich bis heute gefangen hält.

4: Februar / März 1981.
Mit Sabine auf Gran Canaria.
Fasten, Meditation, Natur

Wenn eine Phase tiefgreifender Veränderungen der Persönlichkeit bevorsteht, kann ein aufmerksamer Beobachter schon rechtzeitig Signale des Widerstands bemerken. Ein Beispiel dafür ist die Geschichte, wie jemand, der mit dem Flugzeug ins Ausland verreisen will, seinen Reisepass vergisst oder, wie es mir passierte, im Gepäck lässt; während der Passkontrolle ist das Gepäck schon im Flugzeug verstaut, und es gibt ein Riesenspektakel. "Jede Minute der Verzögerung des Abflugs kann Sie tausend Mark kosten", erklärt mir die Beamtin erregt. "Der Kapitän kann nicht mit diesem Gepäck an Bord ohne Sie losfliegen, denn da könnte ja eine Bombe drin sein; und ohne Pass kommen Sie hier nicht durch, denn Sie können ein gesuchter Terrorist sein." Ich werde also, als alle Passagiere schon an Bord sind, mit einem Jeep zum Gepäckraum des Flugzeugs gefahren, nachdem ich unterschreiben musste, dass ich für alle Unkosten einer eventuellen Verzögerung aufkomme. Zum Glück ist der Rucksack schnell gefunden. Also mit dem Pass zurück zur Passkontrolle und schließlich, als kleine Attraktion für eine gelangweilte Gran Canaria Touristenmeute durch den Jumbo schreitend - da fühle ich deutlich, dass mir auf dieser Insel wohl ein besonderes Abenteuer bevorsteht, vor dem sich zumindest ein unbewusster Teil meines Ichs drücken will.

Nach einem herrlichen Flug mit klarer Sicht und Blick auf die Pyrenäen ist der erste Eindruck von Gran Canaria ziemlich enttäuschend. Eine öde, staubige Wüstenlandschaft mit einigen Neubauruinen, aber wenigstens ist es warm. Wir fahren mit dem Bus in eine Stadt, die fast nur aus Hotelhochhäusern besteht. Die wenigen Palmen wirken in dieser Betonwüste so trostlos künstlich, als stünden sie in Hamburg City-Nord. Wie man hier seinen Urlaub verbringen kann ist mir schleierhaft. Weiter geht's mit einem klapprigen Inlandbus, der fast nur noch von Einheimischen besetzt ist, immer höher hinauf in die Berge. Hier wird die Landschaft grün und anziehend. In tiefen Schluchten blinkt ein Flüsschen durch Bananen- und Apfelsinenplantagen, vielfarbiges Gestein in grotesker, gewaltiger Formation, davor steht stolz und einsam ein Kaktus mit einer kleinen roten Blüte.

Nach mehrstündiger Fahrt sind wir vier die letzten, die an der Endstation aussteigen. Ein kleines Dorf in den Bergen, welche die Abendsonne rot leuchtend widerstrahlen. Es ist kühl hier oben. Und so still. Wir wandern schweigend auf einer nichtasphaltierten Straße, der Wind rauscht durch Nadelbäume, die nicht so dicht zusammenstehen, dass der Eindruck von Wald entsteht. Unter einer tropischen Insel habe ich mir etwas anderes vorgestellt. Als wir nach etwa 6 km an eine Weggabelung kommen, sagt Renate: „Ich glaub' hier ist es, hier müssen wir runter!" Inzwischen ist es stockdunkel geworden, und wir stolpern erschöpft aber neugierig die gewundene Abzweigung hinunter bis zu einem kleinen Tal, das von 30 - 50 m hohen Felsen umschlossen ist. „Ja, das ist das Tal, ich erinnere mich genau, da vorne müsste die erste Höhle sein." Die Felsen heben sich etwas ab von der Finsternis, in dem helleren Gestein erkenne ich ein schwarzes Loch. „Es ist so unheimlich still hier, man hört nicht einmal einen Vogel oder irgendetwas!" „Ja, und kalt ist es, wie in Deutschland!" „Na, wartet mal ab, morgen werdet ihr sehen, wie toll es hier ist, tagsüber wird es auch ganz schön warm. Wir müssen jetzt die richtigen Höhlen finden. In einigen liegen bestimmt noch Kiefernadeln, auf denen wir schlafen können." Renate und Dieter haben bald die Höhlen gefunden, wir verteilen uns, jedes Paar für sich. Eine Kerze spendet das nötige Licht in unserer etwa 16 m² großen Höhle. Die Müdigkeit ist so groß, dass wir nach einem schnellen Herrichten des Bettes - Zusammenhäufen der Kiefernadeln, die von unserem Vorgänger zurückgelassen worden sind - erschöpft in unseren Schlafsäcken einschlafen.

„Wach auf, Christian, die Sonne scheint, es ist herrlich draußen!" Die Härte des Bodens und die feuchte kühle Höhlenluft lassen mir kaum eine Wahl. Ich öffne die Augen, sehe Sabine vor dem Höhleneingang im Sonnenlicht stehen und raffe mich auf. Es ist nicht mehr so unheimlich totenstill draußen, ein paar zaghafte Vogelpiepser sind zu hören, und das Geplätscher einer Wasserquelle ruft zum Morgenbad. Der Boden des Tales, auf den wir von der Höhle aus noch einige Meter hinuntersteigen, ist so eben und so groß wie ein

Fußballfeld. An den beiden Längsseiten ragen die leeren Zuschauertribünen aus nacktem Gestein empor, an den schmalen Seiten stehen die Tore. Durch das eine sind wir gestern eingetreten, auf das andere gehen wir nun zu, dem Geräusch der Quelle folgend.

Da, wo die Felstribünen fast zusammenstoßen, stehen wir auf der obersten Stufe einer Treppe aus Gesteinsbrocken, die hinunterführt zu einem viel größeren Tal mit höheren Felswänden. Wir blicken erstaunt auf einen stillen Hain mit vielen, kleinen Bäumen, die zarte weiße Blüten tragen. Mandelblüten. Das Tal strahlt eine so kindliche Unschuld aus, dass wir lange schweigend dastehen und uns dann andächtig dem klaren Wasser zuwenden, das wie in einem großen Taufbecken aufgefangen und als kleines Bächlein weiter in das Tal geführt wird. „Ja, hier wird es mir nicht schwerfallen, auf Alkohol und Zigaretten zu verzichten", behaupte ich, als wir uns prustend und lachend waschen.

Renate und Dieter haben inzwischen vor ihrer Höhle, die von unserer nur 30 Meter entfernt ist, ein Feuer gemacht, es wird Tee gekocht, wir essen zusammen von unseren Vorräten und beratschlagen. Wir wollen uns ein Auto mieten, um die Essensvorräte für die nächsten Wochen aus einem der umliegenden Dörfer zu besorgen. Nachdem Dieter uns den Weg und den Laden beschrieben hat, wo man sich Autos leihen kann, wandern Sabine und ich los - zwei unternehmungslustige Kinder. Schon nach einem Kilometer können wir über weite Täler bis zum Meer sehen. Tief unten zieht sich die Sandstraße in Serpentinen dahin. Abends fahren wir zu viert

zum Einkaufen: Mehl zum Backen, Wein, Säfte, Käse, Fleisch, Gemüse und vieles mehr. Der Wagen erweist sich wirklich als notwendig. Am nächsten Morgen bringen Renate und Dieter das Auto zurück zum Verleiher. Sabine und ich sind allein in dieser stillen, von menschlichem Müll verschonten Landschaft. Wir beginnen unser Experiment.
Fasten. Nur Quellwasser, Tee und Fruchtsäfte wollen wir zu uns nehmen, zunächst einmal eine Woche lang. Ich habe mich entschlossen, auf Zigaretten und Alkohol zu verzichten und bin gespannt, wie es mir dabei ergeht.
Sabine hat schon mehrere Male zehn Tage lang gefastet und schwärmt davon, wie leicht und unbeschwert sie sich gefühlt habe. Einige Bücher über das Heilfasten hatte sie mir schon vorher zum Lesen gegeben. Es ist ratsam, mit einem sanften, natürlichen Abführmittel zu beginnen; denn wenn Magen, Bauch und Darm leer sind, stellt sich kaum Hungergefühl ein. Außerdem sollten im Verlauf der Fastenzeit mehrere Einläufe, also Darmspülungen gemacht werden, weil sonst Vergiftungsgefahr besteht. Wenn der Körper keine Nahrung bekommt, zehrt er vom eigenen Fettgewebe, das zwar genügend Vorrat für ein bis zwei Monate bietet, zugleich aber auch eingelagerte Giftstoffe (wie Nikotin) freigibt. Das kann recht unangenehm werden, nicht nur für den Geruchssinn, sondern vor allem für das innere Befinden. Schwindelgefühle, Angst und Depressionen, dazu kommt noch, dass die Gewohnheit des Essens (Rauchens…) sehr oft eine innere Leere verdeckt. Man isst aus Frust oder Langeweile, und diese Leere wird nun deutlich. Fasten ist also eine Reinigung,

die demjenigen, der nur seine Figur oder politische Demonstration im Kopf hat, auf überraschende Weise in ganz unbekannte Bereiche führen und sein ursprüngliches Ziel völlig vergessen lassen kann.

Es ist im Kern eine recht wirksame Übung, die früher in jeder esoterischen Schule als Aufnahmebedingung gestellt wurde. Sie hilft, die Identifikation mit dem Körper zu lockern. Man kann z.B. lernen, das Hungergefühl aus einer gewissen Distanz zu betrachten und wird dann nicht mehr so leicht in Panik geraten, wenn das gewohnte Sattwerden auf unbestimmte Zeit fraglich zu werden droht. Wenn wir auch glauben mögen, über solche fundamentalen Überlebensängste erhaben zu sein, weil in unserer Gesellschaft für alles gesorgt ist, so bestimmen diese Ängste dennoch jede einzelne Aktion aus unserem Unbewussten heraus. Bevor man nicht aus eigener Erfahrung weiß, dass der Körper lange und problemlos ohne Nahrung auskommen kann - das theoretische Wissen nützt hier überhaupt nichts - bleibt ständig die tierische Angst, die den Kulturmenschen schon ausflippen lässt, wenn er nicht zur gewohnten Zeit sein Happi-Happi bekommt. Das mag jeder an sich selbst beobachten, wenn er aufrichtig genug ist.

Wir begannen also unser Experiment mit einem scheußlich schmeckenden Abführmittel. Glaubersalz. Zwei Teelöffel davon, in 3/4 Liter warmen Wassers aufgelöst - man meint, danach kann einen nichts mehr erschüttern. Diese Erfahrung hat die psychologische Wirkung, dass man sie nicht umsonst gemacht haben möchte. Nun wird gefastet! Aber Fasten ist ja keine Tätigkeit. Was konnten wir hier tun, in dieser Einsamkeit? Spazierengehen, uns gegenseitig massieren, Musikmachen - Sabine hatte ihre Gitarre mitgenommen und ich meine Viola. Sabine hatte sich vorgenommen, ihre Diplomarbeit in Psychologie zu schreiben, das Thema stand noch immer nicht fest. Am liebsten wollte sie über Meditation schreiben, und ich wollte ihr helfen.

Im Rahmen einer wissenschaftlichen Disziplin über etwas zu schreiben, was sich im Wesen jeglicher Begrifflichkeit entzieht, ist schon widersprüchlich genug. Und dann hier, in dieser herrlichen stillen Natur, mit dem Kopf zu arbeiten, das war fühlbar idiotisch. Das Projekt verschwand nach einigen zaghaften Versuchen und tiefen Seufzern wieder im Studentenköfferchen. Wir gaben uns stattdessen den Tätigkeiten der Steinzeitmenschen hin. Kiefernzweige wurden gesammelt, um ein schönes weiches Lager zu haben. Feuerholz war nötig. Die Umgebung wollte erforscht sein. Sicher gab es Momente, in denen mir die dauernde Stille auf die Nerven ging und ich mich nach einer turbulenten Party sehnte. Aber es war das Paradies. Hunger spürte ich nur gelegentlich in den ersten drei Tagen, kaum der Rede wert. Schwieriger war es für mich; mit ansehen zu müssen, wie Dieter gemütlich sein Pfeifchen schmauchte, und die beiden Rotwein am Lagerfeuer süffelten, während auf unserem Feuer Wasser für den höchst gesunden, langweiligen Salbeitee gekocht wurde.

Aber während solche Problemchen mich kurzzeitig in schwermütige Grübeleien verstrickten, begann tief innen, ohne dass ich es bewusst wahrnehmen konnte, etwas unvergänglich Schönes und Zartes zu wachsen. Hatte schon auf meiner Fahrt durch Griechenland der Automotor die Seelen von so verschiedenen, herben, auf Abgrenzung bedachten Männergestalten zusammengebrummt, so begann hier das feine, stille Lied der Berge, der Mandelblüten und des nächtlichen Feuers unter fern funkelnden Sternen zwei Seelen ineinander zu weben, die sich von vornherein nicht abgrenzen wollten, und die in einem männlichen und einem weiblichen Körper nur darauf warteten, endlich unendlich zu einem wunderbaren Ganzen zu zerfließen. Es geschah so natürlich und ohne dass irgendetwas Aufsehenerregendes passierte, dass niemand sich dafür interessieren wird. Und das ist auch überhaupt nicht wichtig. Es macht keine Schlagzeilen, dass in irgendeinem Teil irgendeiner Insel Mandelblüten zu Mandeln werden, oder dass zwischen den Bergen ein Lied zu den Bergen aufsteigt, gesungen von einer kindlich-vollen Frauenstimme.

Saiten über Saiten werden wir gleiten
Saiten über Seiten begleiten, leiten,

spielen
Töne für Dich,
tanzen Töne durch mich.
Melodien, Melodien, Melodien…
Die Melodie
flog
weit über das Meer
in einer Welle voll Wonne

über Wolken zu Dir -
in einer Welle voll Sonne
begegnest Du mir
über dem Meer,
mehr, mehr,
immer mehr
hier
in einem hellen
Aaaaaaaaaanfang.

Auf einem Spaziergang hatten Sabine und ich einen See entdeckt, der nur eine halbe Stunde zu Fuß von der Höhle entfernt war. Wir wanderten nun jeden Tag über den Berg zu dem See, um zu baden und anschließend unter einem riesigen Baum, der wie eine Eiche aussah, mit geschlossenen Augen zu sitzen und dem leichten Wellengeplätscher und den Rufen der Wasservögel zu lauschen. Was ist an solchen Zuständen, die 'Meditation' genannt werden, so faszinierend? Wenn ich es in Worte fassen will, wird mir klar, dass der primitivste Krimi mehr hergibt. Inhaltlich passiert so gut wie nichts. Ich könnte auch vom Tiefschlaf berichten und den einzelnen Atemzügen. Und doch erfüllen sich darin die tiefsten Sehnsüchte jedes Menschen; es ist genau das, was sich jedes Wesen wirklich wünscht: wunschlose Glückseligkeit.
Unsere Sucht nach Inhalten - gleich welcher Art - kommt aus der Tatsache, dass wir im Kern Nichts sind, reine Leere. Diese Leere ermöglicht aber zugleich auch, dass wir überhaupt wahrnehmen und er-leben können. Ein Felsbrocken

kann das nicht, weil er voll ist, massiv. So ähnlich verhält sich ein mit Gedanken vollgestopfter Kopf. Er kann nichts aufnehmen. Aber die Gedanken können von den Geräuschen aufgesogen werden wie von einem Schwamm, der trübes Wasser aufsaugt. Das Ich zerfließt in den Wahrnehmungen. Herein strömt eine sanfte, reine Energie, die Luft bringt ein feines, undefinierbar liebliches Flair mit sich. Es öffnet sich ein unbegrenzter Raum, durch den die Rufe der Vögel von weither schwingen. Ein Raum, in dem sich der Duft Sabine mit dem Klang Christian untrennbar vermischt. Wenn wir auf dem kleinen Pfad zurückwanderten, sangen wir im Kanon oder improvisierten frei. Wir waren so glücklich, dass wir es nicht mehr merkten. Es wurde wenig geredet.

Einmal, als wir vor der Höhle saßen und uns sonnten, spürten wir etwas Beunruhigendes, das näher kam. Ein tiefes Brummen war zu hören. Es wurde lauter. "Vielleicht ein Flugzeug?" "Nein, es hört sich eher nach Autos an." "Ach du meine Güte, sieh dir das an!" Eine Kolonne von Jeeps kam direkt in unser kleines Tal hineingefahren, in jedem Auto saßen 4-5 Touristen. Es wurde unangenehm laut. Die Motoren der parkenden Jeeps dröhnten, die Luft war von Benzingestank und Gejohle erfüllt. "He Alter, schmeiß mal 'ne Dose Bier rüber, oder rück gleich den ganzen Kasten raus, ach du Scheiße, ich hab meine Stullen vergessen… eh, ich glaub' ich spinne, guck mal, da oben, was is' dat denn, FKK oder Höhlenmenschen, Hallo wer seid ihr, auch 'n Schluck?"

Ich spürte Widerwillen, Verachtung und Wut in mir aufsteigen. Nun zieht man sich schon in diese Einsamkeit zurück, schleppt sein Gepäck zu Fuß hierher, und dann das! Aber schließlich haben wir keinen Alleinanspruch auf dieses Tal, und lange bleiben die ja nicht hier. Wenigstens die Motoren könnten sie ausstellen, aber die brauchen den Lärm, das Wichtigste von diesem Ort, die Stille, kriegen die nicht mit - ihr Pech, was soll's!

Im Tal liefen die Leute herum, durcheinander und wirr, ein groteskes Schauspiel. Einige wollten zu uns hochkommen, blieben auf halbem Wege unschlüssig stehen und kehrten dann wieder um. Ein junges Pärchen wagte sich schließlich ganz heran; was wir hier machen? - und als wir ein wenig Auskunft gaben und die beiden einen Blick in die Höhle werfen durften, sah ich so etwas wie Sehnsucht in ihren Augen. Sie erzählten von ihrem Hotel und den Diskos und dem überfüllten Strand und meinten, sie würden eigentlich auch viel lieber hier in der Natur ihren Urlaub verbringen, der sei aber nun bald vorbei, und sie müssten wieder zurück nach Hause fahren - vielleicht im nächsten Jahr. Ich erkundigte mich nach dem Leiter dieses Jeepunternehmens, sie zeigten auf einen Mann in meinem Alter dort unten.

Immer noch ziemlich aufgebracht und hin-und hergerissen zwischen dem überheblichen Selbstbild des schweigenden Außenseiters und der Sorge, dass dieses Tal zu einem Dauerrummelplatz für Touristen werden könne, stieg ich hinunter und fragte, wie er ausgerechnet auf diesen Platz gekommen und ob dieses Spektakel öfter zu erwarten sei. Seine Antwort war ernüchternd. Jeder Einheimische kennt diese Höhlen hier und oft sind sie von irgendwelchen Touristen bewohnt, die meinen, sie seien etwas Besonderes. Der Platz eignet sich gut zur Rast, weil man direkt von der Straße aus hineinfahren kann. Mindestens zweimal in der Woche kommt eine Jeeptour, die Höhlenhippies bieten dazu eine hübsche Attraktion. Wenn uns das nicht passt, könnten wir in andere Höhlen ziehen, da gibt es noch mehr, in abgelegenen Tälern.

Nach einer hektischen halben Stunde verließen die Leute den Platz, es wurde wieder still, und wir sammelten die zurückgebliebenen Flaschen, Dosen, Plastiktüten und Zigarettenkippen zusammen.

Am fünften Fastentag hatte es zwischen Sabine und mir eine Auseinandersetzung gegeben. Es war irgendein nichtiger Anlass gewesen, der dazu führte, dass sie mit Renate und Dieter zum See ging, und ich allein zurückblieb, zunächst mit einer beleidigt-verbitterten Haltung - keiner versteht mich! Dann brauchte ich Bewegung, lief lustlos ins nächste Tal, am Bach entlang, und je weiter ich kam, desto mehr fühlte ich mich wie ein Abenteurer, der, ganz auf sich gestellt und zugleich wie ein Kind versunken in die Umgebung, ein Gebiet entdeckt, das noch nie ein Mensch zuvor erforscht hat. Es ging ständig leicht abwärts, auf einem Ziegenpfad. Am Ende eines Tals rückten die kaum bewachsenen Berge wieder näher zusammen, um sich zu einem noch weiteren Tal zu öffnen. Die Vegetation veränderte sich. Statt der kleinen Mandelbäume mit den weißen und rosa Blüten, die zum größten Teil schon abgefallen waren und den meist nackten, grauen Erdboden wie Schnee bedeckten, kamen nun Büsche und Nadelbäume, die dicht zusammenstanden. Der Pfad wechselte von einem Ufer zum anderen und schlängelte sich durch hohes Schilf. Es wurde grüner und der Gesang der Vögel vielstimmiger, lustiger, abwechslungsreicher. Wie lange war ich schon unterwegs? Die Berge warfen inzwischen breite, dunkle Schatten, aber ich wurde wie von einem Magneten weitergezogen. Wenigstens noch eine Biegung, um den nächsten Berg herum. Und dann sah und hörte ich etwas so Wunderbares, dass ich selbst zu einem Felsen erstarrte - verzaubert. Nach der reglosen Andacht eilte ich beschwingt zurück. Das wollte ich Sabine zeigen!

Und so wanderten wir nun zu zweit denselben Weg. Es ist ein seltenes Geschenk, mit einem anderen Menschen durch die Natur wandern zu dürfen, ohne dass ein Gefühl des Gestörtseins aufkommt. Kein Gerede, keine Gedanken, den Anderen betreffend. Ein-Verständnis. Das habe ich mit keinem anderen Menschen so erlebt. Für mich ist dies ein sicheres Zeichen, dass Liebe eingekehrt ist. Ich wusste nicht mehr, wann und wo wir lebten. Wir waren Adam und Eva im Paradies. Die Vorstellung von Datum, Jahreszeit, Jahr und Geschichte, von einer Erde mit Erdteilen und Ländern und Städten und Straßen ist normalerweise ständig im Hinterkopf, im Hintergrund des Erlebens. Wenn dieses Raster verschwindet, wird alles zu einem unbeschreiblich geheimnisvollen Traum.

Sind wir die ersten oder die letzten Menschen? Gibt es überhaupt irgendetwas außerhalb dieser wundervollen Gegenwart? Nein, alles andere war versunken, hatte womöglich nie existiert. Jetzt und Hier, dieser blaue Himmel mit den

majestätischen Wolken, die vielfarbig funkelnden Felsgestalten, das Glucksen des Baches, das Zwitschern und Flöten der Vögel, das Knistern eier Schilfhalme im Wind, die anmutige, anziehende Gestalt der Geliebten, ihre seidigen, leicht gelockten, langen, schwarzen Haare, ihre großen, strahlenden braunen Augen... Alle Ausdrücke und Worte wurden wieder zu leeren, durchsichtigen Hüllen und flogen fort wie Seifenblasen. Es kostete Überwindung zu sprechen.
"Da, noch eine Höhle, wollen wir hinaufklettern?" Ich hatte schon als Kind eine eigenartige Vorliebe für Höhlen...in den Mutterschoß zurück. Je näher wir dem Eingang kamen, desto steiler und schlüpfriger wurde es. Von der Decke des Eingangs tropfte Wasser. "Huh, so gemütlich wie unsere Höhle ist diese jedenfalls nicht!" Es war natürlich stockfinster innen, und man konnte nur am Hall der Stimme hören, dass die Höhle ziemlich groß sein musste. Wir steigerten uns in ein Echo-Gesangsspiel hinein, bei dem alle möglichen unsichtbaren Geister eingeladen waren teilzunehmen, bis ein vielstimmiger Chor von tiefem tibetanischen Mantragebrummel bis zur Königin-der-Nacht-Koloratur den Raum durch-hallte. Als wir dann lachend und vom grellen Tageslicht geblendet ins Freie taumelten, verabschiedeten wir uns von den Höhlengeistern und folgten weiter dem Bachlauf, der uns noch über jene Stelle hinausführen sollte, die ich mit kindlicher Vorfreude Sabine zugedacht hatte, so wie man das Geburtstagskind in den Raum führt, wo die Torte mit vielen brennenden Kerzen aufgebaut steht.

Kurz vor der Biegung, wo der kleine Pfad steil abwärts um den nächsten großen Felsenberg herumführt, sagte ich: "hör mal - hörst du irgendetwas Besonderes?" Wir lauschten. Da war ein zartes Glockenklingen, das von weit her zu kommen schien, und einige andere Geräusche waren zu hören, als ob auf Holz gehämmert würde, mit einem weichen, langen Nachhall. Und war da nicht ein fernes Lachen und Kinderstimmen und Hundegebell und eine Flöte? Wir bogen um den Felsen, und da breitete sich tief unten ein weites, wunderschönes Tal aus, mit Palmen und kleinen Silberteichen, saftig grünen Obstplantagen, weißen Häusern, und die Geräusche wehten nun aus dem tiefen Tal ganz klar zu uns herauf. Jede einzelne Stimme war so deutlich zu hören, als wären wir schon dort unten, und dabei war alles so weit entfernt - winzige Häuser, Menschen konnte man noch nicht erkennen. Wie doch Ferne und Nähe ineinander verschwimmen zum stillen Gebet.

Der Pfad nach unten war allenfalls noch an den Ziegenkötteln zu erkennen. Wir kletterten vorsichtig von Felsbrocken zu Felsbrocken hinunter, bis wir ein schmales Plateau auf halber Höhe erreichten, wo der Bach sich als Wasserfall in ein Felsbecken ergoss, das zum Schwimmen einlud. (Ja, gewiss hast du Recht, Sabine, das Leben geht unaufhaltsam weiter, und es tut nur weh, an der Vergangenheit festzuhalten, aber herrlich war das alles - vielen Dank!) Als wir die staubige Straße erreichten, waren Körper und Kleider schon wieder trocken. Ich erinnere mich noch genau an eine riesige Palme mit einer zerfurchten Rinde, deren Strukturen viel bessere Geschichten darstellen konnte als jede von Menschen erbaute Siegessäule. Sie schwang sich lässig über den Abgrund, wo wir ein altes Autowrack entdeckten. "Hier gestorben!" Ich fühlte mich schwindelig und war zugleich fasziniert von der Vorstellung, herunterzustürzen.

Wir wanderten weiter auf der Straße bis zu dem Dorf 'Surya'. Neugierig und freundlich sahen uns Kinder und alte Frauen in schwarzen Kleidern an, und beschäftigten sich dann wieder mit ihrem Spiel. Unter den Apfelsinenbäumen lagen Früchte, von denen wir einige aufsammelten und genussvoll aufsaugten. Prächtige Blütenbüsche und bunte, intensiv leuchtende Blumen überall. Wie karg war dagegen unser Tal dort oben, einige Gehstunden entfernt! In dem Vergleich verbarg sich kein Neid.

Unsere Lust, immer weiter zu wandern und zu forschen wurde durch die späte Nachmittagssonne in umgekehrte Marschrichtung gelenkt. Es würde bald dunkel werden, wir waren schon ziemlich erschöpft und gingen auf der Straße, die bequem, wenn auch weitläufiger als der Fußpfad, an den Höhlen vorbeiführen musste, zurück. Ich wunderte mich, dass wir trotz der Fastentage diese lange Wanderung so mühelos durchhielten. Längst war es dunkel geworden und kühl. Die Straße führte in steilen Haarnadelkurven aufwärts. Wir erkannten vertrautes Gelände, den Föhrenwald, wo wir unsere Zweige gesammelt hatten. Nun waren wir froh, bald in unser Lager sinken zu können.

Doch was war das? Ein Geräusch, das mich normalerweise angenehm berührt, ließ mich vor Schreck erstarren. Musik -

Radioklänge aus unserem Tal! Renate und Dieter hatten kein Radio, außerdem waren sie schon vor einigen Tagen zum Meer aufgebrochen, um sich dort zu sonnen und zu baden. Mit einem leisen Grauen näherten wir uns dem Ort, der schon so vertraut und heimlich und nun so fremd und unheimlich geworden war. Wie von Geistern inszeniert tönte die Musik durch die Nacht. Nun sahen wir, woher sie kam.

Dort, am Ende des Tales, wo hinter den Felsstufen das Taufbecken uns jeden Morgen zum Waschen einlud, wo sich das nächste, größere Tal anschloss und wo wir unsere heutige Rundwanderung begonnen hatten, standen ein VW-Bus und ein Zelt. Die Musik kam aus dem Autoradio. Wir hatten keine Lust mehr auf eine Kontaktaufnahme und schliefen dann trotz der Musik bald in unserer Höhle ein. Am nächsten Morgen unterhielten wir uns mit den Besitzern des Autos, zwei Freaks. Es war ein belangloses Gespräch, sie fuhren auch bald weiter.

Zwei Tage später gingen wir noch einmal nach Surya, diesmal mit Rucksack, denn wir wollten einkaufen. Wir liefen die Serpentinen der Straße hinunter Es war beglückend, Sabine laufen zu sehen. Leichtfüßig und anmutig zeigte sie mir die Gazelle als einen Teil ihres Wesens. Wir entdeckten ein einsames Haus mit einem sorgsam gepflegten Blumengarten und Apfelsinenbäumen davor, und gerade wollten wir von den Früchten naschen, da öffnete sich die Tür und heraus trat ein alter Mann, der uns freundlich grüßte und zuwinkte. „Sind Sie aus Deutschland?" fragte er. Wir nickten sprachlos. „Es ist recht selten, dass sich Touristen zu Fuß hierher

verirren." „Wir wohnen da oben in einer Höhle." „Aha, das hab ich mir schon gedacht. Zuletzt hat da ein Junge aus der Schweiz gehaust. Ich komm auch aus der Schweiz. Na, der hat es immerhin mehrere Monate ausgehalten. Für mich ist das nichts mehr. Früher, als ich zum ersten Mal herkam, das muss jetzt wohl 35 Jahre her sein, da hab ich da auch mal gelebt."
Er erzählte uns lange Geschichten aus seinem abenteuerlichen Leben, wie er als blinder Passagier im Krieg nach Gran Canaria gekommen sei und sich hier später niedergelassen habe, seine Frau sei auch hier, er rief ihren Namen, und eine rundliche, gemütliche Frau erschien. Sie wollte uns Kaffee und Kuchen anbieten, wir erzählten von unserem Fasten, und so verging eine gute Stunde mit Geplauder, bis wir uns verabschiedeten, da wir ja noch einen langen Weg vor uns hatten. Als wir außer Hör-und Sichtweite waren, mussten wir beide lachen, denn uns war die enorme Ähnlichkeit dieses alten, würdigen Herrn mit einem gemeinsamen Freund aus Hamburg aufgefallen. Das schmale Gesicht, die Nickelbrille, dieser etwas ermüdende, behäbige Schwitzerdytsch-Tonfall und viel Details waren genau gleich, bis auf die 40 Jahre Altersunterschied. „Ich kann mir gut vorstellen, dass unser Nänni auch seinen Lebensabend so verbringen wird wie dieser Landsmann von ihm." "Jödeldidö! Übrigens war es doch Nänni, der diesen Höhlentipp an Renate und Dieter weitergegeben hat, er hat ja auch hier gelebt. Ob der Alte vorhin Nänni gemeint hat, als er von unserem Vorgänger sprach?" „Das glaub ich kaum, schließlich ist das ja schon über ein Jahr her, dass Nänni hier war. Aber, wer weiß, vielleicht werden diese Höhlen doch nur noch recht selten benutzt."

Die Straße führte nun direkt am Cannon entlang. Auf der einen Seite ging es senkrecht hunderte von Metern tief hinunter, auf der anderen steil bergauf. Wir spazierten Hand in Hand mit geschlossenen Augen. Wirklich ein tolles Spiel, das ich in Poona kennen-und schätzen gelernt hatte. Es macht total high, vor allem, wenn einem klar ist, dass der nächste Schritt der letzte sein kann. Als ich damals in Poona "blind" auf nächtlicher Straße mit einem Sannyasinfreund dem Scheinwerferlicht eines heranbrausenden LKW's entgegen wandelte, wurde es mir zu hell, und ich öffnete die Augen, zu unserem Bedauern. Auch mit Sabine hielt ich das Spiel nicht sehr lange durch, aber das Vertrauen war schon erheblich gewachsen. Man kann die Übung ebenso gut alleine machen: auf dem Bürgersteig einer Großstadt oder auf einem Feldweg - jeder wird seine eigene Angstschwelle deutlich in Metern erkennen. Ein weiterer Effekt ist, dass die gewohnte Tatsache, dass wir überhaupt die Fähigkeit zu sehen besitzen, mit ungewohnter Dankbarkeit erlebt werden kann, wenn die sichtbare Welt wieder erscheint und z.B. dort unten, auf der anderen Seite des Flusses, die ersten Häuser von Surya auftauchen, und in ihrem seltsamen Aussehen Anlass zum Gespräch geben.

"Die Häuser sehen verlassen aus." "Ja, - komisch, ganz verfallen. aber das Land drum herum scheint normal bewirtschaftet zu werden." "Hättest du Lust, da zu wohnen?" "Na ich weiß nicht, das ist auf die Dauer wohl doch ziemlich trostlos!"

Wir erreichten einen Felsvorsprung, der über den Abgrund ragte. Dort setzten wir uns hin und blickten in die Weite und in die Tiefe, wo wieder das Autowrack ins Auge fiel. "Stell dir vor, der Meister sagt zu seinem Schüler: Spring! Wie muss einem da zumute sein? Ich glaube, echte Meditation beginnt erst an dem Punkt, wo man zu einem solchen Sprung bereit ist."

"Ja, das mag schon sein, aber du kannst nur von dem Punkt ausgehen, wo du jetzt gerade bist. Und das kann auch Meditation sein: sich selbst mit den Schwächen und Unvollkommenheiten lieb zu haben. Das ist dann eben eine andere Art von Sprung, weniger aufsehenerregend, aber überraschend wirkungsvoll."

Als wir dann im einzigen Geschäft des Ortes, das zugleich Kneipe und Cafe war, vor all den Lebensmitteln standen, freuten wir uns wie kleine Kinder. Bald würden wir im selbstgebauten Steinbackofen Brot backen und das mit Käse und einem Schluck Rotwein andächtig genießen. Himmlisch! Sabine hatte angedeutet, da8 man sich nach 10 Tagen fasten wie auf LSD fühlen kann. Davon hatte ich bisher nichts gemerkt, aber ich hatte ja auch noch nie LSD genommen. Alles erschien mir ganz normal, doch sehr klar und unbeschwert.

Was die Fastenzeit aber in jedem Fall mit sich brachte, war die ganz neue, bewusste Art zu essen und zu trinken. Normalerweise bin ich beim Essen total im Kopf, viel stärker als z.B. beim Wandern, Zeichnen, Musizieren oder Plaudern. Die Gedanken rasen nur so dahin. Ich weiß nicht, ob das vielen Menschen so geht, aber ich denke mir, dass es etwas mit der Gier - dem tierischen Fresser in mir zu tun hat. Diese innere Unruhe hatte sich nach dem Fasten nicht etwa verstärkt, sondern in ein dankbares Genießen verwandelt. Leider dauerte die 'Ungewohnheit' nur einige Tage, dann ließ die Bewusstheit beim Essen wieder nach. Aber immerhin, die Erfahrung bleibt haften.

Nach zehn Tagen Höhlenmenschendasein bekamen wir nun Lust auf Strand und Meer - insgeheim bewog uns wohl auch ein Drang, andere Menschen zu sehen. Renate und Dieter waren wieder vom Meer zurückgekehrt und berichteten von recht seltsamen Gestalten an jenem Strand, der hier in der Nähe der beste sein sollte.

5: März 1981.
Mit Sabine auf Gran Canaria.
Eine verrückte Welt, abgründig

So wanderten wir mit einem Teil des Gepäcks in ein Abenteuer, zu dem sich die beschauliche, stille Fastenzeit wie die Ruhe vor dem Sturm verhielt. Was die Aufgabe der Erinnerung und der schriftlichen Wiedergabe betrifft, so beginnt es nun wirklich schwierig zu werden; denn die nächsten 18 Tage bedeuteten für mich tatsächlich einen ungewollten, zeitlosen Sprung in den Abgrund. Da schaltet sich verstärkt die Zensur ein, was ich mir selbst und Anderen offenbaren mag. Wie viel darf ich von Anderen berichten? Verletze ich nicht in jedem Fall ihr Anrecht auf einen privaten Bereich, der für die Öffentlichkeit tabu ist? Ich bin zu dem Schluss gekommen, dass ich die Verantwortung für mich übernehme, auch wenn ich dabei die moralischen Spielregeln verletzte. Ich kann ohnehin nur meine Sicht der Personen wiedergeben, meine Erfahrungen und Gefühle in Bezug auf den Anderen. Ob der wirklich so ist, wie ich ihn beschreibe - wer kann das entscheiden?

Und auf meine subjektive Perspektive habe ich vollen Anspruch, sie gehört mir und steht mir zu meiner freien Verfügung. So ist dieses Berichten schon für sich genommen ein geistiges Abenteuer, und ich bin selbst gespannt, was da noch alles zum Vorschein kommt.

Von einem Roman wird eine gewisse Logik im äußeren und inneren Geschehen erwartet, Handlungsweisen sollen aus Motiven verständlich werden usw. Aber im wirklichen Leben von Menschen, die sich von der voraussehbaren, normierten Verhaltensweise fort zur irrationalen Tiefe ihres Wesens bewegen, wird die Frage: 'warum hat die Person in der Situation so gehandelt?" zu einer hilflosen, vergeblich Halt suchenden Geste. Die Ebene, auf der sich das Geschehen abspielt, liegt bereits jenseits oder unterhalb der 'Warum?'-Oberfläche, selbst wenn die Beschreibung logisch und verständlich erscheint. Dazu fällt mir ein Vergleich ein, den Bhagwan in einem seiner Vorträge gebracht hat. Darin geht es um das Verständnis des Todes. Wir gehen auf den Tod zu, der Tod ist unvermeidlich. Jeder Schritt unseres Lebens ist ein Schritt von der Geburt zum Tod. Der letzte Schritt, vor dem sich jeder so fürchtet, bringt den Menschen jedoch im gleichen Maß dem Tod näher wie der erste und alle anderen Schritte, die er bereits hinter sich hat.

Hier wird die 'Bewegung des Lebens' mit der räumlichen Bewegung von einem Ort A nach einem anderen Ort B verglichen. Die Konsequenz, die der Verstand ziehen kann: wenn jeder Schritt gleich bedeutsam ist, braucht man keine Angst vor dem letzten Schritt zu haben. Der Witz ist jedoch: Dieser Verstandesschluss wird nicht dazu führen, dass sich der Mensch in seinem ganzen Wesen entspannt und vertrauensvoll jeden Moment genießt. So tief reicht der Wirkungsbereich des logischen Denkens nicht. Es können allenfalls Widersprüche aufgezeigt werden, denn der Vergleich zwischen der Ortsbewegung mit der "Lebensbewegung" zwischen Geburt und Tod steckt voller Widersprüche. Aristoteles, der sich damit beschäftigt hat, kam zu dem Ergebnis: Leben ist wie Genießen eine in jedem Moment vollendete 'Handlung', im Gegensatz zur Ortsbewegung, die als Prozess in jedem Moment unvollendet ist und nach Vervollständigung verlangt.

Man kann über dieses Thema tiefschürfende Bücher schreiben. Tatsache ist jedoch, dass Aristoteles Philosophie den abendländischen Menschen zur logisch denkenden, zielorientierten und ständig gehetzten Leistungsmaschine erzogen hat - ob dabei das Leben genossen werden kann, ist wohl fraglich. Nach diesem kleinen philosophischen Exkurs wollen wir uns wieder zwei Personen zuwenden, die sich gerade in einem Meinungsstreit befinden, welchen Weg sie einschlagen sollen.

"Im Grunde ist es ja egal, ob wir den Weg von damals gehen, als wir das Auto holten, oder ob wir über Surya wandern - zum Meer kommen wir in jedem Fall." "Was nach Surya kommt, wissen wir nicht, der Weg kann sehr viel weiter sein und mit dem Gepäck!" "Na gut, gehen wir also den bekannten Weg - öfter mal was Neues!" Wir gingen eine ganze Weile schweigend nebeneinander her, dann blieb ich stehen. "Ich hab das deutliche Gefühl, dass es besser ist, über Surya zu gehen. Erinnerst du dich an den Blick aufs Meer, den wir hatten, wenn wir über den Berg zum See gingen? Die Berge davor sahen so verlockend aus, da möchte ich durchwandern." "Du bist ein ziemlicher Dickkopf, aber wenn es dir keine Ruhe lässt, meinetwegen, kehren wir also um und gehen 'deinen' Weg."

Als wir in der Dorfkneipe von Surya ankommen, sitzen da zwei Typen betont lässig auf der Veranda. Nach den ersten Begrüßungsworten stellt sich heraus, dass sie auch aus Deutschland kommen. Sie wohnen schon seit Monaten in Surya, auf der anderen Seite des Flusses, zusammen mit anderen Aussteigern aus der ganzen Welt. Insgesamt zählt die Kommune über 30 Mitglieder, die entweder ständig oder nur in den Wintermonaten in den verfallenen Steinhäusern oder selbstgebauten Hütten leben, sich von selbstangebautem Gemüse und Getreide ernähren und außerdem Schmuck und gutes Gras in den Küstenorten verkaufen.

Es ist ganz nett, so dazusitzen, Kaffee zu schlürfen und zu klönen. Die Atmosphäre scheint entspannt, aber irgendetwas liegt in der Luft, untergründig prickelt und kribbelt es. Ich spüre eine Anziehung zwischen Sabine und dem sonnengebräunten, bärtigen Deutschen, der auch Christian heißt. Er hat eine altväterliche, gönnerhafte Art zu reden und aufzutreten, so als wüsste er alles, und als könne ihn nichts mehr erschüttern. Er ist genau der Typ, der bei Frauen ankommt, auch und gerade bei Sabine. Nun holt er auch noch ein Stück Haschisch aus der Tasche und beginnt in aller Ruhe, einen dicken Joint zu bauen. "Na, Kinder, dieses gemütliche Zusammentreffen wollen wir doch angemessen feiern, ihr raucht doch mit, oder?" "Also, ich weiß nicht recht, wir haben zehn Tage gefastet", wende ich zögernd ein. "Ach was, das ist doch gerade gut. Dann ist der Körper gereinigt, und ihr werdet so High wie nie zuvor. Ich bin schließlich Arzt und muss es wissen", fügt er augenzwinkernd und überredend hinzu. Ich blicke fragend Sabine an, aber ich merke, dass sie stärker an dem anderen Christian interessiert ist und gern auf sein Angebot eingehen wird. Soll ich mich ausschließen - aus Feigheit? Schließlich war ich es, der über Surya gehen und wohl dieses Abenteuer erleben wollte.

Nachdem ich zwei bis drei Züge genommen habe wird mir schlagartig klar, dass unser Gran Canaria Aufenthalt nun in eine ganz andere, chaotische Phase eingetreten ist. Der Zug hat eine neue Richtung eingeschlagen, ich werde durch Schluchten und Abgründe der Gefühlswelt gefahren. Während Sabine und „Christian II" sich nun sichtbar näherkommen und miteinander schmusen, rezitiert Freund Hans ein Gedicht, das ihn zu einer hohen Stunde überkommen haben musste, und von dessen Eingebung er noch immer zehrt. In dem Gedicht geht es um die Tierkreiszeichen und die Anziehung der vier Elemente. Wie es der 'Zufall' so will, vertritt jeder von uns vieren gerade ein Element. Die besonders zündende Mischung Luft - Feuer spielt sich vor meinen Augen in dem leidenschaftlichen Verständnis zwischen Sabine und meinem Namensvetter ab, während sich mein Wasserzeichen mit dem schwerfälligen Erdkloß zufrieden geben muss, eine Verbindung, die durch dessen poetische Beschreibung des Spiels zwischen Meer und Land kaum schmackhafter wird. Nachdem ich mich eine trostlose Ewigkeit hindurch dieser elementaren ‚Wahlverwandtschaft' ergeben habe, dränge ich zum Aufbruch. Es reicht mir. Nach

einem langen, innigen Kuss löst sich Sabine widerwillig von ihrem Löwen-oder Schützenmann, und wir gehen, jeder für sich - ein unangenehmes, gedankenerfülltes Schweigen trennt uns.
„Na, das fängt ja gut an", sage ich vorwurfsvoll. Sabine kontert "Ach, spiel dich doch nicht so auf! Was ist denn schon passiert? Ich folge eben meinen Gefühlen, daran musst du dich einfach gewöhnen!" "Ja, ich versuch ja, es zu verstehen, aber es tut trotzdem weh." "Na ja, das ist ja nun Vergangenheit. Jetzt sind wir hier doch zusammen - allein. Lass' uns die schöne Landschaft genießen." Allmählich beruhigen sich die Eifersuchts- und Selbstmitleidsgedanken, und es kehrt eine frische, frohe Stille ein. Der Weg führt durch den Cannon immer weiter abwärts an den Fluss heran. "Zu Fuß schaffen wir es heute nicht mehr bis zum Meer. Wollen wir uns von einem Autofahrer mitnehmen lassen?" "Warum nicht. Schließlich sind wir schon einige Stunden gelaufen. Jetzt kommen wir in zivilisiertere Gegend, die Straße ist sogar asphaltiert."
Bald darauf werden wir von einem jungen Ehepaar mitgenommen. Wir setzen uns nach hinten zu den beiden Kindern, die zuerst noch etwas ängstlich gucken, aber bald entsteht eine so vertraute und herzliche Atmosphäre, dass wir alle zusammen vergnügt Lieder singen. In der ersten Stadt am Meer steigen wir aus, die Familie fährt nach Süden weiter, und wir wollen nach Norden, zu dem Strand, den Renate und Dieter uns empfohlen haben. Der Lärm der verkehrsreichen Straße ist so ungewohnt, dass wir hilflos am Straßenrand herumstehen. Es ist schon Abenddämmerung. Wir fahren

noch ein Stück mit dem Bus und finden ein ruhiges Restaurant, eine Art Boot, wo wir durch die Luken die Sonne ins Meer sinken sehen. Das erste warme Essen nach zwölf Tagen, dazu ein Schluck Wein, das Rauschen der Wellen, eine dezente Musik (im Nachhinein glaube ich Billy Joels Song mit den Worten „Bottle of White, Bottle of Red..." zu hören, jedenfalls weckt dieser Song die Erinnerung an diese Situation). Wir sind wieder richtig ineinander verliebt, das Leben ist unbeschreiblich schön.

Innerlich erfüllt, aber auch erschöpft, suchen wir später im Dunkeln nach einem Platz am Meer, wo wir schlafen können; aber das ist schwieriger als wir dachten. Die wenigen, kleinen Strandflecken sind eingezäunt. Das Ufer ist sonst entweder zubetoniert oder besteht aus unzugänglichen Felsbrocken, an denen sich hohe Wellen brechen. Ringsherum Hotelsilos. Wir werden von einem älteren Herrn, der leicht hin und her schwankt, auf Englisch angesprochen. Er freut sich, dass wir so gut Englisch sprechen und schwärmt von den tollen Partys hier. Als wir ihn nach einem Strandplatz zum Übernachten fragen, ist er sofort rührend besorgt um uns. Es sei ja so gefährlich - die Wogen an den Klippen, unberechenbar, gerade gestern habe man die Leiche eines Mädchens aus dem Wasser geholt. Immer wieder beschwört er uns, nicht am Meer entlangzugehen, und schließlich holt er seinen Wohnungsschlüssel aus der Tasche und bietet uns an, in seinem Appartement zu übernachten. Er selbst möchte gern noch einmal zu seinen Freunden, da sei eine wahnsinnige Abschiedsparty, morgen früh müssen seine Frau und er wieder zurück nach England, aber wir können ja schon vorausgehen - er beschreibt uns den Weg - wir dürfen uns dort wie zu Hause fühlen.

Wir sind überwältigt von seinem Vertrauen. Wenn er auch ziemlich betrunken ist, so kann es doch nicht nur aus der Alkoholquelle kommen. Wir nehmen sein Angebot an. "Sowas Verrücktes. hab ich noch nicht erlebt!" "Ob der irgendwelche Hintergedanken hat?" "Nein, nein, der ist einfach lieb. Wir werden vom Leben beschenkt, weil wir selbst so gut drauf sind". So liegen wir dann in dem fremden Appartement in unseren Schlafsäcken, hören Stunden später das Ehepaar hereinkommen, so leise und rücksichtsvoll, wie es ihnen ihr Betrunken sein erlaubt, wir tun so, als ob wir schlafen, spüren, wie eine Decke behutsam über uns gelegt wird. Am nächsten Morgen ist der Rausch vorbei. Unser gastfreundliches Ehepaar kann die Entgeisterung über unser Dasein kaum verbergen. Hinzu kommen Katerstimmung, Müdigkeit, Abreisehektik und Gedanken an das trübe England. Aber wir trinken dankbar den heißen Tee, der uns nach englischer Sitte ans Bett gebracht wird, und es zeigt sich, dass die Freundlichkeit unserer Gastgeber wirklich nicht nur aus einer Alkohollaune, sondern aus dem Herzen kam. Sie freuen sich über die kleine Zeichnung, die wir schon am Abend vorher für sie als Gastgeschenk angefertigt haben. Und sie verstecken auch nicht ihre Enttäuschung darüber, dass dieses High-Life-Partyprogramm in Gran Canaria nun zu Ende ist und der graue Alltag wartet. Auf uns wartet ein ganz anderes Leben. Goodbye.

Erleichtert und singend marschieren wir aus der Hotelstadt heraus die Küstenstraße entlang. Hier am Meer herrschen andere Temperaturen als dort oben in den Bergen. An einer großen Bucht mit steinigem Strand machen wir Rast und springen jauchzend in die Wellen. Es ist noch früher Vormittag. In der Nähe stehen einige Hotels und Läden. "Ob dies die Bucht ist, von der Renate und Dieter erzählten?" "Guck dir mal die Leute an, die da in den Liegestühlen... das sieht eher wie ein Altersheim aus als wie ein Hippieparadies."
Wir wandern durch die Liegestuhlreihen zur anderen Seite der Bucht und suchen uns ein Plätzchen auf einem Felsplateau, wo wir uns innig und herzlich lieben. Unter uns singt die Meeresbrandung ihr kraftvolles Lied, über uns schweigt leuchtend der klare blaue Himmel. Die Mischung von Wasser und Luft ist auch nicht schlecht, wie?
Am Nachmittag erreichen wir den Ort, der uns zum Mythos werden wird. Jeder Strauch, jeder Felsen, jedes Lebewesen eine Metapher - ein Bild unendlichen Geheimnisses. Doch noch sind wir ahnungslos. Vor uns liegt ein V-förmiges Tal, das sich fast einen halben Kilometer lang zum Meer hin ausbreitet. An der Spitze stehen, etwas erhöht in die Berge gesetzt, einige Bungalows. Von der Kurve der Küstenstraße aus führt auf der anderen Seite ein Kiesweg durch Oliven- und Apfelsinenbäume, Zitronenhaine und Kakteen an einem Restaurant vorbei bis zum Strand. Ein ausgetrocknetes Flussbett, etwa ein Meter tief, von weidenähnlichen Büschen überschattet, verläuft parallel dazu, von einer Steinmauer abgegrenzt. Vor dem 20-50 m breiten und etwa 300m langen,

weißen, feinen Sandstrand stehen einige Zelte und Autos, vom Zufahrtsweg aufs Meer zu gesehen, links. Nach rechts hin, kurz vor der Mündung des ausgetrockneten Bachlaufs, steht eine Bar mit einem runden Strohdach, das von Holzpfosten getragen wird. Eine Musikbox sorgt für Stimmung. Am Strand und in der Bar tummeln sich etwa 30 Leute, einige sind nackt.

"Naja, heute Nacht können wir ja hierbleiben - aber der Platz meiner Träume ist das nicht." "Von allem, was wir bisher hier am Meer gesehen haben, immer noch das Beste". "Stimmt, aber ich finde es immer noch zu touristisch und zu laut. Na, mal sehn, erstmal baden." Als wir aus dem Wasser zurückkommen... "Hallo, hallo, so schnell sieht man sich wieder!"

Ein bekanntes Gesicht, Christian II, altväterlich, selbstbewusst, gönnerhaft winkt er uns zu. Muss das wirklich sein, schon wieder dieser Typ! Irgendwie mag ich ihn auch, aber sein Interesse an Sabine und vor allem ihre Erwiderung gefallen mir gar nicht. Beobachten der Eifersucht ist also angesagt. Er ist mit einigen Freunden aus Surya hier, und dass dies kein seltener Besuch ist, wird auch gleich deutlich ausgesprochen. Sie kommen fast täglich hierher, bleiben auch mal eine Woche und übernachten am Strand. Wären wir doch bloß in unserem stillen Tal geblieben!

Im Roman des wirklichen Lebens ist jeder Augenblick, jeder Atemzug wie ein Baustein, ohne den das ganze Gebäude, das sich der Erinnerung als märchenhafte Geschichte präsentiert, nicht existieren könnte. Doch der geschriebene Roman muss mit einigen wenigen Andeutungen auskommen, um den

Eindruck des Gebäudes zu vermitteln. Dass wir eine solche, aus winzigen Bruchstücken zusammengedrängte Geschichte als lebendig empfinden können, ist schon ein bewundernswertes Kunststück unserer Phantasie. Zugleich vermittelt jedoch gerade das Auslassen der vielen Stunden, in denen 'nichts passiert', dem Erinnernden wie dem Leser den Eindruck: oh wie abenteuerlich, wie schön, das ist ein lebenswertes Leben! Totale Illusion. Aber dieses Gefühl kann sich in der erlebten Gegenwart selbst einstellen. Es ist ein Zustand, der alle Vorstellungen vom Paradies übersteigt, schlicht deshalb, weil er keine Vorstellung ist, weil keine Hoffnung mehr nötig ist. Solche Erfahrungen häuften sich bei mir. Aber während die Zeit in Poona oder in den Bergen mir vollständig erscheint und ich mich nicht danach zurücksehne, ist die nun folgende Geschichte für mich unvollständig. Ich sehne mich nach dieser Zeit zurück, trotz der schroffen Abgründe von Angst, Missverständnissen und Hoffnungslosigkeit, die sie mir bescherte. Ich muss damals eine wichtige Chance verpasst haben...

Die Surya-Clique ist am späten Nachmittag abgereist, und wir genießen allein und still den Abend am Meer, bis wir unter dem klaren Sternenhimmel und zur gleichmäßigen Musik des Wellenrauschens in unseren Schlafsäcken einschlafen.

Morgens nehmen wir unser Bad im Meer, das Wasser ist wärmer als die Luft, wir laufen am Strand herum, machen einige Yogaübungen und setzen uns, wie schon gewohnt, eine halbe Stunde still hin, zunächst mit geschlossenen

Augen. Anschließend sehen wir uns oft noch gegenseitig in die Augen. Immer häufiger steigt dabei eine ganz eigenartige Wonne auf, stiller und kühler als sexuelle Lust, die auch mit dabei ist, wie eine Gewürzzutat, aber so neutralisiert, dass ich in diesen Momenten nie auf den Gedanken gekommen bin, ich könnte von dem Zustand abhängig werden. Er scheint so leidenschaftslos schön und zeitlos vollkommen - und wie sehr bin ich süchtig geworden danach!

Um 9 Uhr wird die Strandbar geöffnet und ich kann meiner alten Gewohnheit frönen: Kaffee trinken und eine Zigarette rauchen. Mittags wandern wir zum nächstgelegenen Hafenstädtchen Puerto de Mogan. Es ist nicht weit. Der Weg, den wir in den nächsten zwei Wochen fast täglich gehen werden, entwickelt symbolische Bedeutung, daher will ich ihn etwas genauer beschreiben.

50 Meter von der Bar entfernt klettern wir die Steinmauereinfassung des ausgetrockneten Flussbetts hinunter, das den Freicampern auch als Klo dient. Auf der anderen Seite steigt ein Felsen 200 Meter bis zur Küstenstraße steil empor. Vulkanisches, bizarres Gestein, von dem sich beim Klettern manchmal einige Steinchen lösen und den Abgrund hinunter ins Meer fallen. Die Straße erreichen wir an der Kurve, von wo aus sie sich einige hundert Meter lang dicht am Abgrund zum Meer entlang bewegt, um sich dann in der nächsten Bucht mindestens einen Kilometer weit wieder in das Landesinnere zurückzuziehen. In diesem Tal liegt das Städtchen. Die ersten Häuser am Fuß des Felsens, den wir gerade hinunterklettern, sind von satten grünen Bäumen umgeben,

dahinter rücken die weißen, quadratischen Häuser dichter zusammen und schmiegen sich auf der anderen Seite des Tales den Berg hoch. Innerhalb der Straßenschleife, die sicher viermal so groß ist wie die in unserem "Strandtal", grünt und blüht die Landwirtschaft des Ortes, vor allem Apfelsinen, Bananen und Zitronenplantagen. Wir laufen den Kieselstrand entlang, vorbei an den Fischerbooten, eine Brücke führt über einen kleinen Fluss. Es gibt ein paar enge Straßen mit Geschäften, z.T. touristisch aufgemacht, aber allzu viele Touristen kommen hier nicht her.

Im Vergleich zu den Hotelstädten ist dies ein ruhiger, idyllischer Ort, in dem wir zufrieden herumbummeln. Ich bekomme eine neue Hose verpasst, sicher die engste seit 15 Jahren, lange werde ich sie wohl nicht tragen können, aber Sabine freut sich und findet mich damit ganz schick. Überhaupt finden wir uns beide gegenseitig so schön wie noch nie. Fastengereinigte Körper, braune, reine Haut, große, strahlende Augen. Immer habe ich mir gewünscht, so eine tolle Freundin zu haben. Voller Stolz saugen meine Augen diese wunderschöne Indianerin ein, deren Augen mich lieben und begehren. Und zugleich die Angst, sie zu verlieren.

Am Nachmittag bekomme ich wieder Gelegenheit, diese Angst zu spüren. In einer der Bars, wo wir draußen am Tisch mit Blick aufs Meer sitzen, kommt mein Konkurrent Christian II auf uns zu. Sabine ist so saftig wie ein vollreifer Pfirsich, das zieht an. Und sie genießt es. Sie hat keine Angst, mich zu verlieren. Ich glaube, sie weiß etwas, was ich nicht aus eigener Erfahrung kenne und nur von Bhagwan gehört habe. In jener Zeit sagt sie einmal zu mir: "Für die Liebe, die in mir ist, machst du zu wenig Platz, du bist zu eng, um mich aufzunehmen." Also braucht sie wohl noch andere Menschen, denen sie etwas abgeben kann. Ich versuche, das zu akzeptieren. Der Schmerz der Eifersucht hat seine ganz besonderen, erforschenswerten Qualitäten.

Wir gehen zu dritt näher ans Wasser, etwas abseits vom Cafebetrieb, und Christian II dreht mal wieder einen Joint. Wie sich alles wiederholt in leicht veränderter Umgebung! Auch diesmal will ich der Versuchung nicht ausweichen, und nach wenigen Zügen unter der väterlich-selbstbewussten Anleitung: "Ja, ganz tief einatmen, Luft anhalten" verändert sich die gesamte Wahrnehmung wieder zu dem ewig bekannten und doch so unheimlich angstvollen: "Ja, genau, so ist das alles!"

Aus einem tiefen Vergessen heraus die Erinnerung an das Ewig Alte - Ewig Neue, Leben ist Einbildung, Tod ist Einbildung...Aber: ich bin nicht allein. Da ist Bhagwan, der uns in der Gestalt von Christian II diese unbegreifliche Droge gegeben hat, und da ist Sabine, meine ewige Freundin. Wir sind eins in einem zeitlosen Raum des Einverständnisses. Und was sie sagt, ist genauso, als würde ich es selbst denken - sie versteht diesen Zustand! Sie zeigt auf den schroffen Berg mit seinen regelmäßigen Einkerbungen, eine Säge, die aus dem Meer herausragt, und sagt: "Tod und Leben sind wie die Einschnitte dort - ein Leben, ein Tod, ein Leben, ein Tod, ein Tag, eine Nacht..." Dann wendet sie sich um und geht langsam, wie schwebend, fort. "ich gehe zum Licht"

Der andere Christian ist für mich nicht mehr Bhagwan. Er lacht nervös und sagt irgendetwas wie „Na, die spinnt ja vielleicht", aber ich löse mich aus meiner Erstarrung und laufe Sabine hinterher. "Vertrauen", sagt die innere Stimme, "das ist eine Vertrauensübung. Du musst die Augen schließen und ihr blind folgen." Ich stolpere mit geschlossenen Augen hinter ihr her, die Bars und die Leute existieren für mich nicht mehr. Ich fühle einen vagen Kontakt zu dem geheimnisvollen, geliebten Wesen, das sich irgendwie vor oder über mir bewegt und mich mitzieht. Die Augen öffnen sich, und wir sind in einem stillen Hain am Fuße des Berges. "Siehst du das Licht, überall Licht", sagt sie. "Aber es ist doch ganz dunkel!" sage ich. Die Sonne war nämlich längst untergegangen und es ist tatsächlich stockfinster, jedenfalls für mich. In welcher Welt lebt sie jetzt? "Hast du gemerkt, wie ich hinter dir war?" "Ja - ich habe dich deutlich gespürt." "Was machen wir jetzt? Zurück zum Schlafplatz, über den Berg?" "Das ist doch völlig egal. Ich bin jetzt hier." "Willst du denn hier übernachten? Es wird kalt!"

Früher war ich der total Abgehobene bei solchen Abenteuern gewesen, aber nun hatte ich anscheinend die Rolle des Bodenständigen bekommen, und so würde es bis auf Weiteres bleiben. Ich entschied, dass wir den längeren und sicheren Weg auf der Straße zurückgehen, und Sabine folgte. Gelegentlich, wenn ein Auto kam, zog sie mich zur Seite. "Achtung, da kommen die Mächte der Finsternis. Sie dürfen uns nicht sehen". Ich schwankte zwischen dem ehrfürchtigen Gedanken: 'die nimmt auf einer anderen Ebene wahr, die mir noch nicht zugänglich ist ... ' und: 'so ein Quatsch, bloß gut, dass ich nicht so drauf bin, ich bin müde und will schlafen.' Schließlich lagen wir auch wieder in unseren Schlafsäcken, und ich konnte den ganzen Spuk vergessen.

Wir hatten unseren Platz in der Nähe eines Zeltes, in dem zwei Jungen aus Deutschland schliefen. Zu dem einen fühlte sich Sabine hingezogen. Ihr Interesse an diesem Jungen - er war kaum über zwanzig - machte mich nicht wirklich eifersüchtig, sondern erstaunte, ja enttäuschte mich sogar. Was fand sie an diesem dümmlichen, nichtssagenden Typen? Sie erzählte, dass sich hier Menschen versammeln, alte Freunde, die sie aus früheren Leben kennt, und fügte ganz ernsthaft, ja mit Tränen in den Augen hinzu, dass wir hier überleben werden, während draußen in Europa der Dritte Weltkrieg ausbricht, und dass sie viele geliebte Menschen nie wiedersehen wird.

Auch in mir wuchs das Gefühl, dass wir in einer seltsam isolierten Traumwelt lebten, aber außer Sabine war mir hier noch niemand begegnet, mit dem ich das Schicksal eines vom Weltuntergang verschonten Inseldaseins zu teilen bereit war, und ich dachte mit Wehmut an die lebensfrohen und meditativen Menschen, die ich in Poona kennengelernt hatte. Was waren dagegen Leute wie dieser farblose Ralf oder der eingebildete Christian II, ganz zu schweigen von den dort an der Bar herumhängenden, besoffenen Freaks, von denen einer besonders auffiel, weil er grölend alle Leute belästigte. Nein, hier wollte ich wirklich nicht auf Dauer bleiben, und doch war da etwas, eine gewisse Schwingung, die uns beide hier wie in einem Zauberbann gefangen hielt.

Der Grölemann, der uns bisher in Ruhe gelassen hatte, kam nun auf uns zu und lallte in einer Mischung aus Französisch und Englisch: "Ou la la, some new friends, do you like some wine, what a beautiful sky..." Hinter dem Widerwillen und meiner Angst vor der Unberechenbarkeit, die ich in den Augen dieses Wilden glitzern sah, war die Erfahrung wach, die ich mit ähnlichen, äußerlich schockierenden Typen in Indien gemacht hatte. Die abstoßende Maske verbarg womöglich einen intelligenten und warmherzigen Außenseiter, von dem ich lernen konnte, wenn ich mich nicht mit den üblichen Vorurteilen zumauerte. Auch Sabine zeigte dem Menschen gegenüber eine erstaunliche Offenheit - vielleicht war sie auch angetan von der männlich wilden Kraft und der schonungslosen Direktheit des nackten Freaks. Sein Name war Michél. Er war recht groß und stark, gut proportioniert, und er gab sich wie ein wildes Tier. Die verfilzte Löwenmähne umrahmte das zerfurchte Gesicht eines etwa Vierzigjährigen. Die Augen, hellblau und wässrig, flatterten zwischen kindlicher Unschuld, tiefer Traurigkeit und ungehemmter Gier. "kokain is on my brain", grölte er zum hundertsten Mal, es war sein Standartsong neben "gimme some lovin'", und er lachte dabei blöde aus seinem fast zahnlosen Mund. Das war der erste, halbwegs interessante Mensch, den ich hier bisher angetroffen hatte. Er wandte sich bald wieder irgendwelchen anderen Leuten zu. "I like to smoke, I like to drink, I like to fuck, give me some lovin, ou la la..."

+++

Zwischenphase. Ein Weg mit 7 Türen. Was jetzt in Worten erscheint, ist längst vergangen. 7 Siegel und 7 Spiegel, das macht 21. Wie, du vermagst nicht, dir die Bedeutung dieser Zahl zu veranschaulichen? Zwei zu Eins. Jes, je schöner die Gestalt, desto lieblicher die innere Leere. Warum sollte ein Mittel wie Haschisch nicht so lange genutzt werden, bis es ausgenutzt ist. Es fördert die Unbedenklichkeit, macht aber bequem. Die Zeit ist eine Strecke, die in sich unendlich gestreckt werden kann. Man kann nicht alles aufschreiben...
Seit wir an verschiedenen Orten leben, ist die Sehnsucht gewachsen, trotz und wegen der Ablehnung, die meine Annäherungsversuche erfahren. Aber zugleich hat die Sehnsucht ihre Richtung geändert. Sie richtet sich zunehmend auf eine ort- und bedingungslose Sabine in einer Nähe ohne Distanz. Es entwickelt sich ein Gefühl für die körperlose Sabine. Ob sie eingebildet ist oder wirklicher als die, deren Körper mich anzieht, kann nur das Unbekannte entscheiden. Authentisch sein ist ein Lernprozess. Wie kommt es, dass Wahrheit paradoxen Ausdruck sucht? Wird der allerletzte Wunsch notwendigerweise erfüllt?
Starnberg, 29. 11. 84.

Liebe Sabine,
Ich bin dabei, unsere Gran Canaria Erlebnisse aufzuschreiben, und ich bemerke eine Hemmschwelle, irgendetwas in mir weigert sich, weiterzuerzählen, es kommt eine Lustlosigkeit auf, gerade jetzt, wo ich mich dem zentralen Ereignis

nähere - als müsste eine bestimmte Energiestufe erreicht werden, als müsste der damals passierte Sprung eine deutliche Entsprechung in der Wiedergabe finden. Vielleicht ist es so ähnlich wie ein Kratzer auf der Schallplatte, die Nadel geht weiter, aber an einer bestimmten Stelle kommt wieder der Sprung - oder denk an eine Tonleiter mit der Oktave! Eigentümliche Ähnlichkeiten, Zyklen, auf dem Weg - wohin? Bisher habe ich die Geschichte ohne Haschischeinwirkung geschrieben, nun ist der Stil gebrochen. Bhagwan spricht wieder. Ich kann seine Vorträge hier in München über Video erleben. Er sagt, Religion sei entweder Aberglaube oder subjektive Wissenschaft. Du scheinst dich für das erste entschieden zu haben, ich habe mich für das zweite entschieden. Christian, der Nachforscher.
+++

Wir wollten nach Puerto de Mogan wandern, um dort einzukaufen. Nach einigen hundert Metern überholte uns langsam ein klappriger VW-Bus, hielt, laute Kassettenmusik dröhnte heraus. "Wollt ihr mit?" Die Musik wurde übertönt von einer bereits bekannten, unverwechselbaren Solosängerstimme: "ou la la, kokain is on my brain…gimme some lovin'" Michél hatte es sich hinten im Auto gemütlich gemacht. Der Fahrer, der uns in Deutsch angesprochen hatte, sah ziemlich cool, aber nicht herablassend zu uns herüber. Neben ihm saß ein 5-6 jähriger Junge.
Diese Szene hat sich nicht genau in dieser Weise abgespielt, aber ich kann mich nicht mehr erinnern, wie wir die Beiden,

den blonden Vater und seinen blonden Sohn, kennengelernt haben. Wir hatten uns sicher öfter gesehen, einige Worte gewechselt und waren uns irgendwie näher gekommen.

Nun saßen wir also zusammen in dem VW-Bus und fuhren nach Puerto de Mogan. Den Namen des besonnenen, jungen Vaters habe ich vergessen. Ich nenne ihn Georg, weil er mich an die Figur des Drachentöters Georg erinnert. Er legte sich gern mit der Polizei an, und seine Besonnenheit wurde gelegentlich von einem Größenwahn durchbrochen, wenn er - vielleicht im Haschischrausch meinte, er würde die Sonne auf- und untergehen lassen, die Kriege in der Welt auslösen usw.

Sein Sohn wurde Nano genannt. Sabine liebte das Kind mit der Sehnsucht einer Frau, Mutter zu sein. Wir achteten Nano als Meister mit prophetischen Gaben. Er führte uns mit seinen kindlich-klaren Eingebungen durch manche schizophrenen Wirren hindurch. Er sagte Sätze wie: "was ich träume, geschieht". Oder er befahl jemandem "geh weg, ich will nicht, dass du mitkommst!" mit einer solchen Autorität, dass der Betroffene zurückwich und seinem Gesicht anzusehen war, dass er sich schuldig fühlte.

Es gab Momente, in denen das gewohnte, unbewusste Eingehen auf andere Menschen in einer Weise fraglich wurde, dass Sabine und ich wie angewurzelt irgendwo auf dem Weg stehenblieben, uns gegenseitig misstrauend, und weder vor noch zurück wussten. Ich erinnere mich an einen Gang von der Strandbar nach Puerto, wo jeder Schritt die Bedeutung einer unwiderruflichen Entscheidung bekam, obwohl es zugleich ebenso klar war, dass die Bewegungsrichtung und

Geschwindigkeit bedeutungslos waren. Wenigstens fünfmal blieben wir barfuß auf der heißen Straße stehen und warteten auf ein Zeichen, das nicht aus unserem Verstand, sondern von ‚höherer Ebene' kommen sollte.

Nano war dabei und entschied. Ihm vertraute Sabine zunehmend mehr als mir oder sogar sich selbst, und mir erging es ähnlich. Im Vergleich zu den anderen schrägen Typen ringsherum war Nano zweifellos der vertrauenswürdigste. Natürlich hatte er auch die Eigenschaften eines Kindes, das den Erwachsenen auf die Nerven geht: bockig, aggressiv, weinerlich, "unartig". In Michél hatte er den richtigen Mitstreiter gefunden. Die beiden reizten sich manchmal gegenseitig so sehr, dass ich Angst hatte, der Große würde den Kleinen umbringen. Aber der Kleine war wie von einem Energieschild umgeben, irgendwie blieb er stets überlegen, auch wenn er heulend zum Vater lief.

Das Zusammensein mit Sabine war inzwischen nicht mehr selbstverständlich. Häufig war sie spurlos verschwunden und kam irgendwann von einem längeren Spaziergang allein oder mit Christian II zurück. Eines Tages, als ich durch Puerto bummelte und nach ihr Ausschau hielt, kam Nano auf mich zu, nahm mich an die Hand und sagte: "komm mit, ich bring dich zu ihr." Wir gingen durch eine Gasse, die immer steiler den Berg hinaufführte und betraten eines der weißgetünchten Häuser. Ein mir unbekannter Deutscher, Mitte Zwanzig, kam uns nervös entgegen. "Was ist eigentlich los - ist das deine Freundin? Sie sitzt in meinem Badezimmer und hat die Tür abgeschlossen. Ist die verrückt, oder was?" Ohne weiter auf ihn einzugehen und ohne irgendeinen Gedanken daran, wie Sabine hierher gekommen sein mochte, zog ich mich wortlos aus. Alles geschah wie in Trance, wie in einem Traum. Die Tür wurde von innen geöffnet. Sabine war ebenfalls nackt. Sie schloss die Tür wieder zu, setzte sich still in den Lotussitz, und ich setzte mich ihr gegenüber. Als ich die Augen geschlossen hatte, fühlte ich die Gegenwart eines sehr liebevollen, zugleich aber auch bestimmenden Wesens oder Bewusstseins, das Sabine und mich umschloss und vereinte. Nach einer halben Stunde kam das Gefühl hoch, dass es nun genug für mich sei, und ich verließ das Badezimmer, zog mich wieder an und der erste Gedanke, der deutlich in mein Bewusstsein trat, war: "Das war unsere Hochzeit - Sabine und ich sind auf ewig verbunden." Der Gedanke hatte den Charakter einer nüchternen Feststellung.

Freundlich und sachlich beschäftigte ich mich nun mit dem verstörten Mieter dieses Appartements, während Sabine noch eine weitere halbe Stunde im Badezimmer blieb. Mit heiterer Gelassenheit lenkte ich seine unruhige Aufmerksamkeit von den mysteriösen Geschehnissen, die ich ja selber nicht erklären konnte, fort zu der schönen Gitarre, die in der Ecke stand. Ich ermunterte ihn, darauf zu spielen. Nach einigen verlegenen Klimpereien gestand er, dass er selbst leider nicht spielen könne, und dass er die Gitarre nur mitgenommen habe, damit andere darauf spielen. Sie diente also zur Kontaktaufnahme, verschaffte ihm Zutritt zu Freakkreisen und munteren Gemeinschaften am Strandfeuer, wo immer eine Gitarre willkommen ist.

Ich zeigte ihm ein paar Akkordgriffe, und bald hatte er ganz vergessen, auf welche seltsame Weise ich überhaupt hierher gekommen war. Wir verabschiedeten uns von ihm wie gute alte Freunde - "besuch uns mal am Strand"- und gingen dann schweigend durch die winkligen Gassen den Berg hinunter, benommen von dem unbegreiflichen Ereignis, das ein nachträgliches Zerreden nicht zuließ. Später bemerkte Sabine allerdings einmal, dass sie bei meinem Erscheinen das Gefühl gehabt habe, ich sei ihr Tod - ich hätte das Gefühl des Gestorbenseins in ihr ausgelöst.

Am nächsten Morgen saßen wir uns wieder gegenüber und sahen uns still in die Augen. Da geschah es zum ersten Mal. Ein völlig neues Gefühl, das irgendwie mit den Augen zusammenhing, durchflutete mich. Ich erlebte mich hellwach und zugleich in einer orgiastischen Verschmelzung mit Sabine, deren Augen sich zu einem leichten Schielen verdreht hatten und einen so wonnevollen Saft in mich hineingossen, dass ich zu atmen vergaß. Es kam mir so vor, als hätte ich einen Einblick in ihr wirkliches Wesen bekommen, in ein unergründliches, immer tiefer ziehendes Geheimnis - das Geheimnis des ganzen Lebens. Der Zustand dauerte höchstens eine halbe Minute, dann kamen mir wieder Gedanken in den Kopf: 'ist ja wahnsinnig, was war denn das?' Sabine sagte mit demselben, ins Überirdische verführenden Gesichtsausdruck: "dies wird der schönste Tag deines Lebens, Christian!"

Natürlich war ich den ganzen Tag gespannt, was alles geschehen würde, aber es geschah weiter nichts. Abends saßen wir im Städtchen Puerto de Mogan am Wasser. Sabine sang einem einheimischen Jungen, der gerade ziemlich trostlos in unserer Nähe hockte, mit verlockender Stimme vor, dass er ein kleiner Gott sei, ein Gott, der eines Tages erwachen würde. Der Junge saß zunächst wie verzaubert da und wusste wohl überhaupt nicht, was mit ihm passiert, dann schien er aber aufzuwachen, wie aus einer Trance, wurde lebendig, und es sprudelte alles Mögliche auf Englisch-Spanisch aus ihm heraus. Wir unterhielten uns einige Zeit mit ihm, es ging um seine Schwierigkeiten, Kontakte zu knüpfen und einen Arbeitsplatz zu finden. Dann musste er nach Hause, und wir gingen etwas näher zum Restaurant.

Ein schwarzhaariger, lässiger Bursche, elegant und charmant, trat auf uns, d.h. schon im Ansatz eher auf Sabine zu, grüßte und sagte in einem Deutsch, das mir künstlich mit einem französischen Akzent versehen zu sein schien: "ist das nicht ein wundervoller Abend" oder irgendetwas Derartiges. Ich sagte zu Sabine: "ich hab Durst, ich hol mir mal n' Bier aus der Kneipe, willst du auch etwas?" "Nein danke", sagte sie, die Augen auf den Charmeur gerichtet. Ich holte mir das Bier, der Typ begleitete mich und kam mit einem Glas Wasser für Sabine zurück. Perfekt! "Armand ist mein Name."

Also auf gut Deutsch 'Hermann'. Es ergab sich nach einem Gespräch, bei dem ich mich bereits eifersüchtig ausgeschaltet fühlte, dass er uns zu sich ins Appartement einladen wollte. "Klar", meinte Sabine, "es ist ja schon so spät, da können wir doch gut übernachten" "Klar", meinte ich, "ist ein tolles Angebot." Mit üblen Vorahnungen trottete ich hinter den beiden her. Mein Vorschlag, vielleicht doch lieber draußen auf dem Strand zu schlafen, würde nur einbringen, dass ich alleine auf dem Strand schlafe. Da wollte ich doch lieber im Einzelnen erleben, was passiert.

Sein Haus kam mir bekannt vor. Später stellte sich heraus: es war dasselbe Haus, wo ein Tag zuvor unsere mysteriöse Begegnung stattgefunden hatte, die ich als Hochzeit ansah. Das Haus hatte zwei Eingänge und zwei getrennte Wohnungen.

Nachdem wir umständlich die zwei Betten zurecht gemacht hatten - Sabine und ich sollten auf dem einen, Hermann auf dem anderen schlafen, schlug einer von den Beiden vor – es kam wie aus zwei Mündern: "Lasst uns doch die Betten zusammenrücken, das ist doch gemütlicher!" Sabine kam in die Mitte.

Es entwickelte sich ein Liebesspiel. Ich war eigentlich überhaupt nicht daran interessiert, aber Hermann fing an, an mir und Sabine gleichzeitig herumzufummeln. Und dann geschah etwas Seltsames. Es war so, als würde eine innere Stimme sagen: ‚Der Typ da, das ist Bhagwan, und was immer nun geschieht, gib dich hin, lass es geschehen, auch wenn du nicht verstehst, worum es geht!' Ich kannte diese Art von 'Prüfungssituation' aus Poona, allerdings eher in Verbindung mit Haschisch. Und zwar war es niemals so, dass Bhagwan mir real, 'offiziell' irgendetwas gesagt hat, nein, es war immer meine eigene Empfindung und wahrscheinlich sogar Erfindung - das ist wichtig zu bemerken. Aber die Möglichkeit, dass ich aus irgendwelchen Ängsten heraus derartige Prüfungssituationen selbst kreieren könnte, kam mir in solchen Momenten nicht zu Bewusstsein. Jetzt war da eben Bhagwan, in Gestalt von Hermann, der gerade meine Leistengegend massierte. Und das schmerzte. Ich spürte meine Verspannungen und stöhnte. Sabine stöhnte auch, aber aus anderen Empfindungen heraus. Und so kam es zu einem Dreier-Sex, der einerseits lächerlich grotesk war, mir aber andererseits jahrelang als mythisch-mystischer Höhepunkt meines Lebens gegolten hat.

Ich liege also da wie ein Opferlamm, lasse die unbeholfenen, hastig-groben Bewegungen von Hermann-Bhagwan über mich ergehen und deute sie als heilende - ja gerade in dieser extremen Situation als endgültig heilende Behandlung sexueller Verklemmtheit und männlicher Aggressivität. Die Alternative schien mir so: entweder als potenter, männlicher Rivale aufzutreten und zu kämpfen oder als willenloses Neutrum beobachtend-rezeptiv mitzugehen. Erst ein Jahr später erzählte mir Sabine, dass sie sich damals über mein 'lustvolles' Gestöhne gewundert habe - sie hätte doch vorher keine homosexuellen Neigungen an mir bemerkt. Es kam, wie es kommen musste.

Hermann beschäftigte sich bald ausschließlich mit Sabine. Ich versuchte verkrampft, meine Rolle dabei zu definieren und ihn abzulösen, spürte aber, dass Sabine für mich verschlossen war. Ich war überflüssig, störend, und in einem jähen Gefühl des Ausgeschlossenseins und Abscheus vor dem "tierischen Sex" sprang ich in den Meditationssitz und verschwand - verschwand buchstäblich und so überraschend in einen absolut dunklen Raum, der mir als Mittelpunkt der

Erde erschien, dass Sabine kurz darauf erschrocken ausrief: "Christian, wo warst du? Du warst plötzlich weg! Leere... ach, warum bist du nicht mitgekommen?" Über den Nachsatz rätsel ich heute noch. Die beiden lagen vertraut beisammen, Sabine weinte etwas, und ich weinte noch viel mehr, draußen, nachdem ich gegangen war.

Es war noch dunkel und ziemlich kühl. Ich fühlte mich nach dem Heulen erschöpft, aber doch erstaunlich klar und ruhig. irgendwo tief innen war etwas von derselben heiteren Gelassenheit, die mich nach unserer "Hochzeit" erfüllt hatte, und ich wusste im Schein der Morgendämmerung, dass Liebe unmöglich auf zwei Personen beschränkt sein kann. Auch zwischen Sabine und mir würde die Liebe nur wachsen, wenn ich einen zweiten Mann zulassen kann, gleichsam als Anerkennung ihrer Freiheit. Von jener Nacht an bekam meine Beziehung zu Sabine die Bedeutung einer Dreierbeziehung oder Dreieinigkeit: Sabine, ich und - als Spitze im Dreieck - der Meister, Gott, Freiheit, Bewusstheit, ein anderer Mann, je nachdem.

Dann rasten wieder alle möglichen Gedanken durch meinen Kopf. Ich dachte an sofortige Abreise, sollte Sabine sehen, wie sie hier weiter zurechtkommt. Es vergingen ein Tag und eine Nacht, manchmal musste ich bitter grimmig lachen über die Ironie des Satzes, den Sabine zu mir gesagt hatte: "Das wird der schönste Tag deines Lebens." Vielleicht hatte sie ihre eigene Zukunft auf mich projiziert? Na, jedenfalls ging es mir nicht gerade gut. Aber die tiefeinprogrammierte Selbstmitleidstour konnte sich nicht mehr so breitmachen wie früher. Die Bewusstheit überwog, wie ich dankbar feststellte.

Ein Amerikaner, den ich durch ein Handauflegehokuspokus beeindruckt hatte, lud mich ein. Zusammen mit seiner Freundin fuhren wir zu dem Häuschen, das sie gemietet hatten. Die beiden waren mir äußerst langweilig, aber was soll's, das Leben geht weiter, während sich Sabine im 7. Himmel sonnt, ohne mich. Während sich das amerikanische Pärchen stritt oder belanglose Nettigkeiten austauschte, übte ich mich in der "Höllen-Gedulds-Meditation". Die geht ganz einfach: Man macht sich klar, dies ist die Hölle. Enjoy!

In dem Häuschen rauchten wir zu allem Überdruss auch noch einen Joint, der die darauffolgende Jeepfahrt zur entsetzlichsten Tour meines Lebens machte. Ich bestand darauf, dass wir zu der Höhle fahren, wo noch die restlichen Sachen von Sabine und mir lagerten, und wo Renate und Dieter schon ziemlich ratlos und besorgt auf unsere Rückkehr warteten. Der Amerikanische Freund, nach eigener Aussage ein bekannter surrealistischer Maler, hatte kaum noch Benzin, es war Nacht, der Weg war schlecht und die Fahrt tatsächlich grauenhaft surreal. Sie wollte überhaupt kein Ende nehmen. Aber die irdische Welt ist weitaus gnädiger als die katholische Hölle. Wir erreichten das Tal mit den Höhlen, ich schreckte Renate und Dieter aus dem Schlaf und redete, noch halb im Haschischrausch, verwirrendes Zeug. "Sabine und ich sind nicht mehr zusammen, d.h. wir sind auf eine höhere Ebene gestiegen - Gott ist der Dritte im Bund, versteht ihr?" Ich wollte die Geschichte positiv darstellen, aber die Beiden waren bestürzt, besorgt und traurig. Sie dachten: ‚adè, du schöne heile Welt - schade, so ein tolles Paar!' Ich kramte die Sachen zusammen, wir kamen mit dem Auto zumindest noch bis zum Strand, und ich schlief erschöpft ein.

Am nächsten Tag traf ich Sabine wieder. Sie war zwar distanziert aber nicht unfreundlich und berichtete ohne Anzeichen von Schuldgefühl, dass sie mit dem Mann, der ihr als Buddha erschienen sei, die schönste Zeit ihres Lebens verbracht und wunderbare Meditationen erlebt habe. Was mir über den stechenden Schmerz der Eifersucht hinweghalf war die erstaunliche Tatsache, dass Sabine ihren Buddha, der einige Meter entfernt ziemlich torfköpfig und verschlafen herumlungerte, keines Blickes würdigte. Ich warf einen fragenden Blick in seine Richtung, und sie vertraute mir mit gesenkter Stimme an: "Der da ist nur das Werkzeug gewesen." Einen Moment schwankte ich noch zwischen vorwurfsvoller Haltung und erleichtertem Auflachen, dann brach das Passendere durch, und wir umarmten uns, herzlich lachend. Herman erhob sich, sein Gesicht könnte einem Modemagazin entnommen sein, landläufig hübsch, bronzefarben, etwas molliger noch als das von Pierre Brice, aber doch immerhin mit südfranzösischem Flair, eine dicke Goldkette baumelte um seinen Hals, und er maulte: "das könnt ihr mit mir nicht machen, solche fiesen Spielchen."

"Wieso, was meinst du denn, hat es dir denn keinen Spaß gemacht?" "Ich bin nicht schwul, ich hab vorher noch nie einen Mann angefasst, du hast mich verführt!" Das sagte er zu mir! Das Leben ist wirklich der größte Witz im Leben.

"Ja, das hab ich gemerkt, dass du noch keinen Mann angefasst hast, feinfühlig war das nicht gerade gewesen."
Leider blieb es nicht bei dieser lustigen Einstellung. Was immer in jener Nacht passiert sein mochte, es hatte uns nachhaltig beeinflusst. Seitdem empfand ich Sabines Verhalten als extrem schizophren, als wäre sie halb in einer anderen Welt. Sie schien mich zeitweise nicht zu erkennen, oder sie sah in mir den leibhaftigen Teufel. Einmal fand ich sie in dem Garten, der vor unserem Strand lag. Sie schaute geistesabwesend an mir vorbei und sang eine Melodie. Es war aber nicht ein nach innen gekehrtes, meditatives, ekstatisches Singen, sondern eine angstvolle, irre Abwehr. "Sabine, Sabine, was ist los, erkennst du mich nicht?" "Weiche von mir, Satan", sagte sie tonlos und schritt mit ihrem irren Gesinge an mir vorbei.
Ich wusste nicht, was ich tun sollte und folgte ihr besorgt. Sie lief immer schneller, drehte sich dann plötzlich um und sagte mit normaler Stimme, klar und bestimmt: "Du bist nicht mehr mein Freund, lass mich in Ruhe, ich weiß ganz genau, was ich tue!" Meistens wandte sie sich dann an andere Leute vom Strand, die mir suspekt bis widerwärtig erschienen, und unterhielt sich mit ihnen übertrieben laut, lachend, anbiedernd. Michel war dann auch oft zur Stelle mit seinem grölenden Lachen. Erleichtert fühlte ich mich erst, wenn der kleine Nano zusammen mit seinem Vater dazukam. Manchmal sammelte sie in Büßerhaltung Zigarettenkippen an der Bar auf - "ich leide für eure Sünden." Hätte ich sie nicht so lieb gehabt, ich wäre auf und davon. Aber ich hatte eben

nicht genügend Distanz. Durch meine starke gefühlsmäßige Bindung und mein persönliches Interesse wurde vieles noch schlimmer. Dass sie ausgerechnet mit Michél, dem der Siff aus allen Poren tropfte, keine drei Meter von mir entfernt am Strand bumsen musste, wurde wohl zum großen Teil durch mein moralisierendes, mütterliches Sorgegetue provoziert. Sie turtelte immer wieder vor meinen Augen mit dem nackten Grölemann, der mich dabei höhnisch auslachte.

Es war ein Albtraum. Dabei handelte es sich nur um einen Machtkampf zwischen mir, dem Aufpasser, und Sabine, der aufsässigen Göre, das ganze Spielchen noch gewürzt mit religiösen Vorstellungen von Hölle und Himmel. Es mochte zwar so sein, dass Sabine damit angefangen hatte, mich als Teufel zu sehen. Aber sie war tatsächlich von religiösen Visionen geplagt - eine Erfahrung, die ich bereits hinter mir hatte, so dass ich recht kühl auf derselben Ebene Schach bieten konnte. So erzählte sie mir z.B. von einer Vision, die sie hatte, nachdem wir angeblich alle weggefahren waren, zumindest glaubte sie, dass sie ganz allein als letzter Mensch auf dieser Erde zurückgeblieben war, und sie durchlebte alle Plagen, die in der "Offenbarung" des Johannes beschrieben sind: die Heuschrecken, Seuchen und all die anderen Scheußlichkeiten. Das musste sie aushalten, um ihr Vertrauen in Gott zu beweisen.

Statt solche Idiotien auf vernünftige Weise aufzulichten habe ich sie mir manchmal zu Nutze gemacht - am krassesten im Fall Michél. Ich sah Sabine unverwandt an, während sie ihr Spiel mit ihm spielte und sagte fanatisch: „Diese Augen werden dich nie wieder loslassen, immer werden sie dich beobachten. Du wirst mit diesem Teufel in Gestalt von Michél allein am Strand zurückbleiben und dein Spiel bis zum Erbrechen weiterführen müssen. Das ist deine eigene Wahl." Wie gemein! Ich schäme mich jetzt noch dafür. Das war so wie bei Eltern, die dem Kind mit bösen Geistern und überirdischen Bestrafern drohen, wenn es nicht gehorchen will. Diese Strategie ist so ziemlich das Widerlichste, was sich Menschen je ausgedacht haben. O.K., das war mein fieser Anteil an der Geschichte, ausgelöst durch die Angst, Sabine zu verlieren. Ein solches Verhalten wird in unserer Gesellschaft "Liebe" genannt.

Bhagwanseidank gab es Augenblicke echter Liebe. Es waren keine Heldentaten - nur die ruhige Aufforderung, bewusst zu sein und sich nicht zu identifizieren mit diesen wahnsinnigen Vorstellungen aus allen Religionen der letzten Jahrtausende, die hier aus unerklärlichen Gründen Wirklichkeit werden wollten und um sich griffen wie eine Seuche. Und es wurde täglich, stündlich intensiver.

In den kurzen Auflichtungsphasen, wenn ich mich mit Sabine halbwegs normal unterhalten konnte, und wir uns in die Augen sahen und sie mich als Christian anerkannte; Wenn ich sie streicheln und leicht massieren durfte; wenn sie sich entspannte und aufatmete und sagte: „Ach, Christian, was ist das nur, warum sehe ich dich so oft als Teufel oder als meinen Tod? Wollen wir nicht lieber weggehen von diesem Ort?" und ich dann erfreut erwiderte: "ja, lass uns unsere Sachen packen, wir verschwinden hier", und wir dann vielleicht hundert Meter gegangen waren, dann veränderte sich wieder ihr Gesichtsausdruck, und sie hauchte oder schrie: "nein, du willst mich von meinem Weg ablenken, du Versucher, ich muss hierbleiben, dies ist der Ort meiner letzten Prüfungen!", und sie entriss sich mir und lief fort, hin zu irgendeinem Idioten, der stolz darauf war, dass ein so schönes Mädchen etwas von ihm wollte. Es war Nerven zerrüttend. Und ich hatte bisher Niemanden getroffen, der die Situation verstehen wollte. Die Einen waren desinteressiert, die Anderen lachten blöde und fanden es witzig: „warum regst du dich denn so auf, wir sind hier doch alle verrückt. Du hast bloß Angst, dass sie dir wegläuft."

Das Problem bestand eben darin, dass Sabine mich faszinierte und fesselte. Sie war nicht nur verrückt, sondern zeitweise auch entrückt und hatte dabei eine sehr anziehende, geheimnisvolle, erotische Ausstrahlung. Als sie sich eines Tages als die Liebesgöttin Venus persönlich vorstellte, war das für mich nicht schlichtweg lächerlich, sondern ich schwankte zwischen Ablehnung und Abwehr. Meine Versuche, ihr den Größenwahn bewusst zu machen, waren meist kopflastiger und oberflächlicher als ihr Machttrip.

„Es gibt Meister, die haben nur einen einzigen Schüler", sagte sie bedeutungsvoll, und eine vielversprechende Mischung aus wonnevoller Intimität und trauriger Sehnsucht schwang in diesem unmissverständlichen Abwerbungsversuch. Ich war schließlich nur einer von Hunderttausenden von Bhagwans Schülern. Und befand ich mich nicht schon seit Monaten auf dem Wege, Sabine als meine Meisterin anzuerkennen? Es

schien nur noch ein Schritt zu sein. Was konnte dieser alte Mann in Poona mit mir anfangen und was ich mit ihm? Da war eine kurze Begegnung von Angesicht zu Angesicht gewesen - aber würde ich es auch nur eine Stunde mit Bhagwan im selben Zimmer aushalten können? Und dagegen die Meditationen, das Musizieren, das Schmusen, das In-die-Augen-sehen mit Sabine. Und Bhagwan sagte doch immer:·"übernimm die Verantwortung für dein Leben."
Andererseits, was Sabine mir hier an Verlockung und Liebe anbot, das war letztlich auch nicht das, wonach ich suchte. Im Gegenteil, es schien mir, als müsste ich ihr irgendwie helfen, aus dem Wahn herauszukommen. Der Konflikt wurde immer offensichtlicher: für die Geliebte war ich zu wenig männlich, als Schüler des "Supermanns" Bhagwan dagegen hatte ich empfänglich, rezeptiv, weiblich zu sein. Bin ich Mann oder Frau oder Kind oder…was bin ich überhaupt?
Es hätte klar sein müssen, dass nüchterne Bewusstheit das einzige Mittel war gegen die aus dem tiefsten Unbewussten aufsteigende und·sich ständig neu manifestierende Flut von Träumen, Mythen und Wahnvorstellungen. Aber ich rauchte weiterhin fast täglich Haschisch, einerseits, um in der Ver-rücktheit mithalten zu können, d.h. in der Hoffnung, Sabine auf ihrer abgehobenen Ebene besser erreichen zu können, andererseits aus der Erinnerung heraus, dass ich mich im bekifften Zustand der Wahrheit am nächsten gefühlt hatte. Es war die Sucht, immer tiefer zu ertrinken in einem unentrinnbaren ewigen Märchen, das Gegenteil von

dem einfachen Leben des Zen: "Iss, wenn du hungrig bist und schlaf, wenn du müde bist."
Aber es gibt auch nichts zu bereuen. Welch eine Intensität, wenn das Leben als Traum erlebt wird, aus dem es kein Erwachen gibt - ein immer neues Selbst-Erschaffen von Gestalten und Situationen mit dem bodenlosen Gefühl: "das alles bin ich, ist nur für mich da, für dieses unergründliche Bewusstsein, welches wahrnimmt."
In diesem Zustand lief ich am Strand herum, die Leute bewegten sich wie Gespenster, schienen längst gestorben - oder war ich gestorben? - und dann plötzlich Einer, der lebt, mit einer großen Glocke in der Hand, grölend und herumbimmelnd, seine Augen glitzern und funkeln, zwinkern mir zu - Michel, der in meinem Traum auftritt und darum weiß, dass wir im selben Traum leben.
Ein Augenblick, und er ist an mir vorbei, aus dem Horizont der Gegenwart verschwunden, schon vergangen, tot. Weit entfernt am leeren Strand eine Frau. Sabine? Schon die Vorstellung, ihr jetzt, in dieser Ewigkeit, zu begegnen, löst ungeheure Energie aus. Plötzlich wird es zu meiner Entscheidung, ob die Frau Sabine ist oder nicht - es ist mein Traum. Das wird mir zu viel, nein, es ist nicht Sabine, sie bewegt sich anders. Der Sturm der Gefühle flaut ab, es ist noch nicht soweit, ich bin noch nicht bereit für eine solche Begegnung. Aber sie wird geschehen, diese totale Begegnung, und ich fühle einen Wonneschauer bei der Einsicht in die Bedeutung der Bibelworte: "Er erkannte sie".

Nach wie vor war der Unterschied zwischen dem Zustand, der sich bei mir nach wenigen Zügen Haschisch einstellte, und dem Normalzustand unüberbrückbar. Welch ein seltsames Phänomen: ein harmloses Pflänzchen vermag mich von der zeitbestimmten Banalität in eine zeitlose Dimension der Wahrheit zu transportieren. Das kann einfach nicht stimmen, da muss etwas faul sein. Aus einem damaligen Haschischrausch ist mir eine Notiz erhalten geblieben -
ansonsten habe ich kein Tagebuch geführt - eine Notiz, die, wie üblich in solchen Zuständen, mit Evidenz, also subjektiver Gewissheit, aufgeschrieben wurde.

„Protokolle aus dem Jenseits. Gott spricht: ich gebe mir drei Gesetze, die das All durchhallen sollen, bis sie nicht mehr gebraucht werden. 1. Bhagwan 2. Sabine 3. stoned - so nah sind wir uns. Die Angst ist überwunden. Das ist ein Merksatz.
Die Einheit "Christian" ist da, aber ich bin nicht da. Sabine sagt: "Die Einheit, Christian, ist da, aber ich bin nicht da."
Und so kann auch Reden sinnvoll sein. "Ich liebe dich" ist immer noch ein sinnvoller, wichtiger Satz. Noch gibt es drei getrennte Einheiten·auf der Welt und "ich" ist schuld. Wenn "ich" nicht mehr ist, sein Scheindasein endgültig erloschen ist, dann sind es noch zwei (ich nenne sie "Sabine" und "Bhagwan"). Wenn die Wesenheit S. aufhört zu sein, dann nur noch B., reines Sein. Das ist dann die vollkommene Erleuchtung, in der alles Eins ist."
Damit soll nicht demonstriert werden, dass Haschisch idiotisch und verworren macht. Meine Ansicht ist: wenn der

Zustand, aus dem heraus diese Sätze geschrieben wurden, ohne Droge entsteht und bleibt, dann - ja dann gibt es nichts mehr zu erreichen, wohlgemerkt': für "mich"! Die Sätze bringen zum Ausdruck, dass religiöse Wahrheit nicht objektiv, sondern subjektiv ist. Die physikalischen Gesetze, denen z.B. "mein" Körper gehorchen muss, sind für alle Körper gültig und intersubjektiv überprüfbar. Die religiöse Wahrheit ist subjektiv in dem Sinne, dass sie für mich gilt, für niemanden sonst. Es wäre der gesamten Menschheit viel Leid erspart worden, wenn die Religionsstifter ihre Wahrheit ebenso unmissverständlich subjektiv zum Ausdruck gebracht hätten und nicht in einer pseudo-objektiven Darstellung, so als ob irgendjemand da nachfolgen könnte - und Millionen haben eine solche Nachfolge versucht und versuchen es immer noch. Nein, für mich, ganz individuell, haben sich diese Sätze als vollkommen richtig erwiesen, für jeden Anderen sind sie absurd und uninteressant. Denn wer, außer mir, kann wissen und verstehen, was ich mit den Begriffen "stoned", "Sabine" und "Bhagwan" verbinde? Und für wen sonst könnte genau diese Kombination zum göttlichen Gesetz werden?

Genau an dem Punkt, wo ich entdecke, dass es tatsächlich so etwas wie Gesetze gibt, die nur für mich gelten, da beginnt die Reise der "individuellen Evolution". Diesen Begriff habe ich zwar von Bhagwan übernommen, der mich wohl auch an den Punkt herangeführt hat, aber die Erfahrung selbst ist unabhängig von der individuellen Evolution anderer Menschen. Schon ein kleiner Schimmer davon ist ein wahnsinnig

tolles Erlebnis von Freiheit. Ich hatte damals manchmal den Eindruck, ich sitze in der Gegenwart wie in einem Zug, der ins Unbekannte braust, immer neue Eindrücke in den Raum des Bewusstseins strömen lassend.
Jedes Zusammensein mit Sabine nahm einen überraschenden Verlauf. Harmonische Vertrautheit konnte im nächsten Moment umkippen in abgründige Fremdheit, oder die Befürchtung, abgelehnt, ignoriert, womöglich nicht einmal wiedererkannt zu werden verwandelte sich in das selige Gefühl, geliebt zu sein und mit ihr in einer entspannten Stille zu verschmelzen. Dadurch wurde die Beziehung so lebendig wie nie zuvor. Wie langweilig und flach empfand ich dagegen das übliche Pärchenverhalten, wo einer dem anderen jederzeit verfügbar zu sein hat und das Zusammensein so selbstverständlich erscheint, dass der Andere schließlich kaum noch wahrgenommen wird. Das ist mir mit Sabine nie passiert, und ich glaube, umgekehrt bin ich Sabine zwar gelegentlich auf die Nerven gegangen, aber sicher nicht langweilig geworden. Ihre Ablehnung hatte, bewusst oder unbewusst, andere Gründe, vor allem die Angst vor Hingabe, Nähe und Auflösung.
Als ich sie einmal fragte, warum sie in jener bedeutsamen Nacht gesagt habe: "warum bist du nicht mitgekommen, Christian?", antwortete sie: "Du willst noch leben, willst Bekanntschaften machen, herumreisen. Vieles hält dich in dieser Welt. Du bist noch nicht bereit, Gott in die Augen zu sehen und in diesem ewigen Augenblick zu sterben." "Ja, aber bist du denn dazu bereit gewesen - du bist doch offensichtlich

jetzt auch hier, in derselben Welt wie ich?" Auf diese Frage antwortete sie etwas ausweichend: „Ich glaube, ich habe mich damals nicht wirklich hingeben können, die Gestalt des Mannes war mir zu fremd. Aber ich habe etwas von der Ewigkeit gesehen." Sie litt anscheinend unter der Vorstellung, nicht rein, aufopfernd und konsequent genug zu sein und versuchte immer wieder durch ungewöhnliche Aktionen und Rituale in jenen Raum der Entrücktheit zu kommen, wo ER vielleicht auf sie wartete. Manchmal berichtete ich ihr von Bhagwan, dem Menschen, der für mein Verständnis wirklich angekommen war, der die Wahrheit erkannt hatte - wie ausgeglichen und liebevoll er auf mich gewirkt habe und wie verkrampft und lieblos mir dagegen oft ihr Verhalten erscheine.

"Das ist doch Vergangenheit", entgegnete sie. "Außerdem kenne ich Bhagwan besser als du denkst. Der ist auch noch nicht wirklich erleuchtet. Wir können nur alle zusammen den Sprung machen. Bhagwan braucht eine Frau." Das erschien mir geradezu lächerlich. Meinte sie sich selbst mit dieser Frau? Aber ich hatte keinen Grund, mich lustig zu machen, zumal wenn die objektive Welt zusammenzubrechen drohte und ich ahnte, dass der einzig entscheidende Bhagwan, der wirkliche Meister, nicht eine von mir bewunderte Person ist, die irgendwo dort draußen in Poona vor Tausenden von Schülern redet; sondern ich selbst bin das, mit meinen tiefsten und geheimsten Wünschen, und dieser Bhagwan hat tatsächlich keinen sehnlicheren Wunsch, als mit Sabine total zusammen zu sein. Aber der Christian hat Angst, diese Wahrheit zu akzeptieren, denn dann müsste er verschwinden.

Dann gäbe es keinen Nachfolger eines Meisters mehr, keine voneinander getrennten Persönlichkeiten, nur noch eine immer tiefer nach innen fallende, selige Gegenwart.

Im untergründigen Wissen um diese Wahrheit konnte mich der Vergleich zwischen einer nervend brutalen, ausgeflippten Sabine und einem in sich ruhenden Bhagwan in Poona nicht beruhigen. Sie gehörte jetzt zu meiner Wirklichkeit, die Erscheinung Bhagwans war weit weg, nur noch Erinnerung. Und doch war etwas von ihm stets in mir gegenwärtig, nicht so sehr als Richtlinie, eher als Verstärker der Widersprüchlichkeiten. Wie oft kam mir seine eindringliche Warnung in den Sinn:" folge niemandem!" Aber das konnte doch nicht bedeuten, dass ich hier aus Angst vor Sabines Anziehungskraft die Flucht ergreife oder mich kühl und desinteressiert in eine stille Ecke zurückziehe. Ich war offensichtlich dabei, Sabine zu folgen, schon seit langem. Aber was hatte ich dabei zu verlieren? Allenfalls meinen Verstand. Ausgerechnet diese Wahnsinnsfrau! Hatte ich mir ja gewünscht und selber ausgesucht. Die saugende Spirale, der ich in Poona entkommen war - hier tat sie sich wieder auf: noch abgründiger, lust-angstvoller, unentrinnbar.

Bisher hatte ich niemand am Strand getroffen, der das extreme Verhalten von Sabine, das ich als religiöse Schizophrenie einstufte, so ähnlich sah wie ich. Jeder hatte genug mit seinen eigenen Trips zu tun. Und vielleicht war ich ja auch derjenige, der die Sache im falschen Licht sah, selbst schizophren, eifersüchtig besorgt, gierig, in Sabines geheimnisvolle Welt mitgenommen zu werden. Nun kam aber jemand ins

Spiel, der sich bald als mein Verbündeter erwies. Sein Name war Charles, ein Belgier, der leidlich englisch sprach. Seine ganze Erscheinung war unaufdringlich, durchsichtig und still. Er redete selten.

In einer ihrer „irren" Phasen, in denen ich für Sabine der "Leibhaftige" war, und sie sich anderen Männern als Venus und geheimnisvolle Göttin aus dem Jenseits zu erkennen gab, geriet sie auch an Charles. Im Unterschied zu Christian II oder Michel oder sonstigen Leuten, die sich alle äußerst geschmeichelt bei Sabines Venusvorstellung fühlten, erzählte Charles mir sehr sachlich und zugleich liebevoll besorgt von der Begegnung. Er teilte meine Einschätzung, Sabine sei zur Zeit in einem hochgradig schizophrenen Zustand, und eigentlich müsse sich dringend ein Fachmann, ein Arzt, ein Psychiater um sie kümmern. Ich stimmte Charles zu, dass ich selbst viel zu voreingenommen und gefühlsmäßig zu sehr identifiziert sei, um ihr helfen zu können. Andererseits bezweifelte ich, dass ein Psychiater die spirituelle Seite der Sache überhaupt beurteilen konnte. Es blieben sowieso nur noch wenige Tage bis zu unserem festgelegten Rückflug, wenn sie dann nicht mitkommen wollte...

Charles sah schweigend zu, wie Sabine in der Haltung einer Taubstummen auf uns zukam. Sie gab durch Gesten zu verstehen, dass sie nicht sprechen dürfe, zeichnete einen Kreis in den Sand, legte eine weiße Muschel hinein und ein Steinchen außerhalb des Kreises, deutete an, dass sie die Muschel und ich das Steinchen sei und versuchte, äußerste Anstrengung demonstrierend, das Steinchen in den Kreis zu ziehen.

Es klappte nicht. Hilflos und traurig blickte sie Charles an, der allerdings gleichgültig und unbeeindruckt in eine andere Richtung schaute. Und in einer Verzweiflung, die mir einerseits affektiert und unecht erschien, andererseits aber tief in mein Herz stach, hob sie ihre Hände, schüttelte traurig den Kopf und gab wortlos zu verstehen: es hat wohl doch alles keinen Sinn, er will mich nicht verstehen. Dann ging sie wieder. Ich wollte ihr hinterher laufen, aber Charles hielt mich mit ruhigem Blick zurück. In diesem Moment war er für mich eine Erscheinung des Meisters.

Das mythische Weltbild, wo gute und böse Mächte auftreten, sei es in Gestalt von Personen oder unkörperlich, mag ein Rückfall in irrationale Schichten des Bewusstseins sein. Aber es fordert schnelles Handeln und liegt dem Bereich des meditativen Bewusstseins näher als das eingefahrene, oberflächliche, verstandeskontrollierte Lebensgefühl, das früher die vorherrschende Wirklichkeit für mich gewesen war. Ich lebte nun immer mehr im Mythos. Als ich einmal Sabine am Strand massierte - es war ja inzwischen selten geworden, dass sie sich mir gegenüber in solcher Weise entspannen konnte - hatte ich das Gefühl, dass ich eine Art Dämon aus ihr herauszog und in mich aufnahm. Es war eine heikle Sache, rational betrachtet reiner Blödsinn, aber es gibt andere Wirklichkeiten, von denen ich früher nicht einmal geträumt hatte. Ich war bereit, dieses dunkle Wesen, das Sabines Bewusstsein überschattete, in mich aufzunehmen, versuchte innerlich völlig leer zu werden, stimmte mich auf die Wellenlänge ein, die ich mit dem Namen Bhagwan verband, und tatsächlich spürte ich, wie etwas Unangenehmes aus Sabine heraus - widerwillig-durch mich hindurch nach draußen in die frische Meeresluft entwich. In diese zumindest für mein Empfinden hochbrisante Situation, der Prozess war noch nicht abgeschlossen, brach Michel ein. Und nun war ich es, der den Teufel außen sah. Mit heiserem Gelächter näherte er sich, und in seinen Augen glitzerte wieder dieses Mit-Wissen. Aber diesmal stand er auf der anderen Seite. Mit einem einzigen Ruck riss ich Sabine hoch und raste mit ihr zum Meer. "Was soll das, spinnst du, bist du völlig übergeschnappt!" schrie sie und wehrte sich. Aber ich ließ nicht locker, bis wir am Wasser und weit genug von Michel entfernt waren. Damit war die Sache für mich erledigt. Ich erklärte ihr nur kurz, worum es ging, sie war sauer und fühlte sich von mir bevormundet und kontrolliert, - klar. Aber ich hatte deutlich gespürt, wie die "Reinigungsarbeit" durch Michel gestört werden sollte. Etwas in Sabines Gemüt hatte sich zu dem heiseren Lachen hingezogen gefühlt. Michels Gegenwart verstärkte diese widerwärtige, gestaltlose, benebelnde Macht in ihr. Selbst wenn das alles nur meine Einbildung war, lernte ich eine höchst wichtige Sache kennen: blitzschnelles, spontanes und intuitives Handeln.

Wieder einmal gingen Sabine und ich nach Puerto de Mogan. Häufiger kamen ihr auf dem Weg Zweifel, ob sie überhaupt mit mir zusammen gehen solle. Nano war nicht dabei. An der Stelle, wo es hinunterging in das grüne Tal, entschied sie sich, nicht weiterzugehen. Ich wollte nicht mehr ihrem ständigen Hin-und Her nachgeben und kletterte allein den Berg

hinunter. Unten angekommen, drehte ich mich noch einmal um. Dort oben stand sie, winzig, weit entfernt, wie versteinert. Ach, liebe Sabine, warum machst du es mir so schwer, was tue ich dir denn zuleide? Die kleine, geliebte Gestalt löste sich aus der Erstarrung und kam heruntergeflogen, im Sturzflug in meine ausgebreiteten Arme. „Oh, wie gut, dass du auf mich gewartet hast, Christian, ich war plötzlich ein kleiner Vogel geworden, ganz allein auf der Welt, ich konnte weder vor noch zurück." „ Na, nun ist ja alles wieder gut. Weißt du, Sabine, du kannst mir ruhig mehr vertrauen. Aber das Wichtigste ist, dass du dich nicht mit diesen starken Phantasien identifizierst. Du bist doch kein Vogel, auch keine Venus, du bist Sabine. Und im Innersten ist ein Bewusstsein, das alle Gedanken und Vorstellungen beobachten kann. Das ist es, was Bhagwan mir immer wieder in Erinnerung ruft, auch im verrücktesten Haschischrausch: ich bin der Beobachter, diese ganzen Wahnvorstellungen gehen vorbei, das bin ich nicht."
"Ja, du hast Recht, Christian. Es tut mir leid, dass du so viel mit mir durchmachen musst, aber ich kann nichts dagegen tun, es ist alles so schrecklich intensiv, die Gefühle, diese Visionen, dieser Ort hier!" Wir standen unter einem riesigen Baum mit unzähligen weißen Blüten, die Vögel zwitscherten, die Wellen rauschten. Aber sie meinte nicht diesen Ort. "Lass uns einfach den Geräuschen lauschen und die Gegenwart genießen, so wie sie jetzt ist, Sabine." Und wir spazierten glücklich Hand in Hand am Strand von Puerto. Anscheinend brauchen wir die Gegensätze, ein dauerhaftes Glück soll

nicht sein. Wie ungeheuer schön war dieser kurze Spaziergang, wo die Harmonie jeden Augenblick zerbrechen konnte! In derselben Gegend, aber an einem anderen Tag, abends, spazierten wir auch so Hand in Hand, als plötzlich ein uns beiden unbekannter alter Mann auf uns zugerannt kam und Sabine von mir wegreißen wollte. Ich war so verblüfft, dass ich nicht einmal wütend werden konnte. Wir waren auf dem Weg zurück zu unserem Schlafplatz. Ich wollte mit Sabine weitergehen, aber der Mann war nicht abzuschütteln. Mit unglaublicher Kraft zerrte er Sabine zurück und ließ nicht zu, dass wir uns anfassen und zusammen weitergehen. Der Alte war mir zwar sehr unsympathisch, aber ich fasste diese ungewöhnliche Begegnung doch als ein Zeichen auf, und als wir umkehrten, verzog er sich.

Es ist nicht einfach, diese völlig andere Dimension mythischer Daseinsorientierung verständlich zu machen. Wir lebten in dem Bewusstsein, dass der nächste Moment den Tod bringen wird, wenn wir nicht auf gewisse Zeichen achten, die wiederum intuitiv wahrgenommen, erfühlt werden mussten. Normalerweise geht es so: ich will schlafen, ich bin müde, also gehe ich dorthin, wo mein Bett ist. Aber in diesem anderen Zustand geht es nicht so. Ein Käuzchen schreit, ein alter Mann sieht dich seltsam an, ein Auto fährt haarscharf an dir vorbei, und du weißt: schlafen ist noch nicht angesagt, der Weg ist versperrt, du musst in eine andere Richtung gehen. Das hört sich verrückt an. Aber das angestrebte „im Hier und Jetzt Sein", das Bewusstsein des Mystikers, ist noch weit dahinter, noch viel verrückter. Er hat nämlich überhaupt

keine Orientierung mehr im üblichen Sinne, und er hat die Ebene der Sensibilität, auf der Zeichen und Geister wahrgenommen werden, nicht vor, sondern hinter sich. Die Idee: entspann dich ein wenig, und du bist im Hier und Jetzt, ist Supermarktangebot. So billig ist die Sache nicht zu haben.
Zuerst kommt eine erhöhte Sensibilität, die den üblichen Zeitplan und das gewohnte. "ich will jetzt dies, und so wird es auch passieren" total durcheinander bringt. Schon auf der Stufe, die ich "mythisch" nenne, hat die Gegenwart eine völlig andere - auch inhaltlich andere - Qualität als jeder beliebige Zeitpunkt auf der Strecke des alltäglichen "Mach-weiter-im-Trott" - Bewusstseins. Viel mehr Intelligenz und Wachheit sind gefordert, um den nächsten Schritt zu tun. Erhöhte Lebensintensität hat auch ihren Preis. Eine Begleiterscheinung war für mich der Eindruck, ich würde, wie in einem Science-Fiction-Roman, auf einer anderen Zeitebene leben als die anderen Menschen ringsum. Die Leute, die durch die Straßen von Puerto de Mogan liefen, vor allem die Touristen, bemerkten mich überhaupt nicht. Sie sahen durch mich hindurch mit glasigen Augen, so als wäre ich überhaupt nicht da. Sabine erging es ähnlich.
„Du, ich glaube, wir existieren nur noch als Geister. Vorhin habe ich eine Frau angesprochen, die hat überhaupt nicht reagiert, ich hätte mich gar nicht gewundert, wenn sie durch mich hindurch gegangen wäre." "Ja, aber wieso… ich meine, wir beide empfinden uns doch gegenseitig als…äh, naja, ich wollte gerade sagen normal, aber das stimmt ja wohl auch nicht ganz. Es hat sich wirklich alles radikal verändert,

findest du nicht?" „Hm, ob das die Nachwirkung vom Fasten ist? Sowas habe ich jedenfalls noch nicht erlebt. Aber dieser Ort ist wirklich ungewöhnlich. Die Touristen sind immer nur kurz hier, die merken nichts. Weißt du, was Einige von der Suryagruppe sagen?" "Na, was schon, die sind doch sowieso meistens bekifft." "Die sagen, hier sei die Hauptstadt von Atlantis gewesen, und es soll Wesen aus der Zeit geben, die hier immer noch herumspuken." "Tja, wer weiß! Was hier mit uns beiden geschieht ist jedenfalls schon mehr als komisch. Das ist für mich noch intensiver als meine Poonazeit, und das will was heißen. Aber trotzdem, wir sollten uns da nicht reinsteigern, sondern wach und klar bleiben - du weißt ja, es gibt Typen hier…" „Du brauchst dir um mich keine Sorgen zu machen, ich weiß schon, was ich tue!" "Ich meine nur, lass uns nicht auch noch gegeneinander kämpfen, sondern in dieser extremen Situation erst recht zusammenhalten." "Ja, das möchte ich ja auch, Christian, aber gerade du kommst mir manchmal so vor, als wärst du mein schlimmster Feind, wie ein Teufel." "Das ist aber doch nur dann, wenn du wieder einmal glaubst, die Venus oder sonstwas zu sein, das ist doch reine Illusion und ich… " „Ach, lass uns nicht mehr darüber reden. Es ist gut, wenn du bei mir bist, als Freund. Aber mein Mann bist du nicht."

Zack, der Schlag traf in die Magengrube. Natürlich wollte ich Sabine haben, wollte von ihr geliebt werden, aber seit jener Nacht hatte sich sexuell zwischen uns nichts mehr abgespielt. "Ziehst du denn wirklich Typen wie Michél vor?" entrüstete ich mich. "Warum nicht? Glaubst du vielleicht, du bist was Besseres als Michél?" Das glaubte ich wohl tatsächlich. "Michél ist vielleicht nicht gerade schön, aber er ist wenigstens ehrlich und authentisch, im Gegensatz zu dir." Tja - was sollte ich dann eigentlich noch hier? Den Beschützer oder die sorgenvolle Mutter spielen? „Na dann bleib doch mit deinem Michél hier auf dieser gottverdammten Insel!" brummelte ich und zog mich beleidigt zurück.

Dies ist eher eine Zusammenfassung mehrerer Gespräche als die getreue Wiedergabe eines einzigen Dialogs.-Schließlich hatte ich kein Tonbandgerät dabei. Aber es charakterisiert ungefähr die Situation. Ich war für Sabine zu einer Freundin geworden, die zwar tiefe Erfahrungen teilt und guten Rat gibt, nicht aber als leidenschaftlich geliebter Partner in Frage kommt. Lag das nur an diesem einen Erlebnis mit Hermann? Er hatte ja seitdem keine Rolle mehr gespielt, war überhaupt nicht wieder aufgetaucht.

Und in Michél war sie erst recht nicht verliebt, das wusste ich ganz genau. Nein, es lag an mir, da brauchte ich mir nichts vorzumachen. Schon die äußere Aufmachung - ich trug manchmal noch das luftige Poonakleid - brachte etwas Weibliches zum Vorschein. Häufig zog ich mich in die stille Meditation zurück, auch mitten im Gewühl der Ereignisse. Sabine sagte: "stilles Dasitzen ist gar nicht das Richtige für dich, das hast du lange genug gemacht. Du musst aktiv sein, handeln." Und sie kannte Meditation. Das war nicht der Standpunkt des Kleinbürgers oder Karrieremenschen, der nichts von Stille weiß und dümmlich daherredet: "was verschwendest du deine Zeit mit Nichtstun, Zeit ist Geld usw."

Nein, sie hatte einen empfindlichen Punkt in mir berührt. Die Bequemlichkeit, dieses sich-aus-Schwierigkeiten-Herausschlängeln, fischhaft, Augen zu, möglichst mit einem Joint, und dann "fly high, ab geht die Post in andere Dimensionen!" Oh, wie die Tränen fließen, liebe Sabine. Wie wunderbar, dass du einmal für mich da warst. Du bist für mich der Beweis, dass die Liebe wirklich existiert!
Wer zu stark aus dem Gefühl heraus schreibt, mag zwar die Sache genießen, wie jemand, der ekstatisch aber schief Geige spielt - ob andere damit etwas anfangen können, ist nicht mein Problem. Ich bin besoffen. Das Glück kann nur hier und jetzt sein. Experiment: Erinnerungen als Gegenwart zu genießen, ist das möglich?

Wir blenden zurück zum Inselfinale. Seit dem mittäglichen Sonnenstand hatte ich Sabine nicht mehr gesehen, was ja inzwischen nichts Ungewöhnliches war. Wir trafen uns eben zufällig und machten wieder neu Bekanntschaft miteinander. Ich war auf zwei Musikanten gestoßen, und wir standen zu dritt am Strand und spielten. Wie so oft, wenn der Verstand vorübergehend durch einen kleinen Joint ausgeschaltet ist, entwickelte sich auch jetzt eine unüberprüfbar zauberhafte Musik. Eine Gitarre, eine Geige und eine Viola schufen eine neue Sonate von Bach. Der alte Johann Sebastian war einfach da, er brauchte nicht einmal Noten zu schreiben. Mann, der hat sich vielleicht gefreut, dass er auf seine alten Tage noch einmal seinen Stil live umsetzen durfte. Aber abgesehen von dem musikwissenschaftlich unerhörten Ereignis, dass J.S. Bachs unsterbliche Seele sich über geeignete Medien - leider ohne Tonband - ausdrücken durfte, war etwas anderes beinahe noch interessanter. Es gehört zu den Eigentümlichkeiten einer solchen Session, dass selbst Gedanken nicht privat, sondern - nach einer ebenfalls unüberprüfbaren Gesetzmäßigkeit - telepathisches Gemeingut sind.

So kam das stillschweigende Einverständnis auf, dass die Improvisation endlos zu sein habe. Das war nun zwar schwierig zu verwirklichen, denn jedes Geschehen, sogar Musik, muss zwangsläufig irgendwann enden. Aber da gibt es Tricks, wie man die gängige Logik überlisten kann. Wir nahmen an, dass wir uns auf einer anderen Zeitebene befänden, wo eine Minute mindestens einem Jahrhundert auf der übrigen Erdenwelt entsprach. Auf diese Weise spielten wir uns an dem 3. Weltkrieg vorbei. Ich hörte von fern die dumpfen Atombombenexplosionen, aber die Augen durften nicht geöffnet und die Musik nicht abgebrochen werden. Ob es möglich ist, gewisse Unannehmlichkeiten, die die meisten Menschen als Schreckensvision vor sich haben, auf einer "feinstofflichen" Ebene für sich zu erledigen, gleichsam vorweg zu nehmen und damit zugleich hinter sich zu bringen? Seitdem hatte ich jedenfalls keine Angst mehr vor einem 3. Weltkrieg. Als die seltsame Improvisation dann doch irgendwann aufhörte, hatte keiner das Gefühl von Inkonsequenz oder Vertragsbruch. Die Musik war in sich unendlich und zeitlos gewesen, basta. Wir verneigten uns voreinander und kamen überein, demnächst in eine Hotelstadt zu fahren und dort eine ähnliche Vorführung zu zelebrieren.

An der Strandbar erzählte mir Charles, dass Sabine seit vier Stunden nackt im Lotussitz reglos unter einem Baum verharre, dass irgendwelche Leute hinter ihrem Rücken Feuerwerkskörper angezündet hätten (Atombomben?) und sie darauf nicht reagiert habe. Diese Nachricht entzückte mich, denn sie bedeutete, dass Sabine in jedem Fall klarer, bewusster und offener werden würde. Noch schwankte ich, ob ich mit den beiden neuen Musikerfreunden in die Stadt oder ob ich hierbleiben wollte, um mitzuerleben, was mit Sabine geschieht. Als die Beiden mit ihren Instrumenten kamen, fragte ich sie: "Wollt ihr nur für Geld spielen, oder geht es euch noch um etwas Anderes?" "Mensch, für Kohle natürlich, meinst du, wir gehen sonst in diese Plastikhölle?" Mit dieser Antwort war meine Entscheidung klar. Die Beiden gingen sichtlich enttäuscht allein zur Bushaltestelle.

Ich besuchte Sabine zweimal. Beim ersten Mal trat ich vorsichtig von hinten näher, setzte mich hinter sie, blieb etwa zehn Minuten still sitzen und merkte, dass ich hier (noch) nichts zu suchen hatte. So leise, wie ich gekommen war, ging ich wieder, mit einem sehnsüchtig-andächtigen Rückblick auf die strahlende Gestalt.

Ich setzte mich an den Strand. Mir fiel auf, wie die Leute aufbrachen und verschwanden, als ob ein Signal ihnen einhämmerte: "Ich muss jetzt gehen!" Bei Sonnenuntergang war der Strand vollkommen leer. Das war noch nie passiert. Der einzige Mensch, den ich traf, war Charles. Er gab mir einen Joint, ich rauchte zwei Züge, dann ging auch er.

Plötzlich war ich mit Sabine in Verbindung. Das ganze Tal war Sabine - ein einziges Bewusstsein.
Ich konnte mich mit ihr unterhalten. Soviel Liebe! Es war nicht ihre persönliche Liebe, vielmehr war die ganze Welt, alles, was ich wahrnehmen konnte, in dieses überwältigende Liebesgefühl getaucht, das ich am stärksten mit dem Namen "Sabine" in Verbindung brachte. Ich rauchte eine Zigarette und da wollten sich wieder meine üblichen Schuldgefühle und verurteilenden Gedanken breit machen. "Du kannst ruhig rauchen", sagte eine Stimme, die aus der Richtung des Baumes, noch weit entfernt, zu kommen schien. "Ich liebe dich auch wenn du rauchst." Das Rauchen war nämlich (angeblich) der Grund gewesen, warum meine frühere Freundin Doris nicht mehr mit mir zusammensein wollte. Es war hiermit ein für allemal gestattet. Das würde kein Trennungsgrund mehr sein. Ich war dafür sehr dankbar, genoß die letzten Züge und ging dann los. Es war ein Gefühl, als würde ich auf mich selbst zugehen. Sabine, das geheimnisvolle Wesen dort irgendwo unter dem Baum, das zugleich in mir war, und sonst niemand mehr in diesem weiten Tal. Ich musste gegen einen starken Wind ankämpfen. Ich blickte auf die Bäume, sie standen ganz still. Da draußen war überhaupt kein Wind.
Was mir als Gegenwind erschien war reine Energie, die mit jedem Schritt zunahm, ein Anwachsen des Widerstandes und der Intensität. Schließlich sah ich Sabine, unter dem schönsten Baum des Gartens sitzend, nackend, reglos, die Augen geschlossen, der Mond beleuchtete die Buddhagestalt. Wie damals, bei unserer „Hochzeit", zog ich mich aus. Für die

Art, wie dieser Vorgang ablief, bietet die Sprache das Wort "Trance" an. Tatsächlich müsste unser normales Handeln so beschrieben werden. Hier war ich bewusst. Keine Frage, kein Überlegen, keine Routine, kein Schlafwandeln, und doch irgendwie "geführt". Ein höchstes Entzücken mit der Bereitschaft, in den Abgrund zu springen. Ich kniete vor ihr. Wie wunderschön war dieses vom Mond beschienene Gesicht. Langsam hoben sich ihre schwarzen Wimpern, und die Augen sahen mich an.

Stille. Ich weiß nicht mehr, wer zuerst gesprochen hat, denn ich war ja ziemlich aufgedreht und nicht ganz bei mir. Sie sagte damals - vielleicht auch erst später, aber die Situation war ohnehin wortlos durchschaubar wie Luft: "ich· zögerte, die Augen zu öffnen, denn ich wusste, ich würde mich selbst sehen; aber ich wusste nicht, wie ich aussehe." Ich glaube, sie war enttäuscht.

Am nächsten Tag saß ich allein unter dem Baum und hörte zum ersten Mal einen Vogel singen. Ich sage "zum ersten Mal", denn nie zuvor hatte ich einen Vogel gehört, der mir etwas vorsang, der zu mir durch seinen Gesang sprach. Es war süß und erotisch. Viel aufregender, anregender, intimer und natürlich wahrer als das, was ich normalerweise von Menschen zu hören bekam.

Nach der langen Meditation hatte sich nicht nur Sabines Verhalten geändert - mir war, als würde die ganze Natur aufatmen. Meine Hoffnung, wir könnten wieder so vertraut zusammensein wie dort oben in den Bergen, erfüllte sich jedoch nicht. Es gab zwar Momente, sogar Stunden von einer ungeheuren Tiefe und Intimität, aber das Gefühl der Sicherheit und Beständigkeit sollte sich niemals wieder einstellen. Und das war letztlich der Gewinn dieser verrückten, oft alptraumhaften Gran-Canaria/Atlantiszeit - ein Gewinn, den ich zunächst noch nicht als solchen schätzen konnte, und der einem Pärchen wie Renate und Dieter geradezu als Verlust erscheinen musste.

Am nächsten Tag fand ein Treffen mit dem Besitzer des Tales statt. Einige unserer Freunde, vor allem Georg, der Polizistenkiller und Sonnenherrscher, kannten ihn gut. Manchmal arbeiteten sie in seinem Restaurant. Sabine und ich waren zum Essen eingeladen. Wir saßen auf der offenen Veranda des Restaurants. Der Gastgeber war etwa 60 Jahre alt, gebräuntes Gesicht mit weiß-grauen Haaren. Er kam aus Ungarn und sprach das Deutsch der dort ansässigen Deutschen. Er spielte die Rolle des großzügigen Patriarchen, der weiß, dass auf ein kleines Wort hin alle seine Freak-Schützlinge aus diesem Tal zu verschwinden hatten. Seine Toleranzgrenze: nur Michel hatte Hausverbot. Das Interesse des alten Gauners galt Sabine. Er machte Witze über ihre gestrige "Super-Dauersitzung". Er hatte seinen Landarbeitern aufgetragen, hinter ihrem Rücken Knallkörper und Raketen anzuzünden. "Hör mal, Mädchen, wenn du die Heilige spielen willst, ist das natürlich deine Sache, aber wenn du hier nackt herumläufst, ist das auch meine Sache. Du machst meine Leute mit solchen Mätzchen verrückt - haben wir uns da verstanden. So, Schwamm drüber, heute seid ihr meine Gäste, letztlich war es ja ein köstlicher Witz, auch wenn dein

Freund da jetzt so verbiestert und eifersüchtig dreinschaut, ha, ha, keine Angst, ich nehm dir dein Püppchen nicht weg!" Er war gewohnt zu befehlen und mit Leuten umzugehen, die vor seiner Macht Angst hatten. Er machte auch kein Hehl daraus, dass wir für ihn allesamt arme Studenten waren, Kinder, die noch Angst haben, die harte Realität, also die Geschäftswelt der Erwachsenen zu betreten und stattdessen lieber "meditierten", also träumen. Geschäfts-und Machtleute seines Schlages haben einen gewissen Grad von Wachheit. Sie sind oft gute Psychologen und Beobachter, denn das ist wichtig fürs Geschäft. Natürlich entging ihm nicht meine Mala, die Kette mit dem Bild von Bhagwan, und er machte sich ausgiebig darüber lustig. Aber darüber hatten sich schon viele lustig gemacht, auch Intelligentere als er, und so blieb ich ganz freundlich und gelassen. Ja, ich bin ein armer Abhängiger, der das Bild seines Gurus um den Hals trägt. Was gab es da abzuwehren oder zu verteidigen? Er war im Innersten beeindruckt, das merkte ich schon daran, dass er immer wieder auf das Thema zurückkam und mehr über Bhagwan wissen wollte, natürlich nicht direkt, sondern verkleidet in guten Ratschlägen, und dass wir auch noch vernünftig werden würden usw. Schließlich bot er Sabine und mir einen seiner Hotelbungalows an. Sein Leben war fade und langweilig gegen das erfüllte, abenteuerliche Leben der jungen "Träumer", die er an seinen Tisch gebeten hatte, um an der frischen Lebensenergie zu saugen. Vielleicht spürte er das und wollte sich erkenntlich zeigen. Wir nahmen sein Angebot an, aber nach der ersten Nacht im Bungalow zogen wir es vor, wieder am Strand unter freiem Himmel zu schlafen.

Es war für uns beide eine anstrengende Nacht. Sabine hielt es nicht aus in dem Zimmer. Sie wollte unbedingt nach Puerto de Mogan, nachts um 11, und das nackend. "Geht das schon wieder los", stöhnte ich. Ich fühlte mich furchtbar müde und wollte das Theater nicht mehr mitmachen. Aber als sie dann weg war, schüttelt die Besorgnis die Bequemlichkeit ab. Ich lief draußen herum, hatte meine Sandalen vergessen, die Steine taten weh, es war kalt, ich rannte die Straße hoch und runter fast bis Puerto, immer Sabines Namen rufend. Nichts. Erschöpft und traurig kehrte ich wieder um. Warum ist Liebe so anstrengend! Ich hatte Bhagwan sagen hören "Liebe ist tiefe Entspannung". Also war dies keine Liebe, sondern irgendeine Unbewusstheit, die mich in Bewegung hielt. Die Füße bluteten. Und doch wusste mein Herz: es ist richtig.

Hatte ich mich überhaupt jemals zuvor angestrengt für einen Anderen? Nein, diese Haltung war neu für mich, und das Gefühl der Liebe wuchs mit jeder sinnlosen Aktion dieser Art. Schließlich fand ich Sabine in der Nähe des Bungalows. Sie war verstört. Ein VW-Bus habe angehalten, und da hätten Außerirdische drin gesessen, fremde Wesen, mit schwarzen Gesichtern.

"Lass uns schlafen, Sabine, es ist schon fast hell, wir brauchen wirklich Ruhe. Komm, vergiss den ganzen Spuk." " Ich möchte nicht mehr in dem Haus schlafen, Christian, keine Sekunde will ich dort bleiben." "Na gut, wenn du meinst, dann hole ich unsere Sachen, und wir gehen wieder an den Strand, okay?"

Das Geräusch der Wellen war beruhigend und unheimlich zugleich. Es schien mich mit seinem gleichmäßigen dumpfen Rollen und Donnern immer tiefer zu ziehen, es wurde zum Rauschen des Blutes, ein Pochen - ich war wieder ein Embryo im Mutterleib, ohne Zeitgefühl, die Morgendämmerung hindurch.

Am Nachmittag fuhren wir zusammen mit Heinz, einem Freund von Christian II, in die nächste Hotelstadt. Heinz wollte "Stoff" kaufen, und daran war ich auch interessiert. Heinz: ein liebenswerter, bärtiger Deutscher mit einem auffallenden, weil so selten gewordenen einfachen Gemüt, kein Intellektueller also, sondern eher der Ziegenhüter-Typ, stolz darauf, dass er wie eine Ziege barfuß und blitzschnell auf den scharfen Felskanten herumturnen konnte. Er war oft mit dabei gewesen, wenn die Geschichte ins mythische umschlug. Vieles habe ich aus Gründen der Übersicht ausgelassen, aber eine kleine Geschichte ist noch nachzuholen, um das Maß voll zu machen. Der "Heilige Abend". Heinz, Michel und Charles hatten die Hirten gespielt, Sabines Rolle war klar, und ich durfte mich stolz als Joseph fühlen, der Maria am nächtlichen Lagerfeuer eine Schale Reis zubereitete. Der kleine, für die genaue Parallel allerdings schon zu große Nano-Jesus schlief sanft in Sabine-Marias Armen. Es war die friedliche Stimmung, das stille Wissen um den Einen Raum gewesen, was die Personengruppierung vergleichbar und die Szene so "heilig" machte.

Heinz war also ein Hirte, ein Vertrauter, einer von den Auserwählten, die diese heilige Geschichte miterleben durften.

Er war verliebt in Sabine und verehrte sie aus der Distanz. Nach einer lustigen Autofahrt erreichten wir den Ort, der für Gran Canarias Tourismus steht. Dieser Ort kam uns so absurd grauenhaft vor, dass wir nur noch lachen konnten. Wir suchten durch Betonschluchten und neonbeleuchtete Einkaufstraßen, die unterirdisch verliefen, wie in einer überdimensionalen Tiefgarage den Weg zu einer Disko, wo Heinz seinen Bekannten treffen wollte. Wir warteten wohl zwei Stunden in dieser Zombiehöhle, aber der Bekannte tauchte nicht auf. Warum mir diese Geschichte überhaupt in Erinnerung geblieben ist? Weil Sabine mich zwischendurch einmal ganz unvermittelt ansah und undramatisch sagte: "Jetzt bist du angekommen, Christian, das ist es."
Ich fühlte mich in dem Moment absolut normal. Weder war ich genervt durch diese groteske Umgebung, noch war ich ungeduldig erregt wie Heinz, noch war ich irgendwie High oder besonders verliebt in Sabine. Und auch ihre Bemerkung löste nichts Besonderes in mir aus. Es ist, wie es ist. Später habe ich mich gefreut, wie tief sie sehen kann, und dass wir beide gar nicht so versessen darauf sind, in überirdische Höhen zu gelangen. Wir fuhren wieder zurück. Heinz fluchte ununterbrochen, und ich musste dauernd lachen. "Was gibt es denn da zu lachen, du warst doch selber an dem Stoff interessiert, ich versteh euch nicht, tut ihr nur so, als würde euch dieser ganze Reinfall nichts ausmachen?" "Für mich war es kein Reinfall, Heinz", sagte ich, "ich bin einfach glücklich und zufrieden, und ich weiß selbst nicht, warum."

Die Beschreibung eines nächtlich-dunklen und eines nichtalltäglich hellen Abenteuers passt vielleicht gerade noch in dieses Kapitel. Eines Nachts, als Sabine und ich nebeneinander in unseren Schlafsäcken am Strand lagen und schon halb schliefen, machte uns ein seltsames Geräusch wieder hellwach. "Hörst du das? Als ob ein Kind wimmert?" Wir lauschten. Es kam aus der Luft, von oben.

Nein, das war kein menschlicher Laut. Es fehlte jegliche Wärme in dem Klang. Trostlos und zugleich durchdringend, erbarmungslos; der schaurigste Ton, den ich je gehört hatte. Er bewegte sich durch die Luft von einer Seite des Tales zur anderen und wieder zurück, wie auf der Suche. Es musste ein Vogel sein, aber das Gefühl, das in uns ausgelöst wurde, war: "Das ist kein Vogel. Das ist eine Seele, die in einen Körper eindringen will!" Man konnte auch keinen Vogel sehen, obwohl der Ruf ganz nah klang, und er war furchterregend zudringlich. „Ich muss zu Nano, er ist in Gefahr!", rief Sabine und lief über den Strand zur anderen Seite, wo Nano bei seinem Vater im VW-Bus schlief. Mit der Wahrnehmung solcher Wirklichkeiten verhält es sich wohl ähnlich wie bei Musik. Der eine hört nur eine Folge unterschiedlicher Töne, der andere hört darüber hinaus eine Melodie. Wissenschaftlich lassen sich nur Schwingungen nachweisen.

Der Tag war klar und schön - vielleicht der letzte vor unserer Abreise. Sabine und ich saßen an der Bar und sahen uns verliebt an. Wir alberten herum und unterhielten uns in Phantasiesprache. Christian II trat hinzu und schmunzelte wieder einmal altväterlich selbstbewusst. „Na, frisch verliebtes Pärchen, wie?" Wir kümmerten uns nicht weiter um ihn, unterhielten uns weiter in unserer erfundenen Sprache, und er zog bald frustriert ab. Stundenlang ging das so, der Barkeeper wollte schließen, er schob uns raus, wir lachten, und alles Andere war so unendlich weit weg. Und irgendwann, als wir ineinander verschlungen dastanden, flüsterte Sabine mir etwas ins Ohr. Es war wieder deutsche Sprache, aber der Inhalt war nicht deutsch, die Bedeutung kam aus einer Welt jenseits aller Nationen und Epochen. "Christian, fühlst du es, wir sind schon seit Ewigkeiten zusammen, damals in Atlantis waren wir ein Königspaar, wir haben zusammen ein Volk regiert, und alles wiederholt sich, mit leichten Veränderungen, so wie sich das Weltall ausdehnt und wieder zusammenzieht, ausatmen und einatmen, ein ewiges Spiel. In Indien, weißt du noch, wie wir zusammen gespielt haben, mit den Elefanten... Und es geht immer weiter. Immer werden wir zusammen sein." Und sie sagte noch viel mehr. Berauschend strömten ihre Worte in mein Herz, sanft rannen warme Tränen aus meinen Augen über ihre Wangen, und wir atmeten ineinander.

Der Tag des Abflugs war gekommen. In manchen Gesprächen hatte ich Sabine unmissverständlich gesagt, dass ich an diesem Strand höchstens bis zum Flugtermin bleiben wollte; dass ich mich immer stärker nach Poona hingezogen fühlte, so als würde mich Bhagwan direkt rufen. In den letzten Tagen war Sabine entschlossen, mit nach Poona zu kommen, trotz ihrer Diplomarbeit. Wir hatten sogar überlegt, ob es irgendeine Möglichkeit gibt, von dieser Insel ohne Umweg über Europa nach Indien zu fliegen, das war natürlich Unsinn. Nun aber, vier Stunden vor dem Abflugtermin, überschattete wieder die andere Seite - ich weiß bis heute nicht, was das genau war - Sabines Gemüt. Ihre Augen wurden unruhig und flatterig. Sie redete von einem Fest in Puerto de Mogan, da möchte sie gerne hin, es sei ihr egal, ob sie das Flugzeug erreiche.

Da kam auch schon Michél angelaufen: „ou la la, you can not escape from here, we are all in the same boat, come, come, to the sun", und schon war sie auf dem Weg zu Georgs VW-Bus. Ich fühlte Panik in mir aufsteigen. Da gab es zum Glück noch einen anderen VW-Bus, der gehörte einer Schweizer Therapeutin, die mit ihrer mittlerweile vierzehnjährigen Tochter schon einige Jahre durch die Welt reiste. Sie hatte mich manchmal zum Tee eingeladen und kannte meine Sorgen um Sabine. Sie repräsentierte hier die vernünftige heile Welt. Das Verhältnis zwischen ihr und Sabine war äußerst kühl. Diese nette Frau konnte mit ihrem psychologischen Wissen nicht in die Abgründe einer Sabine folgen, aber sie konnte mir jetzt helfen, Sabine zum Flughafen zu bringen. So fuhr sie mit ihrem Auto an den anderen VW heran und es entwickelte sich ein Spiel, in dem wieder einmal jedes kleinste Ereignis als magisches Zeichen gedeutet wurde.

Georgs VW-Bus sprang nicht an. Das war ein schlechtes Zeichen. Sabine stieg aus und bei uns ein. Als wir losfahren wollten, ging plötzlich der Motor aus. Beide Autos wollten nicht mehr, trotz der Anschiebeversuche. "Wir müssen mit dem regulären Bus fahren, es hilft nichts!" Ziemlich widerwillig folgte Sabine zur Bushaltestelle. Wir sahen auf den Fahrplan. Der nächste Bus würde erst in zwei Stunden kommen, und dann war es zu spät.

"So, das Schicksal hat entschieden, ich gehe nach Puerto de Mogan!" sagte Sabine, aber so ganz glücklich war sie nicht bei dem Gedanken. Gerade wollte sie losgehen, da kam der VW-Bus der Schweizerin herangefahren. „Alles klar", sagte sie lachend, "der Motor ist wieder angesprungen." Und so verließen wir denn doch endlich diese Insel, zunächst noch unsicher, ob es da draußen überhaupt noch eine andere Welt mit lebenden Menschen gibt. Aber der Flughafenbetrieb war bereits wieder diese andere Welt. Für mich war es nicht die Fahrt nach Deutschland, sondern die Fahrt zu Bhagwan.

Als wir in Hamburg aus dem Zug stiegen, gerieten wir in einen fröhlichen, ausgelassenen Schwarm rotgekleideter Sannyasins. "Wo kommt ihr denn her", fragte ich. "Aus England. Da war ein Treffen mit Teertha, und ihr?" "Ach, das ist eine lange Geschichte" sagte ich und fühlte mich dabei in einer sehr fremden Welt. Teertha, (der Starttherapeut) Bhagwans Erleuchtungstag, ach ja, 21. März, ganz vergessen! Aber es war schön, auf diesem schrecklichen Hauptbahnhof von einer so lebendigen Gesellschaft empfangen zu werden. Nun wartete der Alltag auf uns. Die Zeit in Gran Canaria erschien mir als ein Rausch, ein Geschmack vom wahren Leben, und ich bildete mir ein, es müsse nun so weiter gehen, immer höher und intensiver. Aber es ging stattdessen unaufhaltsam bergab.

+++

Eines Abends kehrte Sabine von einem längeren Gespräch mit ihrer Mutter sehr nachdenklich und traurig zurück und sagte: "ich habe mich entschlossen, nicht mit dir nach Poona zu fahren, sondern in Hamburg zu bleiben und mein Studium abzuschließen." Sie hatte sich von ihrer Mutter überreden lassen. Das besondere Verhältnis zu ihrer Mutter konnte ich nur schwer nachvollziehen.

Eine solche enge Bindung zu den Eltern oder einem Elternteil war mir fremd. Nachträglich bin ich meinen Eltern sogar dankbar, dass sie mich nicht mit einer derartig besitzergreifenden Liebe verwöhnt und belastet haben. Sabine war als Einzelkind aufgewachsen und der ganze Stolz ihrer Eltern. Das Gefühl, der Stolz meiner Eltern zu sein, kannte ich nicht. Manchmal hatte ich solche Kinder beneidet, zumal auch die Psychologen sagen, dass Kinder, die viel Liebe von ihren Eltern bekommen, in jeder Hinsicht im Vorteil sind. Inzwischen bin ich da anderer Meinung. Es ist auch·wichtig, dass die Eltern in ihrer ganzen Lebensweise demonstrieren, dass die Kinder nicht nötig sind zu ihrem Glück, dass sie auch ohne ihre Kinder gut miteinander auskommen. Schon seit dem 6. Lebensjahr ward ich nur noch selten zu Hause gesehen. Ich hatte meine eigenen Abenteuer zu erleben, und es war ein gefährliches Leben, unbehütet von einer sich ständig sorgenden Mutter. Es geht hier um einen wichtigen Unterschied der Voraussetzung, was den Sprung in die geistige Reife, in die wahre Selbständigkeit angeht.

Sabine bezog ihr Selbstvertrauen aus einem Vorschussbonus. Ihr Mut, Anderen die Meinung zu sagen ohne Angst vor

Ablehnung brauchte den Hintergrund von Eltern, die ihr alles hatten durchgehen lassen. Diesen Bonus hatte ich nicht, dafür aber die angstvolle Erkenntnis der Wahrheit, dass mein Dasein bodenlos, dass das Leben überhaupt abgründig, sinnlos, ohne Halt, ohne einen sorgenden, beschützenden Gott ist - eine unbegreifliche Absurdität. So vertritt Sabine mit ihren seligen Licht-Meditationserlebnissen und ihrer kindlich-naiven Stärke den Typus für eine bestimmte Lebenseinstellung und einen bestimmten spirituellen Weg, und ich vertrete den entgegengesetzten Typ. Von daher ist es interessant, die weitere Entwicklung unserer verschiedenen Laufbahnen zu verfolgen. Ich war entschlossen, ohne Sabine nach Poona zu fahren.

Neben einer untergründigen Gewissheit, dass es kein Ausweichen gab - ich hatte vor dem Meister zu erscheinen, auch wenn dies den endgültigen Abschied von Sabine bedeutete, waren da noch andere verworrene Motive. Eine Art Rache an Sabine für ihre Nacht mit Hermann, und zugleich eine Art Opfer-Geschäft. Ich hegte die Hoffnung, ich könnte sie, wenn sie mich sehr vermisst, hinterher locken. Ich wünschte ihr (und mir) nichts sehnlicher, als dass sie Bhagwan selbst sieht und seine Jüngerin wird. Denn dieser eigenartige religiöse Wahn, den ihre Auftritte in Gran Canaria zum Vorschein gebracht hatten, konnte nur von einem wirklichen Meister, einem Feinchirurgen des Bewusstseins, geheilt werden.

Dass eine solche Behandlung nur möglich ist bei Jemandem, der aus eigener freier Entscheidung dazu bereit ist, das wollte meine vernarrte Zuneigung einfach nicht wahrhaben. Sabine hatte im Zusammenhang mit ihrer -mich ausschließenden -

Nacht auf der Insel angedeutet, dass sie am 11. 4. von demselben geheimnisvollen Mann "abgeholt" werden würde, in einem weißen BMW. Es klingt lächerlich, aber ich nahm das, wenn auch nicht wörtlich, ernst. Mein Abflug fiel genau auf dieses Datum. Ich bildete mir ein, ich könnte Sabine gleichsam in meinem Herzen zu Bhagwan bringen.

Die wenigen Wochen bis zum 1. April verliefen, verglichen mit den Wochen davor, recht eintönig, aber das war wohl nötig zur Erholung. Sabine bekam eine Ohrfeige von mir, als sie mich wieder mit dem irren Ausdruck in den Augen "verteufeln" wollte. Der kleine Schock schien ihr gut zu tun. Ihre beste Freundin kam aus München zu Besuch. Wir verstanden uns so gut, dass Sabine Gelegenheit bekam, ihre eigene Eifersucht zu spüren. Als es beinahe zu einer "Dreier-Bettsituation" in Parallele zu Gran Canaria kam, schickte Sabine ihre Freundin ohne zu zögern aus dem Zimmer. Sie ließ es gar nicht erst so weit kommen wie ich. Angst? Stärke?

Schließlich "vollendete" ich im Haschischrausch meine Doktorarbeit in Musikwissenschaft - wohl das Peinlichste, was jemals als wissenschaftliche Arbeit zur Durchsicht abgegeben wurde. Eine hoffnungsvolle Karriere fand somit ihr vergnügt-jämmerliches Ende.

Dann kam der Abschied. Sabine weinte, was selten vorkam. Ich fühlte mich zu der Zeit noch ganz unternehmungslustig.

6: April-Juni 1981.
Zurück im Aschram in Poona und in Goa. Irre Rauschtage

Bombay, Flughafen. Die ersten Sannyasins, die ich treffe, sind auf der Rückreise nach Deutschland und wirken verstört. „Bhagwan hat gestern aufgehört zu sprechen - er ist in Silence gegangen. Außerdem soll es ihm körperlich sehr schlecht gehen. Wer weiß, wie lange der Poona-Aschram und das alles noch existiert!"
Ja, wer weiß das schon! Sehr aufregend. Ein freudiges Gefühl durchzuckte mich. Hatte Sabine nicht vorausgesagt, Bhagwan würde bald aufhören zu reden. Das war ein gutes Zeichen. Endlich Stille. Wie schön für ihn und für uns. Sabine und ich hatten wenig miteinander geredet, das stille Zusammensein ohne Worte war so beglückend, intensiv, wonnevoll.
Mit einer Gruppe anderer Sannyasins mietete ich ein Taxi nach Poona. An einem Restaurant etwas außerhalb von Bombay hielt der Fahrer. Wie war es anders zu erwarten als Empfang und als Bestätigung meines persönlichen "Ticks" - er reichte einen dicken Joint herum. Was geschah? Ein haarsträubendes Palaver der deutschen Sannyasins um die genaue Aufteilung des Fahrpreises, und das in einem Zustand, wo

keiner mehr richtig zählen konnte. Und mit welch einem Ernst diese Sache betrieben wurde, als ginge es um Leben oder Tod. Ich erkannte mit Schrecken, dass dieser zweite Poonabesuch unter ganz anderen Vorzeichen stand als mein erster. Es würde um das Aushalten der Einsamkeit gehen. Und da kam zugleich ein anderes Gefühl hoch, das sich als Ausweg anbieten wollte: Hochmut und Verachtung. Was habe ich mit all diesen Dummköpfen hier zu tun - ach, Sabine, ich muss in den falschen Zug gestiegen sein! Konnte ich noch zurück? Mein Geld reichte nicht einmal für das Rückflugticket. Und der Sog war auch schon zu stark. So ähnlich wie damals, als Sabine unter dem Baum meditierte und ihr Bewusstsein das ganze Tal auszufüllen schien, befand ich mich nun in einem viel stärkeren Bewusstseinsfeld, dessen Zentrum 200 km entfernt war. Von dort schien der Körper, den ich nicht mehr als "meinen" Körper empfand, dirigiert zu werden, und eine Stimme sagte: "Willkommen in einem neuen Abenteuer, Christian, ich brauche dich."

Wem das zu anmaßend klingt, der hört ganz richtig. Darum geht es hier nämlich, um solche Phänomene wie Anmaßung und alle möglichen Arten der Illusion. Die weitere Taxifahrt verlief recht stürmisch, ein innerer Energiesturm, von dem die Anderen wohl kaum etwas mitbekamen.

Im Aschram war alles wieder ganz anders als vor einem Jahr. Noch voller, noch betriebsamer, neue Geschäfte usw. Ich ging direkt ins Büro, ohne die angstvoll ehrfürchtige Haltung, die mich früher "meditativ" auf diesem heiligen Boden herumschleichen ließ. Ziemlich frech und großspurig trat ich

auf die erste Ma zu, die mir "offiziell" erschien. Sie hatte schöne, lebendige Rehaugen, und wir mochten uns beide auf den ersten Blick. Irgendwo hörte ich immer noch oder schon wieder die Stimme, die belustigt sagte: "Herzlich willkommen, fühl dich ganz wie zu Hause."
"Ich habe hier zwei Bücher für Bhagwan, ich glaube, sie sind verrückt genug, dass er darüber lachen kann". Das eine war ein Exemplar meiner Doktorarbeit über "Die Lehre von der Fülle musikalischer Energie", das andere eine Sammlung von Sprüchen und Zeichnungen, zum Teil im bekifften Zustand entstanden, die ich Sabine zum Geburtstag geschenkt hatte. Da mein Kopf, dieses liebevolle Erbe vergangener Erzieher, zu 90% sowieso alles verurteilt und abwertet, stand für diese Instanz schon vorher fest: diese Machwerke reißen niemanden vom Hocker. Aber vielleicht gab es tatsächlich einen "Niemand", der sich auch darüber freuen konnte. Der warme, herzliche Empfang dieser Gaben floss wie Honig in mein stets von Selbstzweifeln geplagtes Gemüt. Die Frau mit den Rehaugen erschien mir als Botin des Meisters, und sie wurde meine asexuelle Freundin.
Ermutigt durch diesen Empfang und immer noch etwas unter dem Einfluss der Droge schritt ich zum Restaurant, das zum Aschram gehörte und nach der Hausnummer der Villa, No. 10 genannt wurde. Es gab Live-Musik. In einer Pause griff ich zur Gitarre, stellte mich ans Mikrofon und sang das Lied "My love is like a river". Der Text ist von Sabine. Es ist ein schönes Lied, aber meine Energie sank plötzlich ab. Ich musste feststellen, dass kaum jemand an diesem Beitrag

interessiert war. Ein Kind, das mich an Nano erinnerte, sagte: "du bist ein Lügner!", und ich trottete enttäuscht und verwirrt davon. Ich merkte selbst, dass irgendetwas Entscheidendes noch fehlte. Doch die Veränderungen im Aschram schienen wie auf mich zugeschnitten. Statt der gesprochenen Diskurse wurde Live-musik geboten, von Klassik über Rock-und Freejazz bis hin zur indischen oder Chaitanya Hari Meditationsmusik. Und dann die erstaunliche Tatsache, dass man nun in den Aschramrestaurants rauchen und Alkohol trinken durfte!
Gleich am zweiten Tag fragte ich im "Office" nach einer Arbeit. Ich wollte keine Zeit mit Herumhängen verschwenden; wenn ich nun schon Sabine, das Liebste auf der Welt, zurückgelassen und hier, so weit von ihr entfernt, zu leben hatte, dann wollte ich die zu lernende Lektion schnell hinter mich bringen. Ich kam in die Küche. Gemüse schälen, Geschirr spülen usw. Am dritten Arbeitstag rauchte ich in der Pause einen Joint, und danach kam mir alles lächerlich vor. Hatte ich es wirklich nötig, hier in der Hitze Tomaten zu zerkleinern? Die Atmosphäre in der Küche erschien mir eher verbissen als heiter. Nö, das war nicht mein Weg, sollten Andere damit glücklich werden. Konnte ich mich nicht selbst beschäftigen? Hatte ich nicht Ekstasen und Höhen erlebt, von denen die meisten, die hier verkrampft ihre Arbeit verrichteten, anscheinend noch nicht einmal geträumt hatten? Ich verließ den Arbeitsplatz im Bewusstsein, zu Höherem berufen zu sein und bestand auch noch darauf, von der gefürchteten Küchenchefin persönlich verabschiedet zu werden. Ich sagte, es sei ganz nett hier gewesen, wenn auch etwas verbissen,

aber nun hätte ich keine Lust mehr, und sie sah an mir vorbei, als wäre ich Luft. O.K., auch gut, eine hübsche Frau war sie ohnehin nicht, und ich rannte befreit und kichernd nach draußen.

Was gab es nun zu tun? Es hieß, Bhagwan würde erst wieder am 1. Mai vor versammelter Mannschaft erscheinen. Bis dahin waren noch einige Tage Zeit. Ich entschloss mich, nach Goa zu fahren. Es hatte mir vor einem Jahr so gut dort gefallen. Doch schon als ich ankam und dieselbe Bucht wiedersah, fühlte ich Enttäuschung. Es erschien mir alles so fade und abgeschmackt ohne Sabine. Ach, warum war sie nicht mitgekommen? Indien war doch unsere irdische Heimat, was hätten wir hier nicht alles zusammen erleben können! Nun waren da diese herrlichen Palmen, das warme Meer und all das, und sie hockte im trüben Hamburg über ihrer Diplomarbeit. Na trotzdem - ein trotziges "dann genieß ich es eben alleine!"

Lilly, die hübsche Inderin, in die ich einmal verliebt gewesen war, hatte ihr Restaurant aus der Palmenhütte in ein Steinhaus verlegt. Dort war es längst nicht mehr so gemütlich. Lilly lief ziemlich abgehärmt und verbittert mit einem kleinen Kind im Arm herum und bediente die wenigen Gäste, von denen mir keiner in Erinnerung geblieben ist. Die ganze Gegend kam mir verödet vor. Es war allerdings Vormonsunzeit, sehr feucht und heiß, und die meisten Freaks waren in den Norden nach Kaschmir oder Nepal aufgebrochen. Einige Situationen will ich jedoch skizzieren, weil sie für mein Selbststudium wichtig waren.

Eines Abends entstand in Lillys Restaurant ein erbärmliches Gezeter. Ein Kind war verschwunden. Ich war gerade gut angetörnt und schwebte in abgehobenen Zuständen, was ich damals noch naiv "Meditation" nannte. Ich raffte mich auf, und es ging für mich jetzt ohne Frage darum, dieses Kind zu finden. Die Suche war mühsam und erinnerte mich an die Situation, wo ich mir die Füße blutig gelaufen hatte, um Sabine zu finden. Es war kein christlicher Helfertrip, aber es musste sein, für mich, irgendeine nötige Erfahrung. Tatsächlich fand ich das Kind wimmernd, weit draußen am Strand, und trug es auf den Schultern wieder zurück.

Ein anderes Mal war es nur eine einzige, kurze Bewegung des Armes, die mir dermaßen intensiv ins Bewusstsein kam, dass ich glaubte zerplatzen zu müssen. Du meine Güte, wenn alle Bewegungen
des Körpers mit dieser Bewusstheit abliefen! Dann wieder war es der Blick über den weiten See oder Fluss, an dessen Ufer die Fischerboote lagen, wo das Gefühl aufkam, dass es nicht mein Blick war, sondern, in diesem Fall -eigenartigerweise - der Blick jenes Therapeuten Teertha, der in einer mir im Grunde ganz unerklärlichen subjektiven Rangliste die Nummer 7 erhielt. Um das Gefühl nachzuvollziehen möge man an den Zustand des Träumens denken. Wer träumt da? Der Traum kann doch jedem x-Beliebigen zugeschoben werden, Bilder, die ein unbekanntes Bewusstsein erzeugt. "Ich" empfand mich jedenfalls in diesem Zustand als Medium eines Untermeisters, dessen Seele gerade auf Wanderschaft war und dabei vorübergehend Augen benutzte,

die normalerweise stärker mit dem Namen "Christian" verbunden waren als mit dem Namen eines Herrn, der mir, stellvertretend für Bhagwan, zum Empfang in Poona das "Dritte Auge" gerieben hatte, so, dass ich glaubte, als Jesus auf dem See Genezareth herum zu wandeln, ha, ha, ha, - na und? Auch das geht vorüber.

Während der Überfahrt zur anderen Seite des Flusses war ich immer noch stoned. Zwei bezahlte Einheimische ruderten wie verrückt, schwitzten, sahen verstört auf mich und die Flussmündung, und die Fahrt wollte wieder einmal kein Ende nehmen. Na gut, das kannte ich mittlerweile, kleine Zeitdehnung, verzerrte Wahrnehmung, alles mein Traum. Bleiben wir eben etwas länger auf diesem Gewässer, das mir inzwischen nicht mehr als Fluss, sondern als Ozean erschien. Schließlich landeten wir am anderen Ufer, ich marschierte noch eine kleine Ewigkeit durch die Wüste, es waren vielleicht einige hundert Meter Sandstrand, dann kam ich an einen kleinen Bach, und es war ein herrliches Vergnügen, mich als Leiche von der Strömung ins Meer treiben zu lassen, bis es mir zu schaukelig wurde.

Als ich in die Nähe des nördlichsten Freaknestes von Goa gelangte, war es schon dunkel. Ich schritt am graden Ufer entlang, auf der rechten Seite der Palmenwald, auf der linken Seite das Meer, beide ewig rauschend, ewig still, vorne kleine Lichter wie weggeworfene Sterne, und ich hatte das deutliche Gefühl, überhaupt nicht vorwärts zu kommen. Ich habe diesen Effekt später bewusst erzeugt, indem ich starr auf einen Punkt blickte und beim gleichmäßigen Gehen stärker als gewöhnlich auf das Gewicht des Körpers achtete und darauf, wie und ob ich überhaupt im Körper bin. Wenn die Identifikation mit dem gehenden Körper unterbrochen ist, entsteht der Eindruck: „Ich bewege mich nicht" oder "ich bin überall und nirgends". Es ist wie im Kino. Das Geschehen auf der Leinwand suggeriert Bewegung, aber ich, der Beobachter, sitze still da. Dieser Vergleich hinkt allerdings da, wo sich der Beobachter auf einem Sessel in einem bestimmten Raum lokalisiert. Der wahre Beobachter sitzt nicht, er ist nicht lokalisierbar.

Doch weiter im Film. Der müde Held kehrt im ersten Palmhütten-"Restaurant" von Arambol ein und trifft auch gleich die zwei Darsteller, die in den nächsten Tagen eines genüsslichen Freakdaseins die Nebenrollen spielen werden: Dhyan Manfred und sein Diener. Sie waren, äußerlich sichtbar, Schüler von Bhagwan, zugleich aber auch Anhänger des berüchtigten Bum Shankar. Diese Kombination war damals noch möglich. "Bum Schankar". Riesige Joints kreisten. Da ich mich nun einmal in meiner neuen Universität, in der Fächer wie Philosophie nicht vorgesehen waren, für "Haschisch" eingetragen hatte (als Nebenfach), bemühte ich mich, als immer noch recht schüchterner Anfänger mitzuhalten so gut ich konnte. Trotz seiner tropischen Idylle war mir der Ort mitsamt seinen Manfreds und sonstigen Gehilfen im tiefsten Herzen unsympathisch. Dafür wurde ich zum ersten Mal mit dem wonnevollen Gefühl entschädigt: „ich bin Sabine". Wie das möglich ist? Nun, an Phantasie fehlt es mir ja nicht gerade. Das war eben so, als ob Sabine gerade sanft in

Hamburg schläft und träumt, in der Gestalt von Christian durch die mondscheindurchfluteten Palmenhaine von Goa zu wandeln und den Wellen zu lauschen; wenn sie aufwachte, würde sie alles wieder vergessen haben, vielleicht noch ein Gedanke. "war ich eben in Indien?" Ein tolles Gefühl. Für wen? Sagen wir mal, schizophren-zweideutig: Für mich.
Aus Arambol schrieb ich, wahrscheinlich bekifft, einen Brief an Sabine, in dem ich von dem "Easy Living", den Pancakes mit Manfred unter Palmen am Meer usw. schwärmte. Darauf sollte ich später den passenden Antwortbrief erhalten. Ja hätte ich doch brav in der Küche weitergearbeitet, dann wäre ich wenigstens - vielleicht - mein Ego losgeworden, oder abgehärtet oder weichgemacht oder - oder zumindest mit einem guten Gewissen zurückgekehrt. Ich bin wohl wirklich dazu verdammt, als fauler Genießer, Haschischfreak und Pancakefresser (dabei mag ich gar nichts Süßes, aber diese waren salzig, wie Omelette) ....
Nun rief aber Bhagwan aus Poona: "Große Verkündigung, Swami Christian, alles wartet auf dich, du weißt doch, mein Nachfolger..." und ich verließ Goa ohne die Wehmut von damals. Die „Satsangs", das stille Zusammensein mit dem Meister, was Musik nicht ausschloss, waren wirklich schön. Wenn Stille vibriert und vor Energie überströmt, dann ist lahmes Dahingedöse unmöglich. Das Ritual der "Gachchamis", drei gesungene Begrüßungsformeln und Verbeugungen vor dem Erleuchten Meister, erinnerte mich etwas unangenehm an meine kirchliche Vergangenheit. Einmal bin ich trotzig aufrecht sitzen geblieben, während sich alle anderen –

Tausende - ehrfürchtig verbeugten. Das war eine interessante Erfahrung: wie ein Baum, der vom Sturm fast umgeknickt wird, weil er sich weigert, sich zu biegen, saß ich allein da und schaute verwundert auf Bhagwan und die 20 Leibwächter, die wie Statuen auf die sich beugende Masse herunterblickten. Ich fühlte eine Art Wut in mir aufsteigen. Vor wem verbeugen sich hier eigentlich alle? Und warum? Ist das natürlich? Seitdem habe ich beim Verbeugen meistens an mich selbst gedacht - ich verbeuge mich vor mir selbst, das ist o.k. Aber es gibt dann doch immer wieder Momente, wo ich nach einer intensiven, tollen Meditation ganz spontan und allein die "Gachchamis" mache und mich nicht vor mir selbst verbeuge, sondern vor Bhagwan. Das ist erst recht o.k. Ich fürchte, dieses Buch wird ganz und gar kein Renner, ist das o.k.?

+++

Wir sind in Poona, Mai 1981. Ich fühlte mich immer noch hingezogen zur Freakszene, zu den Hütten am Fluss, auf den Feldern und an den Brunnen, wo man nackend baden konnte. Ein neues Restaurant war an einem der Brunnen entstanden. Es hieß "Edolionopty". Einige Sannyasins hatten ihre Hütten darum herum aufgebaut, ein Zaun aus Bastmatten umschloss das kleine Dorf als Schutzwand. Dort wohnte ich einige Zeit, meistens draußen unter freiem Himmel auf einer Bastmatte schlafend, der "Lungi", ein indisches Kleidungsstück, diente als Decke. Neben meinem alten Freund Purnam, mit dem zusammen ich schon im vergangenen Jahr den "Pyramidentreff" organisiert hatte, lebten dort noch der schon erwähnte "pancake" oder "joint"-Manfred, ferner ein ruhiger Schweizer, sicher schon weit über 40, mit schulterlangen schwarzen Haaren und einem prächtigen Bart, der das Restaurant eigentlich leitete, und ein verrückter Astrologe, der mit irrem Augenausdruck die Prophezeiungen des Nostradamus wiederverkündete. Natürlich wohnten in dem Dorf noch mehr Sannyasins, und tagsüber war der Platz darüber hinaus manchmal überfüllt mit Gästen, die im Brunnen schwimmen wollten. Doch die vier genannten Personen waren für mich damals die wichtigsten.

Das Lieblingsthema des Astrologen war der für das auslaufende zweite Jahrtausend vorausgesagte "König" Heinrich der Glückliche, der Europa vereinen und ein Goldenes Zeitalter herbeizuführen bestimmt sei. Der Astrologe war nicht allzu beliebt, weil er Tobsuchtsanfälle bekam und damit die Gäste verschreckte. Manche Gäste wollte man allerdings auch los sein, z.B. die neugierigen indischen Bettler und Händler, und da war der zornige Prophet, der mich an die Gestalt des Täufer-Johannes erinnerte, ganz nützlich. Er hat mich mit dem betörenden Gedanken infiziert, ich könnte im nächsten Leben als Heinrich der Glückliche wiedergeboren werden. Die Infektion war aber harmlos. Der große, imposante Schweizer Häuptling dagegen wurde mein Freund, und darauf war ich stolz.

Joint-Manfred war interessant für mich unter folgendem Aspekt: wie kann jemand so viel Haschisch rauchen, ohne Angst, ohne sichtbares Zeichen von Verwirrung? Er schien in seiner Abgebrühtheit und derben Männlichkeit das genaue Gegenteil von mir zu sein. Nach Purnam wiederum hatte ich mich in Deutschland manchmal gesehnt. Wir wollten wieder zusammen musizieren. Aber es war traurig, wie diese Freundschaft sich nun immer mehr dahingehend entwickelte, dass er mich ständig anpumpte und sich bald wegen seines schlechten Gewissens, nicht zurückzahlen zu können, in alle möglichen Entschuldigungen und Lügen verstrickte und die Begegnung mit mir vermied. Mir fiel damals auf, dass der selbsterniedrigende Ausdruck des "schlechten Gewissens" viel unangenehmer ist als die schlichte Tatsache, dass jemand seine Schulden nicht zurückzahlt.

Die Veränderung in meinem Verhältnis zu Purnam war so etwas wie ein Symptom, ein beispielhafter Ausdruck für eine tieferliegende, grundsätzliche Veränderung, die seit meinem ersten Poonaaufenthalt in mir geschehen sein musste. Goa war beim ersten Mal ein Märchenparadiesgewesen, beim zweiten Besuch kam es mir vor wie eine langweilige, kleine, künstlich aufgewärmte Ostseebucht, in der ein paar Spießer Hippies mimten. Und der Aschram hier? Da gab es Einiges zu bemäkeln. Ein routiniertes Geschäftsunternehmen, wo die Leute stolz erzählten, sie hätten nun einen Essenspaß erhalten, nachdem sie drei Monate lang unentgeltlich zehn Stunden am Tag gearbeitet hatten. Nun endlich das Privileg: Essen umsonst zu bekommen. Oder jemand war vom Küchenpersonal aufgestiegen zum Wächter, durfte an irgendeinem Eingang sitzen und andere zur Ordnung rufen, sich Passierscheine vorzeigen lassen, eine verantwortungsvolle Aufgabe: man war wichtig. Der Vergleich mit dem, was ich mit Sabine erlebt hatte, ließ mich nicht mehr los.

Dagegen erschien die ganze Sache hier banal und hohl, wie in diesem scheußlichen Märchen im "Woyzeck" von Büchner: als das Kind zum Mond kam, wars ein Stück schimmlig Holz. Die Chance, das Gewöhnlichsein akzeptieren und genießen zu lernen, in der Küche zu arbeiten und dafür dankbar zu sein, hatte ich wohl verpasst. Stattdessen war ich nun fast ständig bekifft, um dem Gefühl banaler Alltäglichkeit zu entkommen.

Es formte sich eine illusionäre Vision, so bizarr und rauschhaft, dass der nüchterne Betrachter sich kaum vorstellen kann, wie so etwas überhaupt möglich ist. Ich bildete mir tatsächlich ein, dass Sabine und ich als eine Art Doppelwesen, ineinander verschmolzen, an Bhagwans Stelle treten, wenn er nun demnächst seinen Körper verlässt. Der Trick dabei war, dass diese Ablösung auf einer so hohen Bewusstseinsebene vonstattengehen würde, dass niemand etwas davon mitbekommt. Der Aschrambetrieb, der mich ohnehin nicht besonders interessierte, läuft normal weiter, es gibt die ehrgeizigen und tatkräftigen Organisatoren, Therapeuten und die vielen :fleißigen Arbeiter, wie in einer riesigen Pyramide, aber die Spitze ist über den Wolken, in jener ganz anderen Welt, jenseits von Zeit und Raum. In dieser Position erlebte ich mich in manch einem Haschischrausch. Die Sache klingt absurd, wenn der Maßstab einer objektiven Wirklichkeit angesetzt wird. Aber im Bereich des subjektiven Erlebens kann jeder Wahn Wirklichkeit werden, zumindest zeitweise. Ich werde im Folgenden noch einige Szenen und Situationen etwas genauer beschreiben, wenn es auch peinlich anmuten oder auf die Nerven gehen mag - die Penetranz ist beabsichtigt.

Im Haschischrausch wird alles verstärkt. Z.B. kommt der Gedanke auf, dass Sabines Geist in meinem Körper gegenwärtig ist, nicht nur deutlich für mich allein fühlbar, sondern in einer Weise nach Außen hin sichtbar, dass die Leute mich fasziniert oder entsetzt ansehen. Möglicherweise hat der Gedanke meinen Gesichtsausdruck so verzerrt, dass tatsächlich der eine oder andere verwundert guckt - meine Interpretation ist jedoch: die Anderen sehen ein Doppelwesen, gleichzeitig oder im schnellen Wechsel ein männliches und ein weibliches Gesicht. Die naheliegende Frage: "wie siehst du mich? Ist irgendetwas Besonderes?" kam mir dabei nicht in den Sinn. Mir war die Sache selbst unheimlich, und ich wollte nicht auffallen.

Ein anderes Beispiel. Ich sehe in einem Sannyas-Heft Fotos von dem vor einigen Monaten verstorbenen Sannyasin Vimalkirti, der von Bhagwan für erleuchtet erklärt wurde. Ich kannte den Menschen nicht, aber die Bilder von dem Leichnam beeindruckten mich. Kurz darauf wird mir ein Joint gereicht, alles bekommt wieder seine unendlich tiefe Bedeutung, nichts ist zufällig - erst diese Bilder, dann der Joint, jetzt liege ich selbst da wie ein Leichnam und habe das Gefühl, im Körper von Vimalkirti zu sein, ja, ich bin jetzt dieser Vimalkirti, erlebe, wie Bhagwan beruhigend spricht: "der Körper ist nur eine Hülle", ja wirklich, der Körper ist schon tot, aber ich bin bewusst, lebendig! Und wie gehts weiter? Die Augen öffnen sich, und der Körper liegt auf der

Matte im "Egolionopti". Bin ich nun Vimalkirti in einem neuen Körper, wiedergeboren, oder ... Christian, ... ach ja, "Christian" ist jetzt mein neuer Name, ha, ha, zu komisch, Vimalkirti lebt weiter als Swami Christian. Doch das ist wohl nur eine vorübergehende Teilhabe dieses bekifften Swamis an einem höheren Bewusstsein.

Allmählich beruhigen sich die Gedanken. Das Bewusstsein kann sich anscheinend mit jedem beliebigen Namen und Körper identifizieren. Gibt es überhaupt so etwas wie eine authentische Identität, irgendein verlässliches Kriterium dafür, dass ich dieser bin und nicht jener? Natürlich, die Erinnerung, die Bilder der Vergangenheit. Aber wenn ich auch die nicht mehr als "meine" erlebe? Ist das alles nur eine Sache von Worten wie "ich", "mein", "Du", "Dein", - verschwindet mit den Worten jegliche Ich-Identität? Ist der Unterschied zwischen Ich und Du nur durch die Sprache geschaffen?

Was ich hier und jetzt erlebe ist alles, mehr existiert nicht. Eigentlich muss diese Behauptung idiotisch erscheinen, denn ich weiß doch, dass jenseits meines Horizontes noch viel mehr existiert. Aber dieses Wissen kommt aus Gedanken und Vorstellungen. Ohne sie käme überhaupt nicht die Idee auf, dass das Bewusstsein begrenzt ist. Was bedeutet "Bewusstseinserweiterung"? Wenn z.B. Geräusche, die vorher von Gedanken verdeckt waren, nun klar und deutlich wahrgenommen werden. Sind Gedanken in jedem Fall störend? Ja, aber sie abzulehnen verstärkt sie.

Meistens dachte ich an Sabine. Jeden Morgen nach dem Satsang eilte ich zum Aschram Postoffice in der Hoffnung, einen Brief von ihr zu bekommen. Ganze Nächte verbrachte ich im Hauptpostamt der Stadt Poona, um sie telefonisch zu erreichen. Zweimal kam die Verbindung zustande, dann wollte sie nicht mehr ans Telefon kommen. Was war geschehen? Die Briefe, die ich bisher erhalten hatte, waren schon vor Wochen geschrieben worden und klangen, sehnsüchtig und traurig. Wollte sie mich vergessen, war das alles zu viel für sie, hatte sie einen Anderen kennengelernt und sich verliebt?
Die ersten Vormonsun-Gewitter ließen mich nach einem anderen Schlafplatz suchen. Aber das war eher ein äußerer Anlass für die innere Notwendigkeit, die Situation zu verändern. Es gefiel mir zwar, im Brunnenrestaurant die Rolle des Haus-und Hofmusikers zu spielen, vor allem, wenn sich eine Gruppe hübscher Mädchen um mich scharte und wir zusammen sangen. Aber auf der anderen Seite hatte ich ein schlechtes Gewissen. Der Ort war als Kiffer- und Freakloch verrufen. Eine solche Szene rangierte in der Gesellschaftsordnung des Aschrams an unterster Stelle. Nur wenige dieser Outsider rafften sich auf, morgens zum Satsang zu gehen, geschweige denn im Aschram zu meditieren, Therapiegruppen zu machen oder gar zu arbeiten. Nö - man war von all dem offiziellen Kram ganz unabhängig. Aber diesen Zustand hatte ich ja schon im letzten Jahr ausgekostet, und damals war es wohl auch genau richtig für mich gewesen. Nun meldeten sich Zweifel, ob ich mich mit einer solchen Haltung nicht selbst betrüge. Sicher, es war immer noch ein intensives

und angstvolles Unternehmen, mit Manfred und den anderen Kiffer-Experten zu rauchen, morgens um 7 ging es los, und dann, im Bewusstsein, gestorben, erleuchtet, Bhagwanisch zu sein, zum Satsang zu schreiten, durch den Energiesturm zunehmender schizophrener Drei-Einigkeits-Halluzinationen hindurch - ich fühlte mich als Bhagwan und Sabine zugleich - das erschien mir als mein wahres Wesen, und dazu noch die Angst, es könnte mir und allen anderen zuviel werden - ganz ruhig bleiben, ganz normal, ich bin ein Niemand... dabei hatte ich das Gefühl, mich von innen heraus wie eine Atombombenexplosion auszubreiten. Wie konnte Bhagwan in diesem Körper hier sein und zugleich dort in der Buddha-Halle in seiner bekannten Gestalt erscheinen? Manchmal wollten es die Umstände, dass ich außerhalb der Halle blieb. Da hörte ich eine Geige spielen und war sicher: das ist Sabine (obwohl sie weder hier sein noch Geige spielen konnte). Ich wünschte es mir so sehr, dass ich es glaubte, und freute mich für sie - ja, ich wollte sie geistig unterstützen. Sie hat ja sicher beim Spielen die Augen geschlossen, genau wie ich jetzt auch, die Trennwand der Entfernung wird durchlässig, ich versetze mich in ihre Situation und spiele mit ihr zusammen, helfe ihr bei der abenteuerlichen Aufgabe, vor Bhagwan Geige zu spielen. Sind wir nicht Innen ununterscheidbar eins?

Ein anderes Mal musste ich mich an den Rand der Halle, zu der "unteren Kaste", setzen, zu denen, die entweder gerade aus dem Westen gekommen und keine Sannyasins waren oder die sonst irgendwie "stanken". Vor mir saß die hübsche

Leiterin jener Encountergruppe, die ich im letzten Jahr mitgemacht hatte. Als ich freundlich "Hallo" zu ihr sagte, fauchte sie mich bitterböse an. Sie war tatsächlich "stink"sauer, dass man Ihre Hoheit in diesen Winkel der Unberührbaren gepackt hatte. Auch sie war für mich eine Variation von Sabine. Erstens, weil diese Frau in der damaligen Encountergruppe zwei Männer in ihr Bett bestellt hatte - einen harten Drauf- und einen weichen Kirchgänger (wobei der Letztere, genau wie ich damals in Gran Canaria, das Feld räumen musste). Zweitens, weil ich mir gut vorstellen konnte, dass Sabine hier im Aschram ähnliche Hämmerchen auf ihren Heiligenschein abbekommen und ebenso kratzbürstig giftig darauf reagieren würde. Und drittens, weil ich mittlerweile in fast jedem Wesen Sabine sah.

Im Zusammenhang mit dem "heiligen Dreier" ist noch Manches passiert. Z.B. traf ich eine liebe Freundin wieder. Purnam hatte mir zwei Wochen vorher ein Bild von ihr geschenkt - wie sie dasaß, im Lotussitz, wirklich sehr anrührend und erhaben schön, erinnerte mich natürlich an Sabine. Nun stand dieses Mädchen namens Shanti leibhaft vor mir, und eine starke erotische Anziehung zog sie von ihrem Freund, den sie aus Europa mitgebracht hatte, und der still und sanft wie ein Lamm an ihrer Seite stand, zu mir hin. Es war glasklar, dass sich die Situation der Gran Canaria Nacht mit anderer Rollenverteilung wiederholen sollte. Shanti verschwand mit mir in einer Hütte, der Freund blieb als Opferlamm draußen stehen, in meiner früheren Rolle. Ich fühlte keine Gewissensbisse. Er schien bereit, das zu lernen, was ich gelernt hatte. Zum Glück wiederholt sich im Leben nichts ganz genau, es ist eher ein Thema mit reizvollen Variationen. So eine blöde Rolle, wie sie jener Hermann nachträglich abbekommen hatte, brauchte ich im Anschluss an dieses Erlebnis nicht zu spielen. Shanti, ihr Freund und ich, wir verstanden uns weiterhin gut, wir respektierten und mochten uns. Die Beiden blieben übrigens noch jahrelang eng befreundet. Hier herrschte eben eine viel höhere, liebevollere Grundschwingung als auf der Atlantis- Insel.

In eine andere Dreierkonstellation geriet ich, als ich vom Egolionopti in eine feste Behausung umzog. Mein Freund Albert, engagierter Musiker - ich hatte ihn schon ein Jahr zuvor in der Pyramide kennen-und schätzen gelernt - lebte dort mit seiner Freundin. Ich übernahm den Platz einer Sannyasin, die nach Deutschland zurückwollte, und die mir, einfach so, ihre Geige schenkte, nachdem ich einige Minuten darauf improvisiert hatte. Na, das war ja ein toller Empfang. Hatte ich schon im Brunnenrestaurant viel gespielt, mindestens vier Stunden am Tag, so ging es nun erst richtig los. Von morgens bis nachts um fast ununterbrochen Musik. Im kühlen Wohnraum, im Satsang, auf den Straßen, am Brunnen, in Cafes, im Aschramgarten, abends in der Musicgroup, in den Restaurants, auf Feten.

Albert und ich wollten öffentliche Konzerte geben, aber die Konkurrenz war beachtlich. Es gab viele gute Musiker im Aschram, und um in den Restaurants spielen zu können, musste man schon Beziehungen haben. Wir wollten ja außerdem noch etwas Geld verdienen, denn mit unserer

Barschaft sah es wirklich schlecht aus. Da es in der Luft lag, dass sich der Aschram bald auflösen würde, überlegten wir, wie es in Deutschland weitergehen sollte. Mir kam die Idee, eine Art Musik-Meditationszentrum aus dem Bauernhof zu machen, auf dem Albert vorher gelebt hatte. Wir schrieben einen Brief an Bhagwan, in welchem wir die Idee skizzierten und um einen Rat baten. Wenige Tage später betraten wir aufgeregt das "Office" und erhielten dort eine Urkunde für ein Rajneesh-Meditationscentrum. Das war ja nun wirklich mehr, als wir zu hoffen gewagt hatten.

Nicht genug damit, es kam sogar dazu, dass ich im Satsang vor Bhagwan und den Tausenden von andächtigen Zuhörern in der Musikgruppe mitspielen durfte. Dagegen ist jeder noch so pompöse Auftritt auf irgendeiner der großen Musikbühnen der Welt eine Banalität. Denn hier wird wirklich gehört. Es herrscht eine Bewusstheit, die nicht nur die musikalisch-technische Ebene durchleuchtet, sondern den ganzen Musiker als Menschen. Jeder Gedanke beim Spielen würde wie ein peinlicher Furz durch die Stille dröhnen. Und so etwas Ähnliches passierte mir denn auch. Zum Vorspiel gehörte, dass ich während eines Satsangs, als ich an dem dafür vorgesehenen Platz tanzte, Bhagwans Blick spürte. Ich dachte oder fühlte dabei so etwas wie: "Ja, ja, sieh mich ruhig an, ich bin total gut drauf, hallo, tolle Sache, dieses Leben, wie?".

Nach diesem Satsang ging ich frech zu den Musikern und sagte zur Chefin: "ich möchte hier mitspielen." Sie sah mich prüfend an und fragte: "was spielst du?" „Viola." „O.K., komm Freitag um 14 Uhr zum so-und-so Haus." Probe? Ich hatte geglaubt, hier würde spontan improvisiert. Das ist doch gerade das Abenteuer, wenn man nicht weiß, was der nächste Moment bringt? Na, es wurde wirklich intensiv geübt, stundenlang. Die Musiker akzeptierten sogar ein Thema von mir. Es war eine ganz andere Atmosphäre als die ausgespacete Kiffer-Musizierhaltung, an die ich mich schon gewöhnt hatte. Nüchtern, konzentriert, pingelig, ermüdend. Mir dämmerte etwas vom Wert der Arbeit, doch das Licht glomm nur kurz auf.

Vor der großen "Aufführung" kam wieder die ganz subjektive Prüfungsfrage auf mich zu: bekifft oder nüchtern spielen? Im bekifften Zustand würden die Erlebnisintensität und das Risiko ungleich höher sein. Insgeheim sehnte ich mich nach dem großen Knall, danach, dass die Situation so extrem wird, dass ich aufwache in einer anderen Welt, auf der Atlantis-Insel, in nie endender Umarmung mit Sabine. Sabine hatte mich übrigens in einem ihrer Briefe dazu ermutigt, Bhagwan unser Lied "My love is like a river" vorzusingen, aber ohne Drogen zu nehmen. Es würde eine wichtige Aufgabe für mich sein. Nun war das zwar mit diesem Lied nicht möglich, aber immerhin durfte ich vor ihm spielen.

Wenn ich auch oft, vor allem nach einem Joint, glaubte, dass Haschisch sehr eng mit meinem derzeitigen Weg zu mir selbst verbunden war, wusste ich doch zugleich auch, dass ich mir damit selbst etwas vormachte. Also Risiko hin, Angst her - ich ging nüchtern und ohne besondere innere Erregung zum Spielen, ganz normal.

Und es lief auch alles normal bis auf die Tatsache, dass ich, als wieder ein kleiner Abschnitt aus dem Buch "The Prophet" von Khalil Gibran vorgelesen wurde, an einer bestimmten Stelle mordsmäßig laut niesen musste, der Schnodder flog satt durch die Gegend, ich kicherte etwas, aber es war mir kaum peinlich, und die Chefin, eine hübsche, spanische Flötistin, reichte mir mit viel- oder nichtssagendem Gesichtsausdruck ein riesiges Taschentuch. Es passierte an jener Stelle im Text, wo es um zwei Philosophen ging, der eine mit einer positiven, der andere mit einer negativen (Hatschi!) Lebenseinstellung, und eine dritte, geheimnisvolle Gestalt meint dazu, es gäbe keinen Grund zum Streit, weil beide Einstellungen richtig seien und sich gegenseitig ergänzten.

+++

Aus dem Moment
Die Wunschwelt - mit Sabine in ewig sich steigernder Liebe - ist aus den Elementen der Wirklichkeit gebaut, doch ohne die Kraft, die Lebendigkeit, das Geheimnisvolle dieser Elemente erkannt zu haben. Dann ist das Baumaterial tot. Daher das Leid unerfüllter Sehnsucht und die Langeweile erfüllter Wünsche.
Ich fühle mich jetzt leer, möchte mich mit schönen, interessanten Eindrücken füllen, statt dazusitzen und dem ewig gleichen, negativen Geleier des Kopfes zuzuhören. Es soll einen Zustand geben, in dem man vor Seligkeit und Liebe überströmt, und der soll sogar unendlich sein - so habe ich

Bhagwan verstanden. Er tritt jedoch nur ein, wenn ich nicht vor dem Alleinsein und der inneren Leere fliehe.

Im Moment fällt es mir schwer, die Vergangenheit mit Worten zu wiederholen. Lieber möchte ich aufschreiben, was mir gerade durch den Kopf geht oder vielleicht eine Geschichte erfinden. Ich wollte Ruhe haben und allein sein - das habe ich jetzt. Aber der Grund aller Unruhe ist: ich will es mit mir allein nicht aushalten. Woran liegt das? Woher kommt diese Sucht nach Ablenkung, dieser Drang: "nur weg von mir"? Liegt es daran, dass der Kopf fremdgesteuert ist, dass die Stimmen, die mich ständig belabern, zu Menschen gehören, die mir zuwider sind? Wie kann ich diesen Stimmen entkommen? Der nächstliegende Weg ist Betäubung. Kino, andere Menschen, Musik. Im Moment stehen mir nur Alkohol und Zigaretten zur Verfügung, und davon mache ich reichlich Gebrauch. Klar, ein bis zwei Stunden sitze ich still da, mit geschlossenen Augen, und beobachte die Gedanken, Stimmungen, Empfindungen, Geräusche. Soll Meditation sein. Ist auch nicht schlecht, manchmal sogar toll; solange ich so da sitze. Aber schon eine Minute, nachdem ich die Augen geöffnet habe, ist alles wieder wie vorher. Und das probier ich nun schon seit über vier Jahren fast jeden Tag. Der Zustand einer andauernden, überfließenden Energie hat sich bisher nicht eingestellt. Manchmal hielt sich eine Art Ekstane über einige Stunden, aber das geht auch mit Alkohol oder Haschisch.

Wahrscheinlich ist schon der Drang, gut drauf sein zu wollen, der eigentliche Hinderungsgrund. Also sag ich mir, was

soll's, ich will ja gar nicht High sein, ist ja alles o.k. so, die Langeweile, der Frust, die Kälte, die Einsamkeit, die enttäuschte Liebe, - dufte, noch ein Gläschen "Rheinhessen trocken"? Nicht schlecht, das Zeug, die Marke verrat ich nur, wenn ich dafür bezahlt werde, hä, hä, vielleicht sollte ich gezielt Schleichwerbung einbauen und mich damit wenigstens aus dem Existenzminimum-Schuldnerdasein herauskaufen? Weihnachten ist gerade vorbei. Eine Kerze brennt.
Das Gemeinste, was je erfunden wurde, ist die Verurteilung. Das gibt es außerhalb des menschlichen Kopfes in der gesamten Natur nicht. Sicher, ein Tier frisst ein anderes auf, und der Schwächere hat Angst vor dem Stärkeren. Aber kein Löwe würde zur hinkenden Gazelle sagen: "Du bist nicht wert zu leben, du bist eine Fehlinvestition, ein Versager!" Nein, die Anerkennung, als Futter geschätzt zu werden, ist unschätzbar wertvoll gegenüber dem, was Kinder, als empfängliche Blankoschecks, an gemeinen Geringschätzungen von ihren wohlmeinenden Erziehern (unbewusst natürlich) draufgeschrieben bekommen. Die (Selbst-) Verurteilung wird weitergegeben. Das ist wahre "Erbsünde" - dieser fiese Begriff der Erbsünde sollte aber endlich ganz verschwinden.
Wir sind nun wieder ganz entspannt im Hier und Jetzt, der Atem fließt gleichmäßig und ruhig, der Körper ist entspannt, ein warmes, wohliges Gefühl breitet sich aus, die Gedanken werden weniger, immer weniger...
Durch Selbsthypnose verschwinden. Ein Ausweg?
++++

Zurück in die Vergangenheit. Poona, Mai 81. Die wildesten Gerüchte kursierten im Aschram. Bhagwans Körper sei so krank, dass er in die Schweiz geflogen werden müsse, um dort von Spezialisten operiert zu werden. Aber auch der Aschram sollte verlegt werden, wahrscheinlich nach Nordindien. Es war hier viel zu eng und zu touristisch geworden.

Die Nachricht, dass sich der Aschram in Poona in Auflösung befände, hatte wohl auch Europa und Amerika erreicht. Der Zustrom von Wahrheitssuchern war verebbt. Stattdessen kamen täglich Busse aus ganz Indien angerollt, voll mit Neugierigen, die noch etwas von den berüchtigten Sexorgien erhaschen wollten. Tja, da waren sie von den indischen Bildzeitungen auf die falsche Fährte gelockt worden. Hier wurde gearbeitet, und zwar rund um die Uhr.

Je mehr Sannyasins ihre Habe verkauften, um in den Westen zurückreisen zu können, desto mehr wimmelte die ganze Umgebung von indischen Händlern und Kaufwütigen - wie die Aasgeier, ekelhaft. Es wurde also höchste Zeit, die Koffer zu packen, d.h. ich hatte sowieso nur eine Plastiktüte und die Bratsche mitgenommen, nun war noch eine schöne Geige dazugekommen. Nachdem Bhagwan tatsächlich in einem Flugzeug abgereist war, hatten wir hier nichts mehr zu suchen. Mein Bruder Arne hatte mir Geld für ein Rückflugticket geschickt, vielen Dank. Nun ging es darum, über spezielle Agenten einen Platz im Flugzeug zu bekommen, denn der Rückstrom-Andrang war ebenso vehement wie meine Sehnsucht nach Sabine.

Ihr letzter Brief klang allerdings nicht sehr einladend. Sie schrieb darin, dass sie nach einer Dynamischen Meditation im Hamburger Bhagwancenter stinksauer auf mich sei. Sie warf mir vor, dass ich meine Mitmenschen skrupellos ausnutze, und dass ich mich dort, im Aschram, ja wohl am richtigen Ort befinde, denn dort würde nur gebettelt und geklaut werden, ich könne zwar weiter meine Pancakes mit Leuten wie Manfred fressen, aber ich solle mir ja nicht einbilden, dass sie zuhause als meine liebevolle Frau auf mich warte - "aber such nur weiter nach der Wahrheit, suchen ist ja auch ganz schön" - und so ging das seitenlang. Ich war damals sehr geknickt und erzählte die Sache jener Frau, die mir so ohne weiteres die Geige geschenkt hatte. Sie lachte über den Brief und sagte: "So ein Blödsinn, lass dich doch nicht fertigmachen - die ist nur wütend und neidisch, weil sie selbst den Sprung hierher nicht gewagt hat."

Naja, nun saßen Albert und ich, mit diversen Instrumenten beladen, im Zug nach Bombay. Wir hatten ihn gerade noch erwischt, und in wenigen Stunden würden wir im Flugzeug sitzen. "Weißt du was", sagte er zu mir, "ich hab meine Mala (die Holzperlenkette mit dem Bhagwanbild) vergessen." Hm. Zurück konnten wir nicht mehr. Gut, dass ich daran gedacht hatte, meine mitzunehmen, wo ich sonst so vergesslich bin. Beruhigt besah ich meine Mala. Aber was war das? Diese seltsamen Kerben in den Holzperlen- das war gar nicht meine Kette. Ich verdrängte den kleinen, kalten Schreck, unterbrach die sofort aufkommende, innere Diskussion, ob ich meine Entdeckung mitteilen sollte und sagte, lakonisch -

so wie Bhagwan Witze vorgelesen hatte: "Kein Wunder, dass du deine Mala nicht hast, die hängt nämlich hier." "Sag bloß, zeig mal, tatsächlich; ja was machen wir denn da?" "Da gibt's doch nichts zu überlegen. Das ist deine Mala, also nimm sie schon." "Und was machst du?" "Was soll ich machen? War doch meine Unbewusstheit, die falsche Mala zu grabschen." "Ne, wenn ich's mir recht überlege, war ich doch noch unbewusster. Schließlich bin ich ganz ohne Mala losgetobt. Behalt sie mal. Im Moment habe ich nicht das Gefühl, dass ich eine brauche." Wir mussten beide lachen. Was das wohl wieder zu bedeuten hatte? Zwei Centerleiter mit einer Mala - das hielt uns aneinander gebunden. Also blieb es dabei. Ich behielt vorerst seine Mala.

In Warschau stiegen wir um, Albert flog nach Frankfurt weiter, ich nach Berlin. Welch eine Höllenstimmung herrschte hier im Warschauer Flughafen. Selten habe ich so deutlich die angestaute Aggression und Verzweiflung von Menschen zu spüren bekommen. Müssen diese armen Leute ständig so leben? Ich war froh, als ich nach stundenlangen Zollkontrollen endlich in der Propellermaschine saß. In Ostberlin dasselbe Theater. In meiner Wahrnehmung und Sensibilität hatte sich Einiges geändert. Denn beim Letzten Rückflug aus Poona vor einem Jahr hatte ich alles als einen köstlichen Witz, als Maskerade empfunden. Aber nun fühlte ich die psychische Realität der Menschen um mich herum. "Ich muss lernen, wie man die Grenze zwischen sich und den Anderen zieht", dachte ich. "Der Leidensdruck ringsherum droht mich zu erwürgen."

In Westberlin war es besser, aber im Prinzip nicht anders. Ich erholte mich im Meditationscenter. Dort wurde jeder Neuankömmling aus Poona mit Spannung erwartet - neueste Message? Der Satsang mit den Gachchamis wurde hier per Kassette, ohne live-Musik, zelebriert. Ich schlug vor, statt der Kassette selbst Musik-zu machen, und so kam der erste Live-Satsang in Berlin zustande. Es war wohl auch das erste und letzte Mal, dass ein Musiker ganz allein den Satsang gestaltete. Obwohl ich eine Ma nach meinem Geschmack kennenlernte, war der Sog zu Sabine doch viel stärker, und so fuhr ich wenige Tage später, wieder einmal mit einem Kifferswami, dem sinnigerweise der Name "der -Süße" zugekommen war, im Auto nach Hamburg. Früher erschien mir die Fahrt von Berlin nach Hamburg immer endlos, diesmal auch, aber positiv. Ich genoß jeden Moment und hatte es gar nicht eilig - seltsam, da mir doch die zwei Monate der Sehnsucht nach Sabine wie Jahre vorgekommen waren.

Schließlich betrat ich, nun doch ziemlich aufgeregt, die vertraute Wohnung. Sabine war nicht da, würde aber demnächst zurückkommen. Ich setzte mich in ihr Zimmer und meditierte. Ich hatte keine Angst, abgelehnt zu werden, ich wusste einfach, dass sie sich freuen würde. Nach einiger Zeit - ich, war wohl eingeschlafen - wurde ich mit großem Hallo geweckt. Sabine fiel über mich her, lachend, mich boxend und umarmend, im ersten Moment erkannte ich sie kaum wieder. "Ach Christian, ich wusste gar nicht, dass ich dich doch noch so lieb habe, und ausgerechnet heute bist du zurückgekommen, wo ich alle meine alten Freunde eingeladen habe."

Tatsächlich, da waren ihre Freunde, der temperamentvolle Südamerikaner Jose, der sensible, humorvolle Gitarrist Jürgen und ein paar andere. Ich mochte diese Freunde gern. Es wurde ein wunderschönes, lautes Freudenfest auf Sabines Bett. Die Gitarren spielten, wir sangen, der "böse" Paul von nebenan kam giftig herbeigeeilt und beschwerte sich über den Krach, Jose stürzte sich auf ihn, na, es ging hoch her! Und irgendwann lagen wir dann zu zweit - allein- im Bett. Wie schnell und vorübergehend sich doch eine so lang angestaute Sehnsucht erfüllt!

7: Juli 1981 - März 1982.

Mit Sabine in Hamburg, Amsterdam, erste Trennung

Es sollte nicht dazu kommen, dass alles wieder wie gewohnt verlief. Bhagwan ist so eine Art Virus gegen jede Art von Gewohnheit, und die Infektion war unheilbar. Ich weiß, der Intellekt sträubt sich dagegen, das Phänomen der Bewusstheit, des authentischen Lebens, der Rebellion gegen das Eingemachte und Eingefahrene schlicht "Bhagwan" zu nennen. Aber dieser Virus ist nun einmal einfach wie die Farbe rot, und komplizierte Beschreibungen und Analysen können das Phänomen auch nicht erlebbarer machen. Also bleibe ich dabei: der Erleuchtete Meister infiziert seine Freunde mit einem rebellischen Virus, der zum .Beispiel nicht zulässt, dass Liebe zur Ehe wird, natürlich gegen den normierten Willen der Liebenden.

Das Wiedersehensglück mit Sabine dauerte nur einige Tage. Sie hielt sich, um "in Ruhe" an ihrer Arbeit schreiben zu können, bei ihrer Mutter auf, die mich hasst wie kaum einen anderen und vermutlich dementsprechend auf Sabine einredete. Es war übrigens doch fast so weit gekommen, wie ich es damals, vor meiner zweiten Poonareise, erhofft hatte. Sabine hatte nach vielem Hin-und Her einen Flug nach

Bombay gebucht, leider bei jenem ausgeflippten indischen Swami, der aus reinem Enthusiasmus, ohne irgendwelche Geschäftskenntnisse, eine Billig-Flugreise-Gesellschaft gegründet hatte und natürlich Bankrott ging, als sich der Aschram in Poona aufzulösen begann. (Die Information habe ich von Mitarbeitern). Auch Sabines 1400.- DM waren futsch. Das dürfte ihre Einstellung, dass Sannyasins zum "leichten Leben" und zu Betrug neigen, bestärkt haben. Aber so verhält es sich wohl immer mit Erwartungen, selbst Wissenschaftler fallen darauf herein. Die Hypothese wird nicht neutral gesetzt, sondern geglaubt, und dieser Glaube sortiert dann aus und führt zu den gewünschten Ergebnissen. Man nennt so etwas auch "Vorurteil".

Im Laufe der Zeit sollte das Vorurteil, das sich hauptsächlich zusammensetzte aus negativen Meinungen Anderer, die wiederum nur durch die Presse informiert waren, bei Sabine die Oberhand gewinnen. Und ich bin sicher, dass es mir ähnlich ergangen wäre, hätte ich nicht Bhagwan selbst gesehen und seine Vision zumindest in dem Maße verstanden, dass mir die üblen Nachreden und das Gehetze der Medien nichts mehr ausmachen konnten. Gerade im Sommer 81 schienen die Gegner eines unbekannten Feindes triumphieren zu können. "Sex-Guru lässt seine Anhänger im Stich - Verschwindet mit Steuergeldern nach Amerika" usw. Für viele Sannyasins war das eine harte Zeit, für mich auch, aber in anderer Hinsicht. Mein Interesse galt Sabine, und es war zum Verzweifeln, wie sie sich durch Leute beeinflussen ließ, die es "wirklich gut" mit ihr meinten und

wussten, was für sie richtig ist, ohne auch nur einen Zentimeter tief nach innen geschaut zu haben.
So ging unsere Beziehung in Wellenbewegung auseinander. Aber nun kommt das Eigentliche, kaum zu Begreifende, was mich weiterberichten lässt und weshalb ich vielleicht diese ganze Geschichte erzähle. Der Wellenbewegung des Auseinandergehens, die für sich genommen schon überraschend verläuft, entspricht eine unsichtbare, tiefe Wellenbewegung des Zueinanderkommens. Obwohl ich wenig Hoffnung habe, die untergründige Bewegung verständlich darzustellen, will ich es versuchen. Doch soviel ist mir klar: das Verständnis dieser Tiefenströmung hängt nicht an der sprachlichen Vermittlung. Ich habe lange genug Philosophie und Literaturwissenschaft studiert und kenne die Stilrichtungen von Aristoteles, Plato, Goethe, Hegel, Nietzsche, Celan, Heidegger, Beckett, Arno Schmidt und wie sie alle heißen. Was sie zu vermitteln suchen, liegt immer noch an der Peripherie im Vergleich zu dem, was Meditation, jenseits der Sprache, offenbart. Kein noch so abgehobener Stil eines Hegel oder Heidegger, eines Celan oder Schmidt kann dort heran - es ist ein anderes Spiel.
Daher werde ich im selben platten Stil weitererzählen, auch wenn dabei jeder meint, er verstünde, was ich sage, weil er die Sprache Deutsch beherrscht. Jeder genießt auf seiner Ebene. Die Mystifizierung der sprachlichen Ausdrucksweise nützt nicht viel. Gurdjieff hat damit seine Zeit verschwendet. Das regt nur den Intellekt an, den Code entziffern zu wollen. Inhalte sind mir wichtig, aber Inhalte können nicht transpor-

tiert, sie müssen erlebt werden. Soviel der Anmaßung, um die Aufmerksamkeit zu wecken.

Im Hamburger Meditationszentrum gab es einen Offenen Abend mit der Therapeutin Turya, der ehemaligen Frau des verstorbenen Vimalkirti. Man konnte Fragen stellen. Mir kam eine Frage in den Sinn, die ich zwar nicht als meine persönliche Frage empfand, die ich aber gleichsam als Medium stellen musste, obwohl ich eine Abneigung dagegen habe, mich öffentlich bloß zu stellen.

"Turya, hast du noch Kontakt mit Vimalkirti, denkst du manchmal an ihn?" Die Peinlichkeit dieser Frage fuhr durch die Menge wie ein gestöhntes "o Gott, muss das sein!" und Turya antwortete, wie mir schien, ziemlich schockiert und betreten, ja, sie denke noch oft an ihn und fühle seine Unterstützung.

Sabine, die neben mir saß, hatte auch eine Frage: "Mein Freund hier möchte gerne Musik-und Therapiegruppen im Aschram machen, aber seine Angebote an verschiedene Center in ganz Deutschland sind noch nicht einmal beantwortet worden. Wie bist du eigentlich in diese Rolle der herumreisenden Startherapeutin gekommen? Wird das alles für dich organisiert?" Das war mir nun wiederum peinlich, aber es stimmte. Ich wollte gerne Musik und Meditation vermitteln, durch eine bestimmte Art der Improvisation, und hatte alle Center und Aschrams in ganz Deutschland angeschrieben, ohne auch nur eine einzige positive oder negative Antwort zu erhalten. Meinen Namen kannte eben niemand, und das hatte wohl seine Gründe. Turya antwortete, soweit ich mich erinnern kann, sachlich auf die Frage. Ja, das sei

alles organisiert, sie sei eben als Therapeutin ausgebildet und habe nun diese Aufgabe.
Der weitere Verlauf des Abends war dann eine Demonstration, eine Kostprobe davon, wie es in Turyas Therapiegruppe sein würde, die für die nächsten Tage angesetzt war. Partnerübung. Jeweils zwei Leute standen sich gegenüber und befolgten die Anweisungen, die die Leiterin durch das Mikrophon sprach: "Berührt euch sanft mit den Händen, seht euch in die Augen, gebt euer ganzes Vertrauen. Das ist jetzt euer einziger, bester Freund, eure beste Freundin und nun (die Stimme wurde brutal ordinär) stellt euch vor, der Andere schlägt mit voller Wucht in deinen Unterleib!"
Sabine hat sich über diesen Umschlag sehr aufgeregt, wie sie mir später erzählte. Aber ich muss sagen, für mich ist diese Spannung des Widersprüchlichen, die Hingabe und der Dolchstich, selbsterfahrene Wirklichkeit, gerade in Bezug auf Sabine. So ist das Leben nun einmal, und wenn man das akzeptiert hat, was kann einem dann noch passieren? Später tanzten wir alle mit geschlossenen Augen. Eine Frau war hinter mich getreten, ich konnte die weibliche Ausstrahlung sofort spüren. Das war bestimmt Sabine, eine solche Intensität und Bewusstheit hatte ich bisher bei keiner anderen Frau erlebt, und wir tanzten ekstatisch verschmolzen, ich konnte mich total zurückfallen lassen. Als die Musik aufhörte, wollte ich mich umdrehen und sagen: "Mensch, Sabine, das war ja wieder mal toll!" aber da war keine Sabine. Eine blonde Frau verschwand blitzschnell und stand dann wieder am Mikrophon.

Zwei liebe Freunde, Swami Joachim und seine Frau Gabi, bei denen Sabine freundschaftlichen Trost gefunden hatte, als ich in Indien war, überließen uns für ein Wochenende ihre Wohnung in Niendorf. Wir spazierten Hand in Hand im nahegelegenen Waldgebiet umher, setzten uns unter einen Baum, sahen uns in die Augen im Gefühl gegenseitiger Verzauberung, versunken in den Anblick des anziehenden, immer strahlender und schöner werdenden Spiegelbildes. Später, in der Wohnung, rauchten wir etwas Gras, und die Rollen erschienen mir plötzlich vertauscht. Sabine war ich, und ich war Sabine. Wir musterten uns befremdet, skeptisch, verwundert. "So sieht er mich also", dachte ich als Sabine. Und wie sah Christian Sabine? Das dürfte ja wohl inzwischen bekannt sein.

Das Experiment mit den vertauschten Rollen macht aber klar, dass das eigene Selbstbild in den Anderen hineinprojiziert wird."Klar" im Sinne des intuitiven Erlebens, nicht jedoch im Sinne einer intersubjektiv überprüfbaren psychologischen Theorie. Zu meinem Bild vom Anderen gehört ganz wesentlich, wie der Andere mich sieht. Und der sieht mich letztlich so, wie ich mich selbst sehe. Um die Sache zu vereinfachen, will ich sie so darstellen: Christian himmelt Sabine an, aber dass sie ihn anhimmeln könnte, liegt außerhalb seines Programms. Dann wäre sie ja nicht anhimmelnswert.

Die Selbstverachtung hinter dieser Struktur ist zwar offensichtlich, aber nur intellektuell, nicht existentiell. Man kann Vieles mit dem Verstand einsehen, ohne dass sich wirklich etwas ändert. Auch wenn Sabine Christian bewundert und in ihn verliebt ist, wird sein Selbstverachtungsprogramm diese Eindrücke löschen und nicht wahrhaben wollen. Das ist der Punkt, von dem aus Partnerprobleme anzugehen sind. Ich kann nur in dem Maß geliebt werden, wie ich mich selbst liebe. Sicher keine neue Erkenntnis. Aber es geht nicht um die Formulierung neuer Erkenntnisse, sondern um das individuelle lebensverwandelnde Erkennen uralter Wahrheiten.

In der Rolle von Sabine sah ich Christian, wie er verlegen, unterwürfig und ohne seine eigene Mitte zu kennen im Körper von Sabine herumdruckste. Dieses Spiel ging bald zuende und ein anderes folgte auf dem Bett zur sanften Musik von Stevie Wonder: "You and I". Wer auch immer in jenem weiblichen und diesem männlichen Körper hauste - Er, Sie, Es hatte großen Gefallen an der Vereinigung.

Am nächsten Wochenende fuhren wir mit Joachim, Gaby und deren fünfjährigen Sohn zum Sannyasinfestival nach Amsterdam. Überall in der Stadt leuchteten die roten Farben auf, Tausende kamen aus ganz Europa angereist. Die Bevölkerung feierte mit, in den öffentlichen Verkehrsmitteln und auf den Einkaufsstraßen herrschte eine ausgelassene, friedlich-fröhliche Stimmung.

Das Hauptquartier war - ich traute meinen Augen kaum - ein ausrangiertes Gefängnis. Ich hatte vorher noch nie ein Gefängnis betreten, diese Einrichtung kannte ich nur aus dem Film. Das war wieder ein typischer Sannyasin-Einfall: grotesk! Das scheußliche Gebäude war zu einer Diskothek umfunktioniert. Im Erdgeschoß wurde wild getanzt, nach oben hin konnte man wie in einer riesigen Kathedrale die Kuppel sehen, dazwischen zogen sich die Galerien an den Wänden entlang, mit den Gefängniszellen, die nun alle überbelegt waren - als bezahlte Hotelzimmer. Diese Art von Humor ist nicht jedermanns Geschmack.

Sabine zog sich empört in Joachims Ford Transit zurück, wo wir übernachteten. Zum Glück war das Gefängnis nur ein kleiner Teil des gemieteten Geländes. Da gab es noch einen schönen großen 'Park' mit einzelnen Gebäuden, in denen Videofilme und andere Dokumentationen der Sannyas-Kultur vorgeführt wurden. Die meiste Zeit verbrachten wir auf der Wiese und machten Musik. Einige Fotos beweisen, dass Sabine, ekstatisch tanzend, doch wohl recht glücklich gewesen sein muss, wenn sie auch später behauptete, dass ihr das Sannyasintreffen klargemacht habe, dass dies nicht ihr Weg sei. Kritikpunkte? Wie gehabt: Unbewusster, sinnlicher Genuss, hemmungsloses Ausleben der Gier usw.

Auf der Rückfahrt gingen wir am Meer spazieren. Durch meine Unachtsamkeit war vorher ihre schöne Gitarre kaputtgegangen, was die Stimmung nicht gerade hob. Das Gespräch zeigte die entgegengesetzten Richtungen an, in die wir unsere Wege weitergehen würden. Ich erfuhr zum ersten Mal, dass sie schon vor Jahren in die "Transzendentale Meditation" eingeführt worden war, und dass sie, als ich in Indien war, eine TM-Lehrerin kennengelernt hatte und zum gemeinsamen Meditieren häufig in das TM-Zentrum gegangen war. Meine Einstellung zu dieser Richtung war mit Vorurteilen durchsetzt. In meinem Philosophiestudium war Folgendes passiert (der Vorfall hatte mich sehr voreingenommen gegen Meditation gemacht). Eine euphorische TM- Anhängerin hatte im Seminar über Schellings Transzendentalen Idealismus wochenlang die Weiterarbeit blockiert, nicht etwa durch intelligente Fragen, sondern durch ein ausgesprochen dümmliches Beharren darauf, dass Maharishi Mahesh Yogi die einzig richtige Antwort gefunden habe. Mein Professor bat mich, der ich sein Hilfsassistent war und selber schon Kleine Gruppen leitete, ich möge mich doch des Falles annehmen, und so überhäufte sie mich mit ihren Tonbandreferaten. Sicher war ich damals, ohne eigene Erfahrung mit Meditation, vorurteilsmäßig befangen. Aber ich glaube doch, dass die ganze Art, wie ein Mensch auf mich einredet, mir erlauben konnte zu sagen: fanatisch, indoktriniert, nicht sehr intelligent. Zu dieser Erfahrung kamen dann noch Sätze von Bhagwan, der sich, soweit ich weiß, nur lustig gemacht hatte über Maharishi und sein Mantra-TM. Das habe mit echter Meditation nichts zu tun, sei einschläfernd, eine Beruhigungspille für Anfänger usw.

Doch in Wahrheit ging es um einen wunden Punkt, der mich persönlich betraf, und um den ich mich durch ein Ausspielen Bhagwan gegen Maharishi nicht herumdrücken konnte. Die TM-Leute hörten zu einem sehr hohen Prozentsatz mit dem Rauchen und Trinken auf. Das war bei Sannyasins nicht so. Im Gegenteil. Viele, die vorher TM gemacht hatten und nun Sannyasins geworden waren, hatten wieder mit ihrem alten Laster angefangen, allerdings ohne dabei irgendwelche Schuldgefühle zu empfinden. Sabine empfand die Angewohnheit des Rauchens und Trinkens bei mir zunehmend als störend.

Ich glaube, sie sah dabei tiefer als ihre Vorgängerin Doris. Sie sah, dass die Angewohnheit mich unfrei machte, und das tat ihr weh. Die TM-Übung hätte mir als Disziplin helfen können, von der Sucht frei zu werden. Aber das war unter meiner Würde. Andererseits war nun klar, dass Sabine nicht Sannyasin werden würde.

Die beiden gegensätzlichen Themen eines weiteren Sonatensatzes sind somit vorgestellt, nun kommt die Durchführung.

Trotz allem fuhr Sabine mit mir zu jenem Bauernhof, wo Swami Albert darauf wartete, mit mir zusammen ein Meditationszentrum aufzubauen - das hatte ich zumindest geglaubt. Die Wirklichkeit sah ganz anders aus. Albert holte uns vom Osnabrücker Bahnhof ab, wir fuhren durch liebliche Landschaft, die Straße wand sich hinter Bad Essen in Serpentinen einen Berg hinauf, der Wald umgab uns dicht und geheimnisvoll. Der Bauernhof lag auf dem Hochplateau. Hier zogen sich die Felder malerisch bis an entferntere Waldgebiete. Der Bauernhof war heruntergekommen und versifft, das fiel sogar mir auf, der ich nicht gerade ein Sauberkeitsapostel bin.

Was mich jedoch viel mehr störte, waren die Leute, die hier wohnten. Der einzige andere Sannyasin, Alberts Freund Edgar, gefiel mir gut, die anderen dagegen, zwei hektische Mütter mit schreienden Kindern und einige herummuffelnde Freaks kamen für mich als Mitarbeiter nicht in Frage. Sie hatten auch kein Interesse an dem Projekt. Aber auch Albert war stärker an einer Karriere als Rockgitarrist interessiert als am Aufbau eines Meditationszentrums. Er wollte hier einen

Übeplatz für seine zukünftige Rockband einrichten. Damit war die Vision eines ländlichen Musik-Meditationszentrums im Keime erstickt. Im Grunde war ich erleichtert, denn ich wollte ja mit Sabine zusammen sein. Wir hatten ja auch schon einen ganz hoffnungsvollen Start in die Öffentlichkeitsarbeit gehabt mit unserem zweiten und leider bisher letzten Auftritt in Hamburg. Eine Stunde lang waren wir durch unsere Musik und rituellen Spiele mit allen Anwesenden in einen intensiven, gemeinsamen Erlebnisraum der Stille versetzt worden. Welchen Segen hätte unser kreatives Potential, durch Liebe und meditatives Bewusstsein zu ekstatischen Höhen gesteigert und zugleich von Ego-und Machttrips gereinigt, ausbreiten können.

Aber mit dem Alltag wollte ich mich nicht auseinandersetzen. Ich war Höhepunktfixiert. Das Angebot, in dem kleinen Zimmer von Paul zu wohnen, dort in der Hamburger WG, schlug ich ab. Da hätte ich mich in die WG-Ordnung einfügen, normal Geld verdienen müssen, nein, da wollte ich lieber frei- und unabhängig meinen Trip durchziehen, was immer ich darunter verstand. Wir verbrachten noch zwei Tage in einer Sannyasingemeinschaft, die in einem prachtvollen Bauernhaus in einem Nachbardorf lebte. Der Platz war für das Centerprojekt besser geeignet. Es kam eine Rockbandaufführung zustande -Albert and Friends- ich fegte bekifft mein Geigensolo herunter und kniete dann irgendwann vor Sabine, die als indische Göttin auf dem Sofa saß, rechts und links je eine Ma, die sich wie Katzen an sie schmiegten. Wieder dieses Erinnerungsbild aus uralten Zeiten.

Als wir später in unseren Schlafsäcken lagen, fragte ich sie noch einmal nach ihrem Geheimnis. Ich bat sie, mich mitzunehmen in ihre Welt und versetzte mich zurück in Situationen auf Gran Canaria. Sie erzählte. Vor meinem geistigen Auge entstand eine wunderbare Landschaft, Meer, Strand, ein fruchtbares, grünes Tal, unbeschwerte Leichtigkeit, ich schwebte mit meiner geliebten Sabine dahin, bis sich mein Bewusstsein im Schlaf verlor.

Am nächsten Morgen fuhr Sabine ab. Ich kann mich nicht erinnern, dass sie versucht hätte, mich zu überreden mitzukommen. Jedenfalls blieb mir kaum etwas anderes übrig, als irgendetwas eigenständig zu unternehmen, um nicht als Sabines Anhängsel herumzulaufen.

Bei dieser oder einer ähnlichen Gelegenheit kam mir Bhagwans spöttische Antwort in den Sinn, wo der Fragesteller romantisierend von seiner Sehnsucht nach einer Märchenprinzessin erzählte, die ihn durch einen Kuß zum Prinzen machen würde, und Bhagwan darauf sinngemäß sagte, dass sich der Prinz durch den Kuss in einen Frosch verwandele, nicht umgekehrt. Aber letztlich sei auch nichts verkehrt daran, als Frosch herum zu hüpfen, er persönlich möge Frösche gern, hier (in Poona) seien nur Frösche usw. Es ist wahr: Verliebtheit verwandelt den Prinzen in einen Frosch bzw. macht sein zappelndes, nach Liebe dürstendes Froschdasein offenbar.

Nun blieb ich noch einige Zeit ganz tapfer in dem Kaff zurück und machte auch interessante Bekanntschaften. Da lebte z.B. in einem anderen Dorf - diese Gegend war wirklich erstaunlich - ein Inder, der mir ziemlich imponierte. Er kleidete sich in weiß, gab Shiatsu-Massagen, war mit einer Sannyasin verheiratet und behauptete, Bhagwan noch von seiner Universitätszeit her zu kennen. Er sei damals Anführer einer Studentengruppe gewesen, die Shree Rajneesh, den Philosophieprofessor, provozieren wollte. Sie seien mit 500 Mann zu einer Veranstaltung, einer Podiumsdiskussion, gekommen, und dieser Inder, dessen Namen ich vergessen habe, erzählte stolz, wie er sich an den Tisch gesetzt habe, Bhagwan gegenüber, der habe ihn durch Leibwächter wegschieben wollen, aber er habe auf die 500 Leute im Auditorium gewiesen, und Bhagwan sei unsicher auf seinem Stuhl herumgerutscht usw. Das kam mir zwar wie die übertriebene Erzählung eines Halbstarken vor - Rockergehabe - aber dennoch, die Ausstrahlung von dem selbstbewussten, schönen Inder gefiel mir. Wir fuhren zusammen nach Hamburg. Obwohl es mir selbst endlich auf die Nerven geht - und das ist gut so - muss ich es doch dazusagen: ich war bekifft und sah in dem Inder – na, wen wohl? Ich freute mich, dass Bhagwan mit mir in seinem Auto, ein schönes, großes, schnelles Auto, zu Sabine fährt. Bhagwan rauchte auch Zigaretten und erzählte tolle Sachen, z.B. wie es möglich ist, hier mit mir im Auto zu sitzen und zugleich in Amerika zu sein. Aber eigentlich wusste ich das schon, in gewisser Weise erzählte ich mir das alles selbst.

Wenn die Bilder vor dem geistigen Auge so intensiv und lebendig werden wie die, welche die physischen Augen wahrnehmen, dann ist doch alles egal. Es ist ganz aufmunternd, sich hin und wieder intensiv vorzustellen, dass das, was man gerade erlebt, ein Traum ist - aber in welchem Bett liegt mein wirklicher Körper? Na, hab ich vergessen. Zu komisch, dass man sich Science-Fiction-Filme ansieht, um die banale Wirklichkeit zu vergessen, zu übersteigern oder ich weiß nicht was. Neulich habe ich einen ganz witzigen Film im Fernsehen gesehen, "das Haupt der Medusa", mit Richard Burton und Lino Ventura. Da ging es um einen Typen, der durch seine Gedanken Katastrophen hervorrufen konnte und unter dieser Entdeckung litt. "Ob so etwas möglich ist?" fragt sich der faszinierte Zuschauer und merkt nicht, dass sein ganzes Leben eine einzige Katastrophe ist, haargenau durch seine eigenen Gedanken in Szene gesetzt.

"Wie wache ich auf?" Das ist die Frage. Als wir mit 180 Sachen an Bremen vorbeibrausten, war ich etwas klarer und wusste, dass ich wieder einmal mein Projektions-und Traumspiel auf dem Programm hatte. Etwas davon blieb an meinem Freund haften. Sabine war von ihm mehr angetan als von mir, das hatte ich auch nicht anders erwartet, das sollte so ablaufen, und ich flüsterte ihr zu: "das ist für mich Bhagwan." Sie verstand ohne Rückfrage, wie ich das meinte, und ließ sich von ihm eine sehr lange Shiatsu-Massage geben, bei der ich nicht stören durfte. Natürlich kam bei mir der Gedanke auf, dass sie miteinander schlafen, aber ab einer bestimmten Bewusstseinsstufe ist jede Begegnung so intim, dass körperliche Anstrengungen wie bumsen ohnehin überflüssig sind.

Er sagte nach der Massage, dass Sabine starke Blockaden im Rücken habe, dass sie im Gegensatz zu mir naiv und kindlich-unschuldig und dass ihr "Drittes Auge" geöffnet sei. Ich dagegen habe viel Wissen (er meinte wohl angelesenes Wissen), der Energiepegel, der zum dritten Auge hochgehe, liege bei mir etwa auf der Mitte der Nase, es würde also noch einige Zeit dauern, bis ich mit diesem besonderen Auge sehen könne (seine Auffassung war mir neu), und ich würde aus einem gestörten Verstand (disturbed mind) heraus meditieren (damit meinte er wohl meine Haschischexperimente). Das erschien mir alles ganz richtig und einleuchtend. Der weißgekleidete indische Märchenprinz unternahm mit mir noch eine Bootstour auf der Alster, und die Art, mit welch kindlicher Freude er völlig unbeholfen ruderte, ließ wieder den freudigen Verdacht in mir aufkommen: "Bhagwan auf Besuch".

Er gab mir noch den Rat, Sabine nicht hinterherzulaufen, denn das würde sie immer mehr zum Rückzug zwingen. Aber als er dann, nach einem gemeinsamen Essen, im Auto saß und augenzwinkernd sagte: "komm doch wieder mit", da hatte ich schon den Rest jenes guten Grases gedampft, hatte im Sturm der ansteigenden Wahrnehmungssensibilität gesehen, wie nervös und mit welch zittrigen Händen der geheimnisvolle Fahrer die Zigarette aus der Packung geholt und angezündet hatte; und so entschloss ich mich, in Hamburg zu bleiben und zu meiner Troubadourrolle zu stehen, auch wenn ich wochenlang vor verschlossener Tür maunzen und miauen musste.

Sabine nahm mich zunächst etwas missmutig auf, aber ich fühlte mich nicht betroffen. Meine Stimme registrierte in sachlichem Tonfall: "Es ist ganz natürlich, Sabine, dass du über mein Dasein nicht besonders erfreut bist, denn ich sauge dir Energie ab. Du hast sozusagen von Natur aus eine höhere Schwingung als ich, aber bei jedem Zusammensein mit mir vermischen sich eben unsere Schwingungen, und das Ergebnis liegt irgendwo in der Mitte. Dieses Absinken der Energie empfindest du als unangenehm. Aber ich kann nichts dafür, das ist wie ein Naturgesetz." Sie war verblüfft über dieses offene Zugeständnis und sagte: " Ja, das stimmt, du kannst nichts dafür." Und dann war sie recht lieb zu mir - zum letzten Mal für längere Zeit.

Ich musste mir eine andere Wohnung suchen und fand sie ausgerechnet bei Rudi, mit dem ich vor einem dreiviertel Jahr nach Griechenland gefahren war. Die beiden Abenteurer hatten tatsächlich nach einer entsetzlichen Tour durch die Sahara ihre Autos in Westafrika verkauft und waren ohne Gewinn zurückgekehrt. Sabine wollte mich nicht mehr sehen, das musste ich respektieren. Aber ich stand öfter abends im Hinterhof und sah wehmütig zu ihrem erleuchteten Fenster hinauf, vielleicht habe ich auch manchmal miaut, eine gewisse ironische Distanz war immerhin da.

Irgendwann traf ich Sabine nachmittags, als sie ihr Fahrrad reparierte, und es ergab sich, so wie damals, als ich fünf Jahre alt war und ein fremdes Kind in der Sandkiste traf und fragte, ob ich mitspielen dürfe - "kann ich dir helfen?". Sie sagte: „Ja, halt hier mal fest, ich muss die Schraube anziehen." Wir redeten nicht viel. "Mal sehen, wenn du magst, besuch ich dich heute Abend in deiner Wohnung, Christian."

"Okay", sagte ich, einen Wonne-Aufschluchzer überspielend, "ich glaub, ich hab Zeit." Dabei hatte ich nichts anderes als Zeit. Als ich wegging, stellte ich mir vor, meine Füße hätten Saugnäpfe oder spezielle Magneten, die ein rasantes Abheben verhindern.

Am Abend kam sie. "Ich glaube, ich war etwas zu hart mit dir, Christian, aber ich kann es einfach nicht ertragen, wenn ich das Gefühl habe, dass mich jemand besitzen will, ich brauche immer wieder den Abstand und die Freiheit, um auf den Anderen zugehen zu können. Tja, wenn du willst, können wir sogar etwas Haschisch rauchen, ich habe ein kleines Stück mitgebracht, irgendwie soll es so sein, obwohl ich selbst etwas Angst davor habe.

Oha, das war ja wohl ein Traum. Aber warum nicht. Träume so bewusst wie möglich, genieße jeden Augenblick. Wir saßen uns auf dem Bett gegenüber, sahen uns in die Augen, und einen Moment lang, für den allein es sich gelohnt hat zu leben, waren wir beide total da, einfach nur da, so natürlich wie ein Glas Wasser, so, wie es wirklich ist und ich es nie erlebe; dann kippte ich nach hinten weg, als hätte ich reines LSD getrunken und hörte mich mit der Stimme von Michél lallen: "too much"! Aber auch das war schon längst wieder Vergangenheit, alles war so absolut gewöhnlich und zugleich traumhaft, jeder Moment eine Explosion der unbegreiflichen Schöpfung.

"Du kannst mir mir machen, was du willst, Christian, ich bin ganz und gar deine Frau." Ja, das hat mir bisher nur Sabine geboten, - himmelhoch über allen Frauen, diese ungeheure

Spannweite zwischen völliger Hingabe, nicht unterwürfig, sondern im vollen Bewusstsein der ganzen menschlichen Würde - und brutalem Nein. Sie hat meinem Herzen gezeigt, dass die Existenz göttlich ist.

Einige Tage später durfte ich sie besuchen, als sie ihre Halbgeschwister versorgte. Es bedurfte keiner Phantasieanstrengung, um die beiden Kinder, ein Junge und ein Mädchen, als unsere Kinder zu erleben. Ich half Sabine beim Essenzubereiten, tobte mit den Kindern herum, dann saßen wir zu viert am Tisch, und ich musste immer wieder ganz verliebt Sabine ansehen. Wie tief der Wunsch nach einer Familie in der Seele ruft! Sie wusste Bescheid.

Ich hatte das Zimmer bei Rudi nur für einen Monat übernommen. Die Mieterin kam aus dem Urlaub zurück, und ich verzog mich für die nächsten Wochen nach Berlin. Von nun an lebte ich als Zigeuner und konnte mich nirgends heimisch fühlen. Meine Sachen, Bücher und Möbel hatte ich schon im letzten Jahr verkauft. Die bemerkenswerteste Erfahrung in Berlin war das Improvisieren im Chor. Einmal in der Woche kamen einige Sannyasins in jene Wohnung, die mir zum Einhüten überlassen worden war. Wir stellten uns nach einigen Lockerungsübungen im Kreis auf, mit geschlossenen Augen, und begannen, darauflos zu brabbeln, zu singen, zu kichern, zu krächzen, zu jodeln, und allmählich schärfte sich das Ohr eines jeden. Jeder nahm den Anderen und sich selbst im Zusammenspiel der Geräusche und Klänge immer intensiver und deutlicher wahr, konnte antworten und variieren, und nach einer Stunde hatte jeder das Gefühl, in einer tiefen und zugleich kreativen Meditation gewesen zu sein. Das war jene Entdeckung, die mir beim Musizieren im "Egolionopti" in Poona zufiel: wie durch das gemeinsame Singen eine orgiastische Vereinigung geschieht, anders als beim üblichen leistungsorientierten Singen nach Noten.

In Berlin war ein zweites Sannyasinfestival geplant, und ich wollte mit dem Chor auftreten. Aber zwei Wochen vorher kam die innere Stimme, unüberhörbar: zurück nach Hamburg, zu Sabine. Ich zog in die Kellerwohnung von Nänni, der wieder einmal nach Gran Canaria verreisen wollte, und wohnte nun einige Wochen im selben Haus wie Sabine. Für mich wurde jede Begegnung mit ihr immer geheimnisvoller und frischer, wie zum ersten Mal, doch unergründlich vertraut. Aber das ist vielleicht schwer nachzuvollziehen, denn der Name "Sabine" ist ja nun einmal schnell erschöpft und die Beschreibung der Begegnung auch.

Manchmal saßen wir nur still, hörten ein Musikstück zusammen und trennten uns wieder. Das gemeinsame Hören einer Musik, die beide sehr gern mögen, ist nach meiner Erfahrung die einfachste und wirkungsvollste "Methode", um Eins-Sein zu erleben. Es genügt, sich klarzumachen, dass der Geliebte dieselben Töne empfängt, also im Unterschied zum Sehen, wo die Verschiedenheit der Perspektive ja unvermeidlich ist, denselben Bewusstseinsinhalt erlebt. Und da es möglich ist, sich vollkommen auf eine Sache zu konzentrieren, z.B. beim Musikhören, verschwindet der Unterschied zwischen dem Anderen und mir vorübergehend. Was bleibt, ist ein Bewusstsein und der Strom der Musik. Die Anwesenheit

Sabines wirkte auf mich so erhöhend, weil es mir immer noch leichter fiel, sie zu lieben als mich selbst.

Es ist zwar ein Umweg, aber ich lernte erst im Laufe der Zeit, das Gefühl der Achtung und Bewunderung für sie auf mich selbst zu beziehen, z.b. auf die wunderbare Fähigkeit, überhaupt hören zu können. So entsteht eine Art Spirale, in der sich Dankbarkeit, Selbstliebe und Bewusstheit gegenseitig immer höher schaukeln. Die Freude darüber, hören zu können, strahlt in die erlebte Musik, die zunehmend berauschender klingt, was wiederum die Dankbarkeit erhöht. Dieses Prinzip lässt sich auf Alles anwenden. Aber das ist leicht gesagt. Die Unbewusstheit sitzt normalerweise so tief, die grundsätzlichen Fähigkeiten der Sinneswahrnehmung sind einem so selbstverständlich und gewohnt, dass der Sprung aus der alltäglichen Unzufriedenheit in die Dankbarkeit geradezu Überwindung kostet. Es bedeutete schon eine enorme Bewusstheitsübung für mich, die wenigen, meist kurzen Begegnungen mit Sabine als Geschenk zu erleben und nicht mehr zu erwarten oder zu fordern, als mir gegeben wurde. Doch es gelang relativ gut, so dass sie einige Male von selbst zu mir in den Keller herunterkam.

Später zog ich bei einem Freund von Rudi ein. Dieser Stefan, mit dem ich mich gut verstand, hatte einige Ähnlichkeit mit Joint-Manfred, und ich nahm wieder mein Haschischstudium auf. Interessant wurde die Sache, als Stefan sich in ein Mädchen verliebte, das nun öfter zu Besuch kam. Da war wieder das klassische Dreiecksverhältnis, das meine Phantasie in einer Weise anregte, die möglicherweise von den Beiden gar nicht bemerkt wurde. Sobald wir etwas geraucht hatten, sah ich in dem Mädchen Sabine, obwohl sie keinerlei Ähnlichkeit mit ihr hatte, und Stefan erhielt die Rolle des geheimnisvollen Dritten, eine Existenz, die zwischen Bhagwan und Sabines früherem Freund Thomas, in den sie immer noch verliebt war, hin-und her vibrierte. Ein Spiel, ein abgefahrenes Privattheater. Das Schönste daran war die enorme Ausweitung des geliebten und gefürchteten "Sabine-Wesens", das für mich nicht an einen bestimmten Körper gebunden war, sondern jede beliebige Gestalt annehmen konnte. Die Einsicht: "ich projiziere meine Vorstellung auf Andere" hätte das Spiel natürlich verdorben. Der Zustand hat eben einen ganz charakteristischen, unvergleichlichen Geschmack, wie der Stoff, der ihn auszulösen scheint.

Was meine Beziehung zu Sabine aufgrund der vielen verrückten gemeinsamen Abenteuer bestimmte - ich will es in diesem Zusammenhang "wachsame Andacht" nennen - wurde durch "meine" Gedanken in die Situation hinein gestrahlt und kam entsprechend gespiegelt zurück. Ein einfaches Beispiel: Stefan, der nun jenen Thomas repräsentierte, den ich nur aus Erzählungen kannte, ergriff die Gitarre, und ich spielte Geige. Wir spielten für Sabine. Aber da waren kleine, liebevolle Prüfungen eingebaut, die den Eifersuchtsstand und überhaupt die Bewusstheit testeten. Das spielte sich meistens wortlos ab. Wenn "Thomas" sich eher eine Zigarette anzündete als ich, bekam ich einen Pluspunkt. Das ist allerdings ein sehr kindisches Beispiel, da gab es auch subtilere Aufgaben, die sich auf "telepathischer Ebene" abspielten. Es ist übrigens ganz einfach mit dieser Art der Telepathie: Einige der wahrgenommenen Gedanken werden dem Anderen zugeschrieben – fertig! Wenn ich mich mit meinen überlegeneren Geigenkünsten zu sehr in den Vordergrund spielte und nicht darauf achtete, dem Freund musikalisch etwas beizubringen, dann bekam ich einen Minuspunkt. Manchmal bedeutete mir ein kurzer Blick von "Ihr", dass ich sie nun mit "Thomas" allein zu lassen habe, und ich gehorchte tapfer und verließ das Zimmer.

Nur wer wirklich frei ist von Sehnsucht und Wünschen hat diese Art von Blödsinn und Absurdem Theater hinter sich und kann echt lachen - alle anderen haben es noch vor sich, auch wenn sie darüber lachen mögen. Gerade Eifersucht hat eine überraschende Hartnäckigkeit.

Ein anderes verrücktes Abenteuer möchte ich noch aus dieser sonst eher trüben, kalten und im Grundton traurigen Altona-Zeit erzählen. Ich ging gerade in Richtung Altonaer Wohnung durch einen langen Tunnel, es war zwei Uhr morgens, ich hatte in einer Musikkneipe Geige gespielt und einige Bierchen getrunken. Hinter mir kam jemand. Er schien mir zu folgen. Einen Moment hatte ich Angst und wollte schneller gehen, dann entschied ich mich dafür zu warten. Pfeifend und leicht schwankend kam die Gestalt auf mich zu. "Hallo, Freund", nuschelte der Mann, "Habe ich dich nicht gerade in der Kneipe gesehen, wo die Schlägerei war?" „Nee, in der Kneipe, wo ich herkomme, gab's keine Schlägerei." "Na, musst entschuldigen, ich bin noch ziemlich durcheinander -

die wollten mich verprügeln, und ich weiß überhaupt nicht, warum." Er erzählte noch etwas ausführlicher, mit Wiederholungen und auffallend kindlichen Redewendungen wie: "manche Menschen sind gemein, findest du nicht - die Armen, es geht ihnen schlecht, so viel Leid und Sorgen, was sagst du dazu, findest du das nett, wie die mich behandelt haben, ich heiß übrigens Heinz, und du? Schön, Christian, dass wir uns getroffen haben in dieser Kälte und Dunkelheit."
Wir gingen eine Weile schweigend nebeneinander her, und ich hörte mich selbst sagen, fast gegen meinen Willen, ich war verblüfft: "Wenn du Lust hast, kannst du noch mit zu mir kommen, da können wir noch ein Bier trinken, meine Freunde sind heute nicht da." "Ja, das finde ich in Ordnung von dir, Christian, du bist ein netter Kerl, vielen Dank." Etwas unheimlich war mir der Typ schon, sein Äußeres übte auch keine Anziehung auf mich aus. Er sah schmuddelig aus, unrasiert, vielleicht 40 Jahre alt, Seemann, wie er sagte. Oben im Zimmer wurde sein Ton noch vertraulicher. Mir war mulmig bei dem Gedanken, er könnte schwul sein. Ich hatte absolut keine Lust auf Annäherungsversuche, "Keine Angst, Christian, ich bin nicht schwul, falls du das denkst." Konnte er Gedanken lesen?
"Aber vielleicht hast du Lust, etwas zu rauchen?" Das wurde ja immer seltsamer - der sah überhaupt nicht nach einem Kiffer aus. Ich musterte ihn kritisch. Sollte ich mich darauf einlassen? Schließlich kannte ich meine Tendenz, im bekifften Zustand die Menschen um mich herum hoch zu projizieren in überirdische Erscheinungen. Wie würde das bei dem

hier werden? „Du wirst es nicht bereuen, Christian, das wird ein toller Spaß." Der Typ kannte mich. Und eigenartigerweise entspannte ich mich, wir lachten beide und ich sagte: "okay, was soll's, also los."
Na, es war nicht anders zu erwarten: Bhagwan in der Verkleidung eines schmuddeligen Seemanns. Ich hatte keine Hemmungen, aber doch großen Respekt, schüttete mein Herz aus bezüglich Sabine. Er schmunzelte freundschaftlich und verständnisvoll: „Mach dir keine Sorgen, Christian, das ganze Leben kann zu deiner Geliebten werden, und das Leben wird immer schöner und geheimnisvoller, je weiter du wächst. Diese Freundin, die Sabine, ist nur ein winziger Teil, ein Teil vom Ganzen. Dir gehört das Ganze". Ich weiß nicht mehr, ob er das wörtlich so sagte, aber zumindest sinngemäß. Dazwischen kam dann allerdings auch ziemlich Abwegiges wie: "Ja, Mensch Christian, ich glaub, wir beide reisen noch mal zusammen in den Urwald, vielleicht nach Südamerika, das wird ein Abenteuer, sag ich dir!"
Er erzählte noch ein paar kuriose Stories aus seinem bewegten Leben und sagte dann: „So, und nun ziehen wir beide los, pass gut auf, was passiert." Ich folgte ihm auf die Straße. Es war etwa 5 Uhr morgens, aber es herrschte ein erstaunlicher Betrieb. War ich hier wirklich in Altona? Es kam mir alles so fremd vor. Wir gingen in irgendeine Kneipe und setzten uns, wie ich meinte, unauffällig an einen Tisch und unterhielten uns in gedämpftem Ton. Der Kellner, bei dem ich gerade etwas bestellen wollte, sagte in einer Sprache, die mir ausländisch vorkam: "sofort raus hier, aber ganz schnell, sonst

hol ich die Polizei" Bhagwan-Heinz sagte zu mir, normal sprechend, "siehst du, ist doch sehr interessant, wie? Komm, wir gehen."
Er nahm mich bei der Hand, und ich folgte ihm, wie betäubt. "Das versteh ich nicht, wir haben doch überhaupt nichts gemacht?" „Doch, das haben wir, aber du hast es nicht richtig mitgekriegt"; sagte er ruhig und freundlich. "Pass noch genauer auf. Wir gehen jetzt zu Berta, die kennt mich, da wird die Sache etwas anders ablaufen."
Es war wirklich wie im Traum. Die Kneipen hatte ich vorher nie gesehen, und diese vielen Menschen überall - um diese Uhrzeit! Mein seltsamer Freund setzte sich an die Theke und bestellte zwei Bier. Er unterhielt sich ganz normal mit einer Frau und einem Mann, aber was die antworteten kam mir vor wie der Versuch, aus einem tierischen Gegrunze Worte zu bilden. Ich konnte nur seine Stimme klar und deutlich verstehen, er redete Deutsch, belanglose Sachen wie: "Komisch, meine Uhr tickt seit Stunden auf derselben Stelle, die Zeit ist auch nicht mehr das, was sie mal war - vielen Dank." Darauf fing die Frau an zu weinen und der Mann, ein grobschlächtiger Hüne, nahm eine höchst bedrohliche Haltung an, die den schmächtigen Seemann aber nicht im Geringsten zu beunruhigen schien.
"Das ist mein Freund Christian", sagte er zu der Wirtin, die, wie aus einem tiefen Schlaf gerissen, mich mit ungläubigen, ja fast entsetzten, dann plötzlich ganz wollüstigen Augen ansah - ich spürte eine heiße Welle sexueller Erregung zwischen uns, aber das war nur ein kurzer Moment - dann schien

sie mich und alles andere wieder vergessen zu haben und grunzte in einer mir unverständlichen Sprache irgendetwas zu den Leuten an der Theke, die alle völlig teilnahmslos in sich versunken schienen.

Was war hier bloß los? Ich fühlte mich völlig klar und wach, wie nie zuvor, überhaupt nicht betrunken oder bekifft, aber alle anderen bis auf "Heinz" schienen mir unwirklich oder hypnotisiert. Zum Glück gingen wir bald wieder hinaus. Draußen war es schon hell, auf den Straßen liefen noch viel mehr Menschen herum. Es war schon halb neun. Demnach hatten wir mindestens zwei Stunden in der Kneipe verbracht. Wie war das möglich? Normalerweise hatte ich im Haschischrausch das Gefühl, es würden Stunden vergehen, während sich die Uhr nur um 5 Minuten vorwärtsbewegt hatte, diesmal war es umgekehrt. Seit unserer Unterhaltung in der Wohnung waren bereits vier oder fünf Stunden vergangen, mir erschien es jedoch subjektiv so, als würde überhaupt keine Zeit vergehen - es war immer Jetzt. Und der Zustand war sehr angenehm. Ich hatte keine Angst empfunden, hatte mich ganz normal gefühlt, munter, erstaunt, fasziniert.

Mir fiel nun ein, dass Heinz eigentlich ziemlich viel in der Kneipe geredet hatte, zu vielen Leuten, fast immer in einem belanglosen Tonfall, und ganz zusammenhanglos brachte er seltsame Einschübe wie "vielen Dank", "So ist es" oder "schlaf nicht ein". Irgendwann dämmerte es mir, dass er damit mich ansprach, ohne mich dabei anzusehen. Da ich mein Innenleben viel deutlicher beobachten konnte als sonst, fiel mir auf, dass die Bemerkungen sich auf' meine Gedanken

oder Gefühle bezogen. Wenn ich ihn freundschaftlich oder bewundernd ansah oder dachte "ich möchte ihm gerne helfen", sagte er sofort, mitten im Satz, im selben Tonfall fortfahrend: "Vielen Dank". Als ich dachte: "ob er zu den Leuten in einem Geheimcode spricht" sagte er „so ist es". Wenn ich dachte "Mensch, was haben wir hier bloß in dieser Kneipe verloren?" sagte er "schlaf nicht ein." Das konnte nicht alles nur meine Einbildung gewesen sein.
Als ich draußen die frische Luft einatmete, riss außen und innen eine Wolkendecke auf und helles Licht strahlte durch. "Es gibt kein Ich. Das alles, alle diese Menschen, wir alle sind ein einziges Bewusstsein, das voller Liebe ist. Welch ein herrliches, befreiendes Gefühl, welch ein Abenteuer, lebendig zu sein!" Wir gingen noch in eine dritte Kneipe. Er bestellte wieder zwei Bier und sagte: "Du bist wirklich ein guter Freund, Christian, vielen Dank." Dann küsste er plötzlich übertrieben überschwänglich vor all den Leuten das Bild von Bhagwan an meiner Mala und rief so laut, dass es mir peinlich wurde: "Dein Freund ist auch mein Freund, hoch soll er leben!" und wieder normal: "so, ich will mal eben zur Bank rüber, muss noch was erledigen - schließlich brauchen wir Geld, stimmt's? Wart' hier auf mich, ich komm gleich wieder." Aber er kam nicht wieder, und ich habe ihn seitdem nicht wieder getroffen. Ich wartete noch eine Stunde, lief zwischendurch zur Bank; suchte herum und ging dann schließlich mit aufgeregten Gedanken ins Bett. Es war Mittag.
Abends rief mich Sabine an. Es war der erste Kontakt mit ihr seit Wochen. Sie sei gestern Abend auf gut Glück bei mir

vorbeigekommen, so gegen 23 Uhr, aber ich sei leider nicht da gewesen. Komisch, zur selben Zeit hatte ich mir überlegt, ob ich sie besuchen sollte, aber der Gedanke an die recht wahrscheinliche Ablehnung hatte meine Schritte in die Musikkneipe gelenkt.
Aber ich hatte nicht das Gefühl, etwas verpasst zu haben - im Gegenteil. Die tolle Nacht hatte mir wieder starken Auftrieb gegeben. Ich fühlte mich akzeptiert und wertvoll, trotz meiner Rauch-und Trinksucht. Ich lud Sabine ein, so schnell wie möglich zu kommen, ich hätte ihr eine wahnsinnige Geschichte zu erzählen. Sie kam auch tatsächlich gleich herangeeilt, mit einem wertvollen Geschenk, ein schönes weißes Baumwollhemd, das sie eigentlich ihrem Thomas zugedacht hatte. Ich konnte es nicht so recht würdigen: "Du weißt doch, dass ich als Sannyasin nur rote Kleider trage!" Sie war beleidigt. Es wollte mir auch nicht gelingen, ihr die Erlebnisse der vergangenen Nacht zu schildern. Sabine kam mir fremd und spießbürgerlich vor, meine tiefen Sehnsuchtsgefühle waren wie weggeblasen. Nachdem wir eine Weile belanglos herumgesessen hatten, sagte ich traurig: „Ich weiß nicht, was mit mir los ist Sabine, aber ich kann im Moment einfach nichts anfangen mit dir!" „Ja, das merk ich, mir geht's ähnlich, na, dann geh ich eben wieder." Und weg war sie.
Ein ungewöhnlicher Vorfall. Doch die Sehnsucht stellte sich bald wieder ein. Heiligabend. Ich rief an: "Hast du Lust, mit mir zusammen Musik zu machen, zu singen, wie in alten Zeiten?" "Nein!" "Aber warum denn nicht, das ist doch 'ne schöne Sache, meinetwegen können wir ja auch Weihnachtslieder singen. Ich

komm auf 'ne halbe Stunde vorbei, ja?" "Nein. Ich hab Besuch, da passt du nicht rein. Lass mich in Ruhe!" Peng! Hörer aufgelegt. Also, jetzt reichte es mir. Dumme Ziege. Sollte sie doch glücklich werden mit ihren langweiligen TM-Heinis - Nie wieder lauf ich dir hinterher, aus, vorbei, vergessen.

Was nun? Hierbleiben, mit Stefan und Friends kiffen? Nö, ich rief Doris an, wollte meinen Schmerz verdrängen, sie nahm mich mit zu ihren Verwandten nach Uelzen - schön langweilig, aber nun war sowieso schon alles egal. Wenigstens konnte ich darauf stolz sein, mich nicht in den Rausch geflüchtet zu haben. Silvesterfeier im Berliner Center - Bombenstimmung, bis morgens um drei nur zwei Gläschen Sekt getrunken, löblich, löblich. Sollte sich eine Wende abzeichnen? In Hamburg zurück verliebte ich mich in die schöne, grazile Kira, die sich auch durch den seltenen Sinn für Stille auszeichnete.

Von Sabine hatte ich nichts mehr gehört. Dann traf ich einen ihrer alten Freunde, der mir erzählte, dass sie aus der WG ausgezogen sei, vorübergehend bei einem TM-Freund gewohnt und inzwischen Hamburg verlassen habe. Man vermutete sie in Indien. Das ließ mich aufhorchen. "In Indien? Was will sie denn da?" „Ja hat sie dir denn nichts von ihrem seltsamen Erlebnis erzählt, das ist doch schon einige Monate her?" "Seltsames Erlebnis? Nicht dass ich wüsste." "Ich weiß auch nichts Genaueres. Sie soll ein Bild von Sai Baba gesehen haben und dabei fast ohnmächtig oder so geworden sein. Jedenfalls habe sie reglos dagestanden und immer nur

gestammelt: ‚Das ist der Mann, das ist der Mann!' - hatte irgendetwas mit einem Erlebnis auf Gran Canaria zu tun."
Ich wankte davon, als hätte mir jemand mit dem Hammer auf den Kopf geschlagen. Eifersucht, Traurigkeit, Angst, Abgrund, Sehnsucht, Erinnerungen, alles wirbelte durcheinander. Wahrscheinlich würde ich sie nie wiedersehen. Nun hatte sie auch ihren Meister gefunden. Wer war denn das: Sai Baba? Offensichtlich ein indischer Guru, der ihr in jener mysteriösen Nacht in Gestalt von Hermann erschienen war. Ich hatte den Namen vorher noch nie gehört. Naja, nun war es erst recht klar, dass ich Sabine vergessen musste. Es war doch sehr gnädig von der Existenz, dass sich eine neue Liebe anzubahnen schien.
Aber ich musste bald einsehen, dass dieses alte Muster: ‚Ist eine Beziehung vorbei, kommt die nächste' - nicht mehr funktionierte. Sicher, es war schön, mit Kira zusammen zu sein, da kam auch das Gefühl des Verliebtseins hoch, aber intuitiv sah ich schon am Anfang die Grenzen. Die Tiefe, die ich mit Sabine erlebt hatte, war mit Kira nicht möglich, würde nie möglich sein. Eine verborgene Instanz in mir - vielleicht war es auch nur Sturheit und Dickköpfigkeit - hatte sich unwiderruflich auf Sabine festgelegt, wie ein unausweichliches Naturgesetz. Sie sollte die Frau sein, mit der ich meinen letzten, zum Scheitern verurteilten Versuch unternehme, aus einem anderen Menschen Kraft und Glück·zu schöpfen. Es konnte noch lange dauern, bis ich wirklich endgültig einsehen würde, dass ich wahre Seligkeit und Freiheit nur in mir selbst finden kann. Die Regie in diesem raffinierten

"Liebesspiel" führte, so glaubte ich, Bhagwan, der Tantrameister, der mein unbekanntes Selbst repräsentierte. Gedanklich war mir das seit einem Jahr zunehmend klarer geworden, aber die praktische Auswirkung, der konkrete Spielverlauf, kam immer wieder als umwerfender Knüller.
Das Telefon klingelt. "Hallo, Christian, hier ist Sabine." „Das...das gibt's doch nicht! Wo steckst du?" "Ich bin in der Nähe von Köln. Ach Christian, es ist so viel Aufregendes passiert. Ich lebe in einer Gruppe von Leuten, die an der Verwirklichung eines Höheren Planes arbeiten. Es ist genau das, was ich mir insgeheim immer gewünscht habe, und ich fühle, dass du auch eines Tages bei uns mitmachen wirst. Aber ich kann dir das nicht alles am Telefon erzählen." "Ich dachte, du seist in Indien, bei deinem ...äh...Meister!" „Ach, das hat noch Zeit, im Moment ist das Andere wichtiger. Aber ich muss dir etwas erzählen, was ich gerade erlebt habe, deswegen rufe ich an, es betrifft dich. Also, es hört sich vielleicht komisch an, aber ich habe so eine Rückführung in frühere Leben mitgemacht. Du bist ja wohl auch davon überzeugt, dass wir immer wieder geboren werden. Und in meiner letzten Inkarnation war ich mit dir verheiratet, in Italien. Ich wollte es zuerst nicht wahrhaben, hatte mir gewünscht, dass Thomas mein Mann sei, aber du warst es, ganz eindeutig, ohne Zweifel: dieselben Augen, dasselbe Wesen, nur die Haare etwas dunkler als jetzt, eben ein Italiener. Zuerst sah ich uns in einem schönen Haus, wir waren beide Pianisten, und es war eine glückliche Ehe. Dann sah ich uns in einem Auto fahren, hinten saßen unsere beiden Kinder, ein kleines

Mädchen und ein kleiner Junge. Wir hatten einen Freund besucht, in einem Haus auf einem Berg, ja und dieser Freund, du wirst es kaum glauben, das war Bhagwan. Nun fuhren wir wieder zurück auf einer kurvigen Küstenstraße, und da passierte das Unglück. Ein Lastwagen drängte uns ab, und wir stürzten die Klippen hinunter. Es kam alles so plötzlich, verstehst du, und deswegen haben wir uns in diesem Leben wiedergetroffen. Ich hatte mich gefragt, warum ich immer noch so oft an dich denken musste, jetzt weiß ich es. Naja, und der kleine Junge, unser Sohn, das war Thomas. Ich hab ihm die Geschichte schon erzählt, er war ganz schön geschockt."
Ja, das war ich allerdings auch. Ich konnte mich zwar nicht an irgendein vergangenes Leben erinnern, so wie ich mich an Szenen aus meiner Kindheit erinnerte, aber Sabines Erzählung löste in mir ein Mitschwingen aus, ein Gefühl von: „Ja, das kann tatsächlich stimmen!" Sabine sagte, sie müsse nun auflegen, aber wir würden uns bald wiedersehen, wahrscheinlich in Hamburg.
Tatsächlich rief sie mich eine Woche später aus Hamburg an und bat mich um einen Gefallen. Ob ich jenen Roman, den sie vor zwei Jahren geschrieben hatte, für sie tippen wolle. Ich war froh, endlich auch einmal etwas für sie tun zu können. Der Roman ist zwar nur 84 Seiten lang, aber in jeder Hinsicht ein Kunstwerk - im Gegensatz zu dem, was ich hier aufschreibe. Stilistisch rund, musikalisch, einfühlsam, detaillierte Beobachtungen und tiefgründiger Inhalt mit vielen Sinnebenen. Es geht um einen Mann namens Johannes, der

in einem Zug einer geheimnisvollen schönen Frau begegnet. Zunächst spürt er nur ihre Gegenwart im Halbschlaf, riecht ihr Parfüm, sieht sie einen Moment als Spiegelbild im Fenster, ist von der Erscheinung berauscht, aber sie ist verschwunden. Im weiteren Verlauf wandert er von Abteil zu Abteil, immer auf der Suche nach dieser "Traumfrau". Er trifft dabei auf ungewöhnliche Menschen, die mysteriöse Andeutungen machen und ihn zu kennen scheinen. Die Zugfahrt soll zum Meer gehen und will kein Ende nehmen. Schließlich sitzt er wieder im selben Abteil wie am Anfang der Fahrt und sieht sie lächelnd gegenüber sitzen. Sie war immer bei ihm gewesen, er hat sie nur nicht wahrgenommen. Als ich mit den sauber und liebevoll getippten Schreibmaschinenseiten Sabine aufsuchte - es war ihr Geburtstag - umarmte sie mich an der Haustür und sagte, zum ersten Mal seit langen Monaten: "ich liebe dich". Wonneschauer. Später erzählte sie mir von ihren Erlebnissen in den vergangenen Wochen. Eine Erbschaft von 6000 DM hatte sie in einen TM-Siddhakurs investiert. Eine Woche lang hartes Meditationstraining nach dem angeblich 5000 Jahre alten Yogasystem des Inders Patanjali, natürlich in der Interpretation des TM-Begründers Maharishi. Diese "Flugtechnik" und die Mitglieder jener geheimnisvollen Gruppe sollte ich bald darauf aus eigener Erfahrung kennenlernen. Nach zwei Stunden wurde ich freundlich
verabschiedet, ich könnte am Abend wiederkommen, sie habe noch einiges zu erledigen.

Abends. Sie hatte ihren Thomas erwartet, aber der war nicht gekommen. Schade, ich war gespannt darauf gewesen, wie ich mich nach den Theaterproben mit „Stefan-Thomas" nun bewähren würde - doch halt - mir ist so, als sei er kurz vorbeigekommen - Erinnerungsblockade? Ein verschwommenes Bild: eine mufflige, hilflos verklemmte Gestalt in schwarzer Lederjacke, unruhige Blicke, die mir ausweichen, eine enttäuschte Sabine...na, vielleicht alles Einbildung.

Aber an einen anderen Besuch erinnere ich mich genau. Ein alter Freund von Sabine kam. Klare und ruhige Erscheinung, Schüler von Yogananda. Wir saßen zu dritt mit geschlossenen Augen auf dem Bett und hielten uns an den Händen. Da war es wieder, dieses Drei-Einigkeitsgefühl: Bhagwan, Sabine und "ich", diesmal als vollwertiger Dritter im Bunde, ohne durch Drogenhilfe ins hochgelegene Intimgemach eingedrungen zu sein. Damit meine ich einen Raum, der zeitlos existiert~ immer gegenwärtig als Möglichkeit. Vielleicht hat jeder Mensch Zugang auf seine Weise. Aber ich muss, um den Raum betreten zu können, einige Sachen ablegen, einige Vorstellungen davon, wer ich bin und welchen Platz ich normalerweise in einer bestimmten, gewohnten Welt einnehme. Vermutlich ist auch dieser Raum nur die Vorhalle zu dem: im Innersten Schrein, bin ich ganz allein. Aber da habe ich wohl noch nicht hineingeschaut, sonst wäre ich ein Anderer.

In dem "Drei-Einigkeits-Intimgemach" war ich jedenfalls nicht allein. Ich spürte meinen Körper und durch die Berührung an den Händen die Körper der beiden Anderen. Ich fühlte jedoch, dass die Seelen, deren Gegenwart ich dankbar aufsog, eine recht lockere Beziehung zu ihrer äußeren Gestalt hatten. Ich hörte Sabines Stimme lachend- glucksend sagen, was ich dachte: "das ist ja ein tolles Gipfeltreffen!" Als ich nach zwanzig Minuten zusammen mit den beiden Anderen die Augen aufschlug, sah ich noch einige Momente ihre Körper als austauschbare Vehikel - "bloße Erscheinungen", wie es in manchen Philosophien so schön abstrakt und trocken genannt wird. Die Erscheinungen verneigten sich dankend und ehrerbietig voreinander, wie Staubfäden einer Blüte, aber darüber hinaus im Bewusstsein, zu ein-und derselben Pflanze zu gehören, aus demselben, einen Saft heraus zu wachsen. Ich hütete mich, über das Erlebnis zu sprechen, aus der Erfahrung heraus, dass solches Gerede zwangsläufig auf unbewusstere Ebenen hinunterzieht, bis man schließlich zweifelt, ob sich das so Zerredete überhaupt ereignet hat.

Sabine und der unbekannte Dritte mussten nach meiner Einschätzung der Situation über diese destruktive Rationalisierungssucht des Kopfes erhaben sein, denn sie waren für mich die Lehrer und ich der Schüler. So verabschiedeten wir uns voneinander, und jeder blieb mit sich allein.

Einige Tage später traf ich Sabine noch einmal, bevor sie wieder zurück zu ihrer spirituellen Gruppe fuhr. Ich erzählte ihr in der U-Bahn von dem Zwiespalt in mir. Dass die Faszination, die sie auf mich ausübe, die Gestalt Bhagwans in den Hintergrund treten lasse. Ob es die "Zweite Phase" meiner spirituellen Entwicklung sei, dem Meister in seiner weiblichen Gestalt zu begegnen? Dass mir diese Perspektive Angst mache, zumal ich in ihr nicht die Bewusstheit und wirkliche

Meisterschaft von Bhagwan erkennen könne. Ob es eine echte Herausforderung sei oder nur der Versuch, den Brennpunkt zu umgehen durch das gewohnte Mann-Frau-Spiel? Ich beschrieb ihr jenes Bild, das kurioserweise in einer deutschen Zeitschrift erschienen war, die anscheinend ein ganz besonderes Karma in bezug auf Bhagwan abzuarbeiten hat. Für mich war gerade dieses Bild so wichtig, weil es genau meine Beziehung zu Sabine und Bhagwan symbolisierte. Bhagwan geht etwas mühsam die Treppe hoch zu seinem Bungalow, mit dem Rücken zum Betrachter, weltabgekehrt. Vivek, die ich in diesem Zusammenhang einfachheitshalber als "Bhagwans Frau" bezeichne, ist dicht hinter ihm, dreht sich aber gerade um, anscheinend zu jenem Swami, der im Vordergrund des Bildes, in ehrfürchtiger Distanz und unentschlossener Haltung dasteht.

Sabine sagte zu meinen bekenntnishaften Ausführungen sphinxhaft wenig - die U-Bahn war sicher nicht der beste Ort für dieses Gespräch - und ich konnte nicht einmal feststellen, ob sie sich in ihrer Rolle geschmeichelt oder überfordert fühlte. "Jedenfalls muss ich in diesem Jahr unbedingt lernen, mehr Selbstvertrauen zu haben!", sagte ich, nachdem ich ohnehin schon zu viel geredet und zu wenig auf ein bewusstes Miteinander geachtet hatte. So ging sie dann zwar winkend, aber doch recht unbeeindruckt davon, um ihre Einkäufe zu erledigen, und ich fühlte mich leer – stehen gelassen.

Über die Bekanntschaft mit einer rotgekleideten Dame namens Eva, hinter deren verführerischer Maske sehr bald das nackte Elend hervorquoll geriet ich in eine Gruppe von

Sannyasins, die gemeinsam eine Fastenwoche in einem winzigen Bauernhof ganz weit draußen zelebrierten. Die Gruppe gefiel mir. Es wurde manchmal über Astrologie geredet. Zwar hatten die Anderen auch nicht viel mehr Kenntnisse als ich, und ich hatte mich bisher überhaupt nicht für Astrologie interessiert, aber es war doch sehr aufschlussreich, hinter der Verschiedenheit oder gar extremen Gegensätzlichkeit der Typen jenes besondere Gemeinsame zu erforschen, das der Identität des Sternzeichens entspricht. Das ist natürlich ein umfangreiches Kapitel, und ich will mich auf zwei Beobachtungen beschränken, die in meine Hauptgeschichte hineinpassen.

Die Wassermannfrau war so alt wie Sabine, fast am selben Tag in derselben Stadt geboren. Was mir als Gemeinsamkeit auffiel, war der ausgeprägte Sinn für Magie und Rituale, bewusst erlebte und daher intensivierte Weiblichkeit und konsequente, dem Partner oft rücksichtslos erscheinende Ehrlichkeit im Umgang mit den eigenen Stimmungen und Gefühlen. Ich bin sicher, dass ihr Freund schon allein deswegen so lange mit ihr zusammen leben konnte (jedenfalls viel länger als ich mit Sabine), weil er nicht die spezifische, mystische Sensibilität der Fischegeborenen hat. Dadurch war er weniger empfänglich für diese bezaubernde, subtile Mischung aus Weiblichkeit und Spiritualität - einerseits ein Verlust, andererseits die Garantie der Unabhängigkeit. Denn die Wassermannfrau provoziert Abhängigkeit und fordert gleichzeitig einen unabhängigen Partner, der ihr ein Höchstmaß an Freiheit lässt. Die übliche Alternative in Paarbeziehungen ist: sinnlich-erotisch oder intellektuell (Mischformen eingeschlossen). Aber darüber hinaus gibt es eine dritte Möglichkeit, die vielleicht nur Wenige kennen: erotische Spiritualität oder meditative Mann-Frau Beziehung. Die intellektuelle Verbindung ist eine Ersatzbefriedigung. Es wird darüber geredet, warum es beim Sex nicht klappt, Therapeuten werden einbezogen usw. Man mag eine solche "Studentenehe" geistig nennen, sie bleibt trotzdem, was sie ist: zu Bücherstaub vertrockneter Sexsaft. In einer wirklich bewussten Beziehung wird der Saft zu prickelndem Sekt, der in einem stillen, genüsslichen Moment geschlürft werden kann, während die beständige, erdige Sexbeziehung mit einem anderen Partner davon unbeeinflusst weiter durchgehalten werden kann. So fand ich ausreichend für ein Aha-Erlebnis in Bezug auf Sabine, aber sicher nicht ausreichend für eine quantitative psychologische Studie mit Objektivitätsanspruch, dass die Beziehung Wassermannfrau - Fischemann gute Funken für Ewigkeitsmomente hergibt, aber keine Basis für Dauerhaftigkeit und Beständigkeit.

Die zweite astrologische Erkenntnis betraf jemanden, den ich gerne als meinen Freund bezeichnen würde, wenn ich nicht genau wüsste, dass ich keine Freunde habe. Abgesehen von der Tatsache, dass er auch im Sternzeichen "Fische" zur Welt gekommen ist, habe ich bis heute keinerlei Gemeinsamkeiten zwischen uns entdecken können. Er ist darauf erpicht, andere vor den Kopf zu stoßen, deren Empörung dann meist lahm und lau wirkt und nicht an seine beabsichtigte Widerwärtigkeit heranreichen kann. Er erinnert mich an provokative, genial widerliche Theaterstücke, an denen die erbosten Zuschauer und Zeitungskritiker heraufkläffen wie Straßenköter an einem "Rolls". Zugegeben, das ist jetzt etwas idealisiert. Ich habe gerade Gefallen an einer Ausdrucksweise, in der sich vielleicht nicht einmal Samvado wiedererkennt. In meiner Sabine-Geschichte ist er wichtig, weil er jahrelang TM gemacht hat, bevor er Sannyasin wurde, und weil er zwei von mir sehnsüchtig erwartete Sabine-Briefe an meiner Stelle empfangen, gelesen und als "pseudo-religiöses TM-Gelaber" weggeworfen hat. Warum ich ihm deswegen nicht böse, sondern fast dankbar bin, wird vielleicht noch verständlich. Denn wir nähern uns nun einem Kapitel, wo es um den Vergleich religiöser Richtungen oder, wie es in den Medien immer so liebevoll heißt: "Sekten" geht.

8: April -Nov 1982:

TM-Gruppe bei Köln und Lahnstein, Bhagwan versus Maharishi, Zuspitzung

Sabine hatte mir bei unserer letzten Begegnung einen Briefumschlag mit 100-DM überreicht. In einem Brief dazu hieß es sinngemäß: "Das Geld ist für eine Einführung in die TM. Du tust es nicht für mich, sondern für Gott, für uns alle. Auch wenn du meinst, darüber erhaben zu sein und es dich Überwindung kostet, wieder als Anfänger da zu stehen. Bitte verwende das Geld nur dafür, sonst gib es mir wieder zurück." Natürlich empfand ich es unter meiner Würde, mich da einführen zu lassen. Sabine interessierte mich, nicht dieses TM. Andererseits dachte ich mir: "Bei einer Ideologie gibt es nichts zu verfehlen, bei einem Menschen dagegen kann man das Wesentliche verpassen. Mein Haschischstudium sollte nach meinem eigenen Programm durch ein verstärktes und konzentriertes Sabine-Studium abgelöst werden. Und dazu gehörte nun einmal ihre TM-Welt.

Wie weit sollte ich ihr folgen? Das Mindeste war wohl, dass ich sie dort, in ihrem neuen Umfeld, besuchte. So fuhr ich unter günstigen Voraussetzungen in jenes Dorf in der Nähe von Köln, wo sie zur Zeit wohnte. Sabine hatte mich eingeladen, ich war fastengereinigt, und wir, Kira und ich, brachten im Auto Sabines Sachen mit, die sie noch in Hamburg zurückgelassen hatte. Kira war in mich verliebt und ich versuchte, eher unbewusst, sie als Gegengewicht zu Sabine zu benutzen. Eigentlich wollte ich nur kurz bei Sabine "vorbeischauen" und dann mit Kira weiter in den Süden reisen.

Wir näherten uns der angegebenen Adresse. Die Landschaft war trostlos flach, am Horizont ringsum Fabrikschornsteine und Kraftwerktürme. Mich wunderte, dass Sabine, die einen ausgeprägten Sinn für schöne, ästhetische Umgebung hat, in diesem Fall ihren Anspruch aufgegeben hatte. Mein erster Eindruck vom Dorf war: "welch ein häßliches, graues Kaff". Bis auf einige ärmliche, kleine, alte Häuser an der Hauptstraße nur Neubausiedlung. In ein Neubau-Reihenhaus traten wir ein.

„Hallo, schön dass ihr kommt, Sabine und die Anderen machen noch Programm." Ein junges Mädchen führte uns in das Wohnzimmer. Programm? Ach ja, so wurde bei TM-Leuten das Meditieren genannt: "sein Programm machen". Und dieses Wohnzimmer! Sabine, Sabine, wo hat es dich nur hinverschlagen! Es entsprach genau meiner Vorstellung vom Deutschen Spießerheim. Wir luden die Sachen aus dem Auto und Kira sagte: "So, ich glaub, ich fahr dann erst mal weiter nach Bonn, zu meinen Freunden. Du hast ja die Nummer und kannst mich da anrufen. Tschüss und…" mit einem vielsagenden Blick auf die Wohnzimmereinrichtung "viel Spaß hier."

Als Sabine dann die Treppe herunter und ins Zimmer kam, war das ein ähnliches Wiedersehen wie nach meiner zweiten Poonareise. "Ist das wirklich Sabine", dachte ich, aber da fielen wir uns schon in die Arme, tanzten herum und johlten wie die Kinder, kugelten uns am Boden, und diese überschwängliche Freude hielt sich den ganzen Abend. Die anderen drei Personen, die zunächst etwas betreten dabeistanden, sich aber dann bald mit uns zu freuen schienen, sind nur deshalb in mein Leben getreten, weil ich Sabine hinterher lief. Sie passten in ihrer Erscheinung und Ausstrahlung überhaupt nicht in meine Kategorie für Menschen, die ich gerne näher kennenlernen wollte. Das sagt natürlich nichts über die Personen selbst aus, sondern nur etwas über meine eigenen Vorurteile.

Ich will sie zunächst nur benennen: Ursula, Toni und Ursulas Tochter Maria-Ursula, die uns empfangen hatte. Bei der Beschreibung möchte ich mich etwas vorsehen, weil die Gefahr besteht, dass ich die später erlebte tiefe Enttäuschung in diese Menschen hineinprojiziere und ihnen anlaste, was meine eigene Dummheit war. Das betrifft zwar im Prinzip alle Personen dieser Geschichte, in erster Linie Sabine. Aber es gibt da einen für mich wichtigen Unterschied. Die bisher vorgekommenen Figuren konnte ich mit einem ziemlich sicheren Gefühl subjektiv beschreiben als meine Figuren, die ich mir ausgesucht habe. Sie gehören zu mir. Nun geht es aber um Menschen, die Sabine sich ausgesucht hatte und zwar eine Sabine, die mir im Grunde fremd geworden war.

Als Sabine und ich in dem winzigen, aber sehr gemütlichen Dachzimmer zusammen im Bett lagen - ich hätte nie für möglich gehalten, dass ein so intimes, wenn auch asexuelles Zusammenliegen noch einmal passieren würde, kam Toni ins Zimmer, berührte Sabine sanft und sagte: "Gute Nacht ihr beiden, schlaft schön."
"Hast du etwas mit Toni?" fragte ich eher neugierig als eifersüchtig besorgt. "Nein, natürlich nicht. Er ist ein guter Kumpel, wir verstehen uns. Sicher, er mag mich sehr gern. Ursula meinte vorhin zu mir, er sei sehr geknickt gewesen über unsere Wiedersehensfreude, aber ich glaube, sie ist nur neidisch, dass sie bei dem Trubel nicht ganz mithalten konnte."
"Fühlst du dich denn wirklich wohl hier, mit diesen Leuten, das ist doch eigentlich gar nicht dein Stil?" „Das ist nur ein Teil unserer Gruppe und auch nicht der Hauptsitz. Warte mal ab, wenn du Franz siehst, und das Kosmische Zelt draußen in Lahnstein, da wirst du schon merken, warum ich mit dabei bin. Ich weiß, dass dir das hier alles spießig vorkommt, aber wenn du die Sache verstehen willst, musst du von deinem hohen Roß herunterkommen und genauer hinsehen. Jedenfalls freue ich mich, dass du da bist. Es tut mir gerade im Moment sehr gut, dich als Unterstützung zu haben, denn ich habe keinen leichten Stand in dieser Gruppe. Vielleicht kannst du mir helfen. So, und nun sollten wir schlafen, denn wir stehen hier alle morgens um sieben auf, dann wird Programm gemacht." "Programm gemacht…wenn ich das schon höre! Naja, mal sehen wie es weitergeht."

Um 7 Uhr begann das Programm im Nebenzimmer – mit „Abflug". Man hatte mir gesagt, ich könne ruhig weiterschlafen und solle mich nicht stören lassen. Ich war über diese Nachricht etwas verwundert, denn wenn man schon in einer Gruppe meditierte, dann hätte man mich doch auch dazu einladen können, so war es zumindest unter Sannyasins üblich. Aber Sabine klärte mich später auf. "Toni und vor allem Ursula meinten, ein Nichtmeditierender würde das Programm stören."
Wieso Nichtmeditierender? Seit zwei Jahren praktizierte ich regelmäßig meine Zenmeditation, abgesehen von den Therapiegruppen, Dynamischen und sonstigen Meditationen. Doch warum sollte ich mich aufregen. Schließlich war es "nur" eine Frage der Terminologie. Sie akzeptierten ja, dass Zenmeditation wohl auch ganz nützlich sei, nur eben nicht so schnell und wissenschaftlich nachweisbar zur Erleuchtung führe wie Maharishis Programm. Später durfte ich sogar still mit dabeisitzen, wenn sie „abflogen". Zunächst hörte ich allerdings nur die Geräusche aus dem Nebenzimmer. Es ging los mit einem schnellen Nasengeschnaube, vom Geräusch her ähnlich wie die erste Phase in der Dynamischen Meditation. Die Funktion war aber eine ganz andere. Das chaotische, unregelmäßige Atmen in Bhagwans Meditation dient als Hyperventilation (übermäßige Sauerstoffzufuhr) dazu, emotionale Schichten freizulegen (vergleichbar dem "Rebirthing"), die dann in der nächsten, kathartischen Phase des Tobens und Schreiens zum Ausdruck gebracht werden. Obwohl das schnelle Schnauben in Maharishis Programm rein

physiologisch ähnlich wirkt wie die chaotische Phase, gilt sie als eine spirituelle, reinigende Yogadisziplin, "Asanas" genannt, und leitet nicht etwa den zu erwartenden Ausbruch blockierter Aggressionen etc. ein, sondern eine 20 minütige Mantrameditation. Die gedankliche Wiederholung eines Wortes ohne Bedeutung.

Das Mantra wird einem persönlich (gegen eine erschwingliche Summe Geldes) von einem Meditationslehrer anvertraut, und darf niemandem weitererzählt werden. Damit alles richtig läuft, kann man sich "checken" lassen. Dabei sagt der Lehrer in einer Formel, die genau vorgeschrieben ist - wie überhaupt alles, was der Lehrer offiziell zu sagen hat - (daran muss ich mich hier ja nicht halten) "das Mantra läuft ganz mühelos und leicht, wie die Gedanken". Die eigentliche Wirkung des Mantras soll nun aber nicht einschläfernd sein, wie der böse Bhagwan immer behauptet, sondern "Stress abbauen", also eigentlich -ganz ähnlich wie die 2. Phase der Dynamischen Meditation.

Wie das funktioniert, wird einem bei der Einführung in die TM, die ich dann später tatsächlich unter besonderen Umständen, die an anderer Stelle zu beschreiben sind, auf mich genommen habe, anhand einer Skizze erläutert. Das Mantra dient als Transportmittel, das zu jenem Ort geschickt wird, wo der Stress sitzt, den Stress abholt und hinausbefördert. So wurde es mir zumindest in der offiziellen Einführung geschildert. Meine eigene Version dazu finde ich einleuchtender: durch das Üben der Beobachtung wird das Mantra feinstofflicher, und, so sagt auch Maharishi selbst, führt die Aufmerksamkeit bis zu jenem Punkt, wo das Mantra plötzlich verschwunden ist. Keine Gedanken, kein Mantra, Leere. Das ist auch genau der Punkt, der in der Zenmeditation irgendwann ohne Mantra, durch das Beobachten des Atems und der normal ablaufenden Gedanken erreicht wird. An diesem Punkt gibt es kein Objekt und daher auch eigentlich kein Subjekt mehr. Das ist aber nicht nur ein kleiner Stressabbau, sondern die Explosion überhaupt, die ich noch nicht erlebt habe und, da bin ich ganz sicher, auch keiner der Leute, die mir nun und im späteren Verlauf dieser Story begegneten, erlebt hat; obwohl sie es seit 10 Jahren mit dieser Technik probieren.

Obwohl also der Begriff des Stressabbaus in Verbindung mit der Mantrameditation suggeriert, es handele sich um eine Katharsis wie in der zweiten Phase der „Dynamischen", nur bequemer, im Sitzen, ist die gesamte Leib-Seele Situation entgegengesetzt eingerichtet. Der durch das schnelle Atmen aufgewühlte Organismus soll nun plötzlich wieder ganz entspannt sein. Danach, man muss auf die Uhr sehen, 20 Minuten sind um, kommt die Flugphase für diejenigen, die das 8000,-DM Siddha-Training mitgemacht haben. Aber über die Preise will ich mich gar nicht mokieren, eine Gruppe bei Teertha kostet auch so viel, und was besser ist, muss jeder selbst entscheiden.

Interessant ist wieder die scheinbare Ähnlichkeit mit der dritten "Ho-Phase" der Dynamischen. Das „scheinbar" bezieht sich übrigens nicht auf den Preisunterschied. Sicher ist die "Ho" oder "Huh"-Phase, wo man entsetzliche 10 Minuten lang mit ausgestreckten Armen springen und bei jedem Aufsetzen den Laut "Huh" ausstoßen muss, viel anstrengender und dafür auch billiger als jenes, von Maharishi ursprünglich als freischwebende Levitation eingeführte "Fliegen", das bekanntlich über ein komisch aussehendes Hüpfen nicht hinauskommen will. Ich spreche hier von einer "scheinbaren" Ähnlichkeit, weil es mir persönlich so zu sein schien. Denn die visuellen Leitfäden – in der Tradition des Tantra würde man vielleicht von Yantras sprechen, also von Bildern, die an die Stelle des Mantras treten oder zusätzlich benutzt werden - kannte ich nicht.

Sabine hatte mir nur andeutungsweise erzählt, dass beim „Fliegen"-bestimmte Bilder eine Rolle spielen. Da ich zu Sabine eine starke innere Verbindung hatte, als "Fische-Geborener" gut alle Schwingungen und Stimmungen im Raum aufnehmen konnte und in meinem Za-Zen ohnehin ziemlich leer und empfänglich war, spürte ich die Abhebimpulse, die in Wellen durch den Raum liefen so stark, dass ich selbst unwillkürlich mithopste. Es war ein hübsches Gefühl, das vom Sexzentrum ausging und sich in den seltsamsten Lauten ausdrückte. Hier kam mir viel eher die Assoziation zum Stressabbau. Danach kam eine Phase des Ausruhens, die rein äußerlich der "Stopp!"- Phase in der Dynamischen entspricht und zugleich das genaue Gegenteil ist. Während man die hohe Energie des Fliegens im sanften Dahindösen unter einer Wolldecke ausklingen ließ, steht der dynamisch "Meditierende" (laut TM-Terminologie hat er allerdings kein Anrecht auf diesen Titel.) nach totaler

Anstrengung in den drei vorangegangenen Phasen durch den „Stopp"-Ruf zur Salzsäule erstarrt da und sieht, im idealen Falle, seinen Körper wie tot am Boden liegen. (Eine solche Trennung von Körper und Bewusstsein ist wohl so selten wie eine echte Levitation beim Fliegen, nach meiner Ansicht jedoch viel illuminativer). Im weniger idealen Fall hat er den Sturm von Gedanken, Gefühlen und Körperempfindungen, einschließlich der kalten Schweißergüsse zu beobachten und dabei ganz sicher nicht die Gelegenheit einzuschlafen.

Als letzte Phase hat Bhagwan zur Erholung eine schöne, von Chaitanya Hari bzw. Deuter komponierte Musik zu bieten, zu der man tanzen kann, wie man möchte. Und Maharishi? Es ist nicht so, dass ich altindische Verse als solche widerlich finde, im Gegenteil, nach manch einer tiefen Meditation hörte ich mich selbst in solcher Sprache singen, aber wenn ich mit anhören musste, wie Toni oder Ursula in Maharishis 5. Phase aus der Rigveda vorlasen, von der Kuh und dem Soma, dann musste ich wieder tief seufzen und zu mir sagen: "Und das alles wegen Sabine?!"

Durch diesen subjektiven Vergleich zwischen Maharishis "Programm" und Bhagwans Dynamischer Meditation habe ich wohl meine eigene Position deutlich gemacht. Dabei hasse ich die „Dynamische" wie die Pest. Aber ob es nun an meiner Dickköpfigkeit oder wirklich daran liegt, dass Bhagwans "Nichtprogramm" das Wahre ist, ich konnte mich mit der TM-Welt nicht richtig anfreunden, obwohl ich mir alle Mühe gab. Und es geht mir auch nicht darum, die eine

Richtung gegen die andere auszuspielen. Jedes Bemühen, durch Meditation bewusster zu werden, ist in meinen Augen tausendmal mehr wert als alle gesellschaftlichen Wachstums-, Fortschritts- und Sicherheitsbestrebungen. TM ist für mich nicht die "andere"! oder gar "gegnerische" Seite, sondern ein Mitstreiter gegen jene Kräfte, die wir zuerst in uns selbst zu suchen und zu sehen haben. Wenn man danach immer noch Interesse hat, den Feind außen anzuprangern - Angriffspunkte gibt es ja mehr als genug - dann wird er sicher nicht unter "Meditierenden" (im eigentlichen. Sinne des Wortes) zu finden sein.

Nun gut, nach dem morgendlichen Meditationsprogramm, das insgesamt etwa 90 Minuten dauerte, frühstückten wir zusammen. Ursula, das Genie vegetarischer Kochkunst, servierte reichhaltiges Müsli, Joghurt, Nüsse aller Art, Obst, selbstgebackenes Vollkornbrot, diverse Käsesorten, Weizenkeime, Hefe-Extrakt, Gesundheitstee. Kaffee, Weißbrot, Eier, Zigaretten - meine übliche Nahrung, das war hier nicht angesagt. Und ich konnte erstaunlich gut darauf verzichten. Vor den Mahlzeiten schlossen wir einen Moment die Augen, saßen still da, öffneten die Augen wieder, fassten uns an den Händen und wünschten "GutenAppetit!". Das gefiel mir, und es half mir auch, beim Essen bewusster zu sein.

Aber alles, was über diese kurze Andacht hinausging - und es ging oft weit darüber hinaus - gefiel mir überhaupt nicht. Da wurde ein spiritueller Text vorgelesen, wo es um mir unbekannte Meister wie „Kuthumi" und deren Schwingungsenergien ging, die sich in Farben äußern, für jeden Wochentag eine andere Farbe, Christus hatte, glaub ich, die Farbe Lila. Nicht nur der verschrobene Text, sondern vor allem die ganze Stimmung erinnerte mich an manche Bibelandacht im Kreise meiner pastörlichen Familie.

Was daran verkehrt war? Die Unehrlichkeit. Aber das ist ein heikles Kapitel, das ich nicht theoretisch abhandeln möchte. Es geht hier um eine ziemlich subtile Unehrlichkeit von Meditierenden. Die kann, wenn überhaupt, nur durch eine möglichst genaue, vorurteilslose Wiedergabe einiger Gespräche und Verhaltensweisen zum Vorschein kommen. Nachdem der Text vorgelesen war, wurde eine Kerze angezündet und dabei ein Wunsch laut ausgesprochen. Ursula sagte dann z.B.: "ich wünsche uns allen, dass dies ein gesegneter Tag wird, dass wir die himmlischen Kräfte in uns aufnehmen und zur Freude unserer Mitmenschen weitergeben." Dann wurde aber noch, zu meinem und dem Entsetzen der Tochter Maria, die "große Invokation" gesprochen, wie das Vaterunser. Es ist ein Text von einer gewissen A. Bailey, die offensichtlich glaubt, dass dadurch, dass Tausende diesen Text beten, Christus wiederkehren würde. Wer sich für den Text interessiert, obwohl er bis zu dieser Stelle des Buches gelesen hat, der kann ihn in jeder Esoterischen Buchhandlung erhalten.

Dann wurde gegessen. Ursula war nicht nur eine Meisterin der Kochkunst, sie demonstrierte auch sichtbar, wie man Essen genießt. "Ah, köstlich, diese japanischen Kiwis, sind ja furchtbar teuer, aber irgendwie kommt hier immer wieder Geld zusammen - ach übrigens, Toni, ich glaub von unserem letzten Einkauf krieg ich noch Geld von dir, wir haben ja

jetzt noch zusätzlich einen Gast im Haus, Maria-Ursula, Kind, sei so lieb und hol noch etwas Tee aus der Küche, und wenn du schon steht, kannst du auch die andere Seite von der Platte auflegen, ach Mozart, das ist doch eine himmlische Musik."
Ursula redete viel. Sie hatte eine durchdringende, antreibende Stimme. Allein während einer Mahlzeit wurde die Tochter wenigstens dreimal aufgefordert, dies oder jenes zu erledigen, Toni war der nächste in der Liste, Sabine wurde selten und vorsichtig ermuntert und bei mir waren es zunächst nur Andeutungen. "Dein lieber Freund, Sabine, kann ja wirklich schön Geige spielen, er hat eine seltene Begabung dafür, ich spüre irgendwie, dass er einmal der Musiker der Zukunft sein wird. Vielleicht sollten wir jetzt etwas Musik machen."
Es blieb nicht beim Musikmachen. Immerhin lernten wir uns kennen und ich lebte dort umsonst. "Weißt du, Christian", sagte -Ursula in freundschaftlichem Ton, der allerdings durch gewisse, mir aus der Kindheit bekannte Obertöne Hysterie signalisierte, "ich finde es ja toll, dass du nun hier mit Sabine in meinem Haus so gut zurechtkommst, was mich übrigens gar nicht wundert, denn dies ist ein Ort hoher Energie, und mir sind alle Gäste stets willkommen, aber es ist doch auch für dich viel besser, wenn du nicht das Gefühl haben musst, hier untätig herumzusitzen, ich würde vorschlagen, du hilfst Toni ein bisschen im Garten. Du kannst z.B. das Unkraut jäten und an der Hecke da, die stört mich schon lange, da müssen ein paar Zweige abgeschnitten werden, Thomas..." sie rief mit lauter Stimme nach ihrem Sohn Thomas, der im Keller hauste und den ich bisher noch gar nicht zu Gesicht

bekommen hatte."Bring doch mal die Motorsäge, die wir gerade ausgeliehen bekommen haben."
Ich ging widerwillig in den Garten und begann, die Zweige mit der nerv tötend lauten Motorsäge abzusäbeln. Nach einer Weile wurde der Widerwille so stark, dass ich das Ding abstellen musste, ins Haus zurückging und zu Ursula sagte. "Tut mir leid, ich kann die Zweige nicht absägen, das geht gegen meine...Natur." Ich fing einen anerkennend-liebevollen Blick von Sabine auf, die daneben stand. Ursula sagte, in einer Mischung aus betonter Gleichgültigkeit und mitleidsvollem Verständnis: "Am Anfang des spirituellen Weges ist man manchmal etwas gefühlselig, das gibt sich mit der Zeit. Garten und Haus müssen nun einmal in Ordnung gehalten werden, daran ändert auch das Meditieren nichts." (Ich merke nun während des Schreibens, dass ich Ursulas tatsächliche Äußerungen nicht wortgetreu wiedergeben kann, das würde auch zuviel Platz in Anspruch nehmen, sondern dass ich aus vielen Bemerkungen und Gesprächen jene Tendenz herausfiltern muss, die sie - für mich- als Typus vertritt). Jener Thomas, den sie aus dem Keller hochgerufen hatte, war übrigens ein sympathischer Bursche, auch ein "Fisch". Wir tranken dort unten manchen Kaffee zusammen.

„Heute fahren wir zu Franz nach Lahnstein, ach das wird herrlich, Christian." Sabine freute sich wie ein kleines Kind, und ich war gespannt. Wir fuhren zu viert im Auto den Rhein entlang über Koblenz und in Lahnstein jenen Berg hinauf, wo oben die Burg steht. Auf dem Campingplatz in der Nähe der Burg war um diese Jahreszeit noch kein Betrieb. Nur ein Zelt stand da, und zwar ein sehr ungewöhnliches Zelt. Es war im Grundriss ein Zwölfeck mit einem Durchmesser von 12 Metern. Das kuppelförmige Dach hatte in der Mitte eine Öffnung, darunter befand sich eine große Feuerstelle. Als wir eintraten, kam ein schmächtiger, drahtiger Mann mit einem frischen und forschen Pfadfindergesicht auf mich zu, die wachen und lebendigen Augen sahen mich offen, direkt und herzlich an: "Du bist der Christian, Sabine hat mir von dir erzählt, Mensch ich freu mich, dass du hier bist."

Es war Franz. Mein Gefühl war, dass ich ihn auch unabhängig von Sabine irgendwann kennengelernt hätte. Er gefiel mir auf Anhieb. Später, als wir zusammen am Feuer saßen, der Kern der Gruppe bestand aus sieben Leuten, erzählte mir Franz etwas von seinem Projekt. Vor etwa zwanzig Jahren, als er gerade mit TM angefangen hatte, war eine Vision über ihn gekommen, so überwältigend, dass er nachts halb nackend durch die Straßen lief und aufgrund seiner lauten Verkündigung des Kosmischen Zeitalters zunächst einmal in einer speziellen Anstalt zur Ruhe gebracht werden musste.

In seiner Vision war er dazu berufen, an den materiellen Grundlagen einer neuen Gesellschaft zu arbeiten, deren Hauptanliegen nicht Kapitalanhäufung und Krieg, sondern das harmonische, ganzheitlich heile Leben im Einklang mit der Natur sein würde. Da jeder Aspekt des alltäglichen Lebens in Übereinstimmung mit den Naturgesetzen, die hier als göttlich-intelligente Planung und ethische Ordnung gesehen wurden, zu bringen war, hatte die Wohnsituation des zukünftigen Menschen natürlich eine große Bedeutung. Zum Beispiel hatte die geometrische Form der "Kosmischen Häuser", im Vergleich zu denen dieses Zelt nur ein vorübergehender Notbehelf war, die Aufgabe, das Bewusstsein seiner Bewohner zu schärfen und wach zu halten. Wissenschaftlich erwiesen ist zumindest, dass sich in Pyramiden Rasierklingen schärfen und Kadaver sehr langsam verwesen.

Meditierende wussten darüber hinaus von enormen Energieschüben zu berichten. Nicht nur die Form, auch das Baumaterial spielte eine Rolle: Keine Kunststoffe, nur Holz, Stroh und Leinen. Wichtig war sogar, in welcher Richtung man beim Schlafen lag. In unserem Zelt war ein Schlafraum für 40 Leute vorgesehen, jedes Schlaf- und Privatabteil für 2 Personen. Diese Quadratischen Abteilungen zogen sich an der Zeltwand entlang, 10 unten und 10 darüber.

Zur Zeit war das Zelt nur von 6 Leuten bewohnt, aber wenn es voll belegt war und alle im Uhrzeigersinn lagen - der Kopf gab die Richtung an, nicht nur bei diesem Experiment - dann würde sich eine hochenergetische Kreisbewegung entwickeln. Von der einzelnen Zelle bis hin zum riesigen Organismus einer Kosmischen Stadt, wo die bewusstseinsmäßig am höchsten entwickelten Menschen im Zentrum wohnen und die übrigen Mitglieder der Gemeinschaftsich je nach Entwicklungs-und Berufstand zur Peripherie hin verteilen würden, war alles genau durchdacht. Mir wurde etwas schwindlig bei den phantastischen Ausführungen und Zukunftsprognosen dieses prophetischen Baumeisters, der trotz vieler Rückschläge und Widerstände im Alltag mit ungebrochener Begeisterung seine Vision verfolgte.

"Tausende, Hunderttausende werden kommen, aus allen Richtungen, auch aus den verschiedenen spirituellen Gruppierungen, nicht nur TM-Leute, und ich freue mich, dass du als erster von Bhagwans Sannaysins zu uns gestoßen bist. Ich halte übrigens sehr viel von Bhagwan. Wäre ich nicht zuerst Maharishi begegnet, dann wäre ich sicher zu Bhagwan gegangen. Aber mir ist auch klar, dass die Erleuchteten Meister auf einer anderen Ebene arbeiten. Ich bin nur für die materielle Organisation zuständig, komme gleichsam von unten, vom Boden. Die Meister, wie Bhagwan und Maharishi, kommen von oben, arbeiten direkt am Bewusstsein der Menschen. Ja, ich sage dir, Christian, das wird eine Olympische Vereinigung, die wahre Vereinigung aller Menschen, und was du hier siehst, ist der allererste Anfang."

Es war spät geworden, und die Anderen wollten schlafen gehen. Franz ging auch. Er wohnte mit seiner Frau und seinem Kind in einem Haus in der Nähe. Sabine sagte zu mir auf dem Weg zu den Waschräumen des Campingplatzes: „Na, wie findest du die Sache?" "Es hört sich phantastisch an, und ich mag Franz gern, aber bisher ist noch sehr wenig in die Wirklichkeit umgesetzt worden. Sechs oder acht Leute, die in meinen Augen z.T. sehr unbewusst sind und sich in Hoffnungen und "positiven Gedanken" ergehen, und ein Zelt. Dagegen hat Bhagwan bereits eine wirklich existierende Kommune zu bieten, Tausende und Hundertausende von Leuten arbeiten bereits konkret an dem Projekt, eine neue

Gemeinschaft von bewussten Menschen zu bilden." „Ja, ja, das mag ja alles sein, aber mir ist es viel lieber, wenn ich einen kleinen Apfelbaum habe, den ich ganz allein hege und pflege, bis er groß wird und dann kommen neue Bäume, als wenn ich in einen schon vorhandenen Garten gestellt werde und mich damit begnügen muss, die reifen Äpfel zu essen." "Da ist was Wahres dran, das stimmt. Es ist schon sehr aufregend, ganz am Anfang einer solchen Sache mit dabei zu sein, wenn der Keim noch nicht aufgegangen ist und vielleicht auch nie aufgehen wird."

Wir schlenderten zur Spitze des Zeltplatzes, wo man tief unter sich den Rhein liegen sah und das Funkeln der Sterne sich auf der Erde in dem Lichtermeer von Straßenlampen und erleuchteten Fenstern bis hin zum Horizont widerspiegelte. Das ist der Ort, wo ich bleiben möchte, endlich habe ich ihn gefunden. Ein Gefühl von Heimatlichkeit durchflutete mich. Es verstärkte sich noch, als Sabine und ich in unser Schlafabteil geklettert waren und nun nebeneinander in unseren Schlafsäcken auf dem Stroh lagen. "Wie warm es hier drinnen ist. Und das bei der Kälte draußen." Wir kuschelten uns aneinander und waren sehr glücklich. Sexuell hatte sich nach wie vor nichts abgespielt, nicht einmal ein Kuss. Aber mir fehlte es nicht. Es war mehr als genug, Sabines Gegenwart genießen zu dürfen.

Am nächsten Morgen wurde wieder "Programm gemacht", diesmal in zwei Gruppen, Männer und Frauen getrennt. So war es auch von Maharishi angeordnet. Welchen Grund das hatte, konnte ich nur vermuten. Es war wieder einmal einer jener Punkte, wo Bhagwan ganz anders vorging als Maharishi und die gesamte religiöse Tradition. Hier wurde die Spannung, die aus der natürlichen Gegensätzlichkeit von Mann und Frau entsteht, gezielt verstärkt, wohingegen sie in Bhagwans Kommunen abgebaut wurde zugunsten eines gleichberechtigten Miteinanders, eines zwanglosen Verschmelzens der Energien.

In der Poonaphase war der Sex ohne Tabus ausgelebt worden, nun hatte das andere Geschlecht nicht mehr diesen in vieler Hinsicht auch hinderlichen Reiz, und man konnte auf dem Untergrund einer entspannten Freundschaftlichkeit übergeordnete Aufgaben in Angriff nehmen. In Maharishis Kommunen dagegen waren Männer und Frauen getrennt, wie in den katholischen Klöstern.

Ich werde das später noch ausführlicher beschreiben. Aber um die Idee und die Struktur, ja die Grundatmosphäre zu verstehen, die Franzens Gruppe bestimmte, muss man sich jenen ideologischen Hintergrund vergegenwärtigen, wo die Anziehungskraft zwischen Mann und Frau und dementsprechend die Kleinfamilie als Basis gesehen wird. Das sogenannte "Kosmische Haus" war für ein Ehepaar mit Kindern, eventuell noch Großeltern und Gästen bestimmt und eingerichtet. Und natürlich träumte ich davon, mit Sabine in einem solchen Haus zu wohnen. Schon die winzige Keimgruppe um Franz herum war in Paaren geordnet: Franz mit Frau und Kind, ein gewisser Ulli mit Frau und drei Kindern, dann ein blonder, angenehm ironisch distanzierter Recke, dessen Namen ich nicht mehr weiß, und der, weil seine Freundin bei der Gruppe nicht mitmachen wollte, schließlich ausstieg, und wir vier: Ursula, Toni, Sabine und ich, wo zumindest im Moment nur Ursula und Toni als Pärchen fragwürdig waren. Die bereits etablierten Paarbeziehungen, zu denen ich meine Beziehung zu Sabine nicht zählen konnte, zumal ich auch nicht als offizielles Mitglied der Gruppe galt, waren in meinen Augen kein gutes Beispiel für eine Keimzelle, aus der eine "Gesellschaft der Erleuchtung" wachsen sollte. Wenn schon die Keimzelle so viel Probleme mit sich selbst hatte, wie sollte das dann erst im komplexen Organismus werden? Und das war neben der Fixierung auf die Ehe der andere maßgebliche Punkt, der mich in dieser Gruppe und in der gesamten TM-Szene stets Außenseiter bleiben ließ: wie die Situation jetzt in diesem Moment tatsächlich war, das wurde ständig verdeckt durch kühne Zukunftsprojekte und die Macht "positiver Gedanken".

„Maharishi hat ein neues Programm herausgegeben, davon wissen bisher nur einige Gouverneure" (Mitarbeiter der Bewegung in höheren Positionen; damals konnte ich noch über diese Titel lachen, später, als im "Rajneeshismus" entsprechende Titel eingeführt wurden, verging mir das Lachen). "Es wird eine riesige Versammlung von Meditierenden stattfinden, wo, ist noch nicht ganz sicher. Dabei wird die Energiekonzentration so hoch sein, dass die 1% Grenze überschritten und das Zeitalter der Erleuchtung angebrochen sein wird." (Der Begriff der 1% Grenze kam aus Maharishis Theorie, dass 1% TM-ler in der Welt genügen, um der gesamten Menschheit zu einem Quantensprung zu verhelfen

und das "Zeitalter der Erleuchtung" einzuleiten). "Bei der Gelegenheit", fuhr Franz fort, „werden wir mit unserem Zelt auftreten. Dann ist die Zeit reif dafür, und die Idee wird wie ein Präriefeuer um sich greifen. Die Leute werden ihre alten Häuser verbrennen und ‚Kosmische Häuser' bauen."
So ging das manchmal stundenlang. Und alle Anderen stimmten mit leuchtenden Augen in eine Diskussion ein, welche schönen Länder man bereisen würde, die Zelte waren ja transportabel, man würde natürlich keine Autos benutzen, Geld gab es auch nicht mehr, dafür eine "Olympiakarte", die den Gegenwert für soziale Leistung darstellte und wie ein Scheck benutzt werden konnte usw. usw. Manchmal brach aber auch der Humor durch. Franz hatte nämlich als der weitaus Intelligenteste von allen eine Art von Humor, der den Anderen fehlte. Das war es auch, was ich an ihm besonders schätzte; ohne die humorvoll ironische Distanz wäre mir sein Pfadfinder-Leitergehabe unerträglich gewesen.
Es war draußen ungewöhnlich warm geworden. Wir harkten das Laub auf dem Campingplatz zusammen, als Gegenwert dafür, dass der Besitzer uns hier umsonst zelten ließ, und hatten viel Spaß dabei. Ein großer Tisch wurde draußen aufgebaut und wir speisten genüsslich. „Es lebe die Olympische Gemeinschaft!" brüllte Franz im Pfadfinderleiterunteroffizierston, "Täterätä, Täterätä, die Fahnen gehisst, die Wipfel und Zipfel geschwungen, wir marschieren durch die Straßen, tausend Rattenfänger von Hameln, ein endloser Strom, die Musik spielt, Toni, Christian, stimmt eure Instrumente, es geht los!" Wir schmetterten das Olympia-Einheitslied, dessen

Text ich immer noch nicht auswendig gelernt hatte. "Toni, du wirst unser Oberschatzmeister, Sabine wird unsere Hofkurtisane, Ursula wird zum Avatar ausgerufen und Christian…" "Ich bin der zärtlich-verwegene Liebhaber", ergänzte ich und stellte mir dabei vor, wie ich um die Kurtisane Sabine warb und unzählige Abenteuer bestehen musste, um gelegentlich ihre Hand halten zu dürfen.

Als wir wieder in Ursulas Haus waren, zogen Sabine und ich uns zunehmend zurück aus dem hektischen Betrieb im Erdgeschoß. Wir waren uns wieder sehr nah gekommen, auf eine neue Weise näher als jemals zuvor. Wir sahen uns oft lange in die Augen und versuchten dabei, wach und forschend, das unergründliche Wesen des Anderen zu spüren. "Du hast doch diese Rückführung in Vergangene Leben gemacht, Sabine, wie war das eigentlich genau, könnte ich das auch versuchen?" „Ja, das können wir sogar hier zusammen ausprobieren. Es ist gar nicht so schwer. Wir haben da eine Kassette, mit der hab ich es auch gemacht. Moment…hier ist sie. Du legst dich einfach entspannt hin, hörst dir die Kassette an, und dann frage ich dich, was du im Geiste siehst und führe dich etwas. Hast du Lust?" "Klar, gleich, sofort?" „Wenn schon, denn schon!"

Ich legte mich auf das Bett und schloss die Augen. Die Kassette lief an, die Tonqualität ließ allerdings zu wünschen übrig. Zu einer belanglos seichten Musik sagte eine männliche Stimme abgekürzt etwa: "ich liege ganz entspannt, ganz entspannt, ein warmes, wohliges Gefühl strömt durch meinen Körper, ich sinke tiefer und tiefer…ich bin in ein helles,

angenehmes Licht getaucht, ich werde immer mehr zu diesem Licht...und nun sehe ich einen Tunnel, ich gehe durch den Tunnel, und am Ausgang sehe ich Tageslicht. Ich gehe darauf zu, immer näher, und wenn ich ins Freie trete, gleich, im nächsten Moment, befinde ich mich in einer wichtigen Situation meines letzten Lebens."
Tatsächlich hatte mich die Stimme in einen Zustand geführt, der mich traumhaft in die beschriebene Situation versetzte, zugleich wusste ich aber genau, dass ich mich auf einem Bett befand und Sabine neben mir saß. „Was siehst du?"fragte Sabine. "Ja, ich weiß nicht, eigentlich sehe ich nichts, oder...doch ein vages Bild." "Kannst du irgendetwas erkennen?" "Ja, da ist eine Frau." "Wie sieht die Frau aus?" "Die Frau trägt schwarze Kleider, ich glaub es ist eine Nonne... sie ist...sehr schön." „Wie sieht der Raum darum herum aus?" "Der Raum...ein Tisch, ein Stuhl, sehr alt, 17. Jahrhundert." "Und weiter?" "Weiter ist nichts, das Bild ist verschwunden." Pause. Einige unklare Bilder huschten vorbei. Dann sah ich rote Farben, wie Blut. "Was ist jetzt?" "Ich sehe...ich fühle...ich bin im Bauch, ein kleines Kind im Bauch." „Maria-Ursula, tu mir den Gefallen und bring mir das Küchenmesser!" Ursulas Stimme schrillte von unten durch das ganze Haus, ich sah ein riesiges Messer aufblitzen. Abtreibung! Dann machte ich die Augen auf. „Puh, mir reicht's, das war vielleicht ein Schock eben!" "Ja, schade, so etwas darf dabei natürlich nicht passieren, war es sehr schlimm?" „Naja, ich hatte das Gefühl, als würde ich mit

einem Messer aus dem Bauch geschnitten werden. Ursulas Stimme war für mich wie ein Messer."

Die Situation im Hause spitzte sich zu. Sabine und ich kamen nur noch zu den Mahlzeiten, wenn wir drei, viermal gerufen wurden, widerwillig nach unten. Toni war in Lahnstein geblieben. Seine ausgleichende, gutmütige, neutrale Art in Erscheinung zu treten fehlte nun. Die Gegensätze wurden nicht vermittelt.

Als Ursula wieder einmal nach einer ausgedehnten Frühstücksandacht mit Meister Kuthumi, den Seraphimen und den Farben Grün und Rosa, mit frommen Segenswünschen beim Kerzenanzünden und der "Großen Invokation" von ihren Leistungen als Lichtspender erzählte, wie sie nächtelang allen armen Seelen und besonders ihren Kindern, die nichts von Meditation und dem ganzen göttlichen Plan wissen wollten, durch positive Gedanken Kraft und Licht zusende, da platzte mir der Kragen.

"Weißt du, Ursula, wenn ich so sehe, wie du deine Tochter und deinen Sohn Thomas, der da im Keller herum vegetiert, herumkommandierst und in meinen Augen ziemlich abfällig behandelst, dann kann ich dir das nicht glauben, dass deine Bemühungen um Andere wirklich liebevoll sind. Du selbst magst davon überzeugt sein, dass du anderen hilfst, aber so wie ich das sehe, machst du dir damit selbst etwas vor. Ich kenne diese Art nämlich sehr gut von zu Hause. Mein Vater betet nach eigener Aussage stundenlang um uns Kinder, die wir alle irregeführt und verdorben sind. Na und? Meinst du, dass wir dadurch das Gefühl bekommen hätten, dass er uns liebt? Nein, meine Geschwister und ich, wir wissen seit Kindesbeinen, dass er uns ablehnt. Warum das so ist, habe ich allerdings erst vor kurzem angefangen zu begreifen. Er selbst ist überzeugt davon, dass er es nur gut mit uns meint, aber er kann die Wahrheit, nämlich seine abgrundtiefe Selbstverachtung, nicht erkennen, weil die Gebetsfloskeln dazwischen stehen. Ich verstehe überhaupt nicht, wie jemand, der schon so lange meditiert, sich immer noch an Gebetsformeln hochziehen kann. Meditation ist für mich ein Zustand ohne Worte, ohne Gedanken. Aber hier höre ich dauernd das Gerede von der positiven Kraft der Gedanken, "große Invokationen" werden salbungsvoll aufgesagt ...das ist doch das glatte Gegenteil von Meditation."

Diese harten, direkten Worte waren mir nicht leicht gefallen, denn normalerweise meide ich Konfrontationen, und die tiefe Erregung, die bei mir und allen Anwesenden ausgelöst worden war, zitterte durch den gemeinsamen Raum.

Ursula schluckte etwas und hatte sich dann sofort wieder unter Kontrolle. "Tja, weißt du, Christian, es ist für mich nichts Neues, dass die Leute ihren Stress an mir abladen, das ist meine Aufgabe. Und was die Sache mit der Gedankenenergie angeht, ich glaube, das kannst du nicht richtig beurteilen, du machst ja auch kein TM, sondern folgst einem anderen Weg. Ich bin offen für alle Richtungen, und mir sind immer alle Gäste herzlich willkommen. Allerdings bist du ja nicht direkt mein Gast, sondern Sabines Gast, und bezahlt hast du bisher auch noch nichts. Übrigens zwingt dich ja niemand hierzubleiben. Dabei fällt mir ein, was macht eigentlich deine Freundin, mit der du hergekommen bist Du hast doch erzählt, dass ihr zusammen in den Süden fahren wolltet? Wartet die nicht auf dich?"

Ja, die wartete auf mich, seit über einer Woche. Meine Zeit hier mit Sabine war wohl abgelaufen. Ich rief Kira an und bat sie zu kommen. Am Abend kam sie, grazil, schüchtern und nahm nach ein paar netten, höflichen Begrüßungsformeln Platz, während Sabine die Musikanlage auf volle Lautstärke gestellt hatte und ekstatisch zur Stevie-Wonder-Musik tanzte. Sie spielte Poker und gewann mit "full house". Ohne das geringste Anzeichen von Eifersucht unterhielt sie sich freundschaftlich mit Kira, und die Beiden vertieften sich nicht nur in ein Gespräch, sondern sogar in einen stillen, meditativen Augenkontakt, der mich als höchst überflüssigen "Chauvi" am Rande herumsitzen ließ.

Kira wurde von Ursula eingeladen, über Nacht zu bleiben, alle waren rührend um sie besorgt, und auch ich kriegte zumindest den einen Pluspunkt ab, dass ich ein so schlechter Kerl nicht sein konnte, wenn eine so liebe Person wie Kira etwas an mir fand. Es lag zwar in der Gewitterluft, dass ich mit Kira demnächst abreisen würde, aber als ich am Frühstückstisch öffentlich meine Entscheidung kundgeben sollte, hörte ich mich zu meiner eigenen Freude sagen: „Mein Herz hat sich für Sabine entschieden und ich möchte bei ihr bleiben."

Die Antwort war ein satter Dreiklang, musikwissenschaftlich gehört dissonant: mit dem entsetzten "Nein!" aus Ursulas Mund als Tritonus und Kiras gehauchtem "Oh" als moll-Terz zu Sabines triumphalem Grundton "Jawoll!".

Kira fuhr enttäuscht nach Bonn und gab mir etwas Bedenkzeit. Die Gewitterspannung entlud sich überraschend in einem Regen der Nächstenliebe, der allerdings nicht auf mich, herabströmte, sondern in einem ganz anderen Fall herunter kam.

Der Fall hieß Marlis und war fachärztlich-psychiatrisch bestätigt klinisch. Sie war in einer Nervenheilanstalt gewesen, dann bei ihren Eltern, und Franz, der Arzt ist, hatte dafür gesorgt, dass sie in die "richtigen Hände" kommt. Zwischen Franz und Ursula bestand übrigens auch eine ganz besondere Spannung, und nach meiner Einschätzung war es zum Teil seinem fast sarkastischen Humor zu verdanken, dass dieses blasse, ach so hilflose Mädchen, das sicher über 30 war, nun hier saß und mit bebender Stimme immer wieder von der überwältigenden Liebe des Indischen Meisters Sai Baba erzählte, einer Liebe, die ihr Herz und ihre Seele verbrannt habe.

Das rührte ganz besonders Sabine an. Und auch Ursula stand voll auf Sai Baba. Das war immerhin einer der vier "Eck-Avatare" des Universums. Als "Avatar" wird in der indischen, spirituellen Tradition ein Wesen bezeichnet, das sich freiwillig einen menschlichen Körper zulegt, um den Menschen zu helfen. Normale Seelen dagegen werden wiedergeboren aus Gier, und haben daher auf der Erde ihre Lektionen zu lernen. Aus welchen esoterischen Schriften Ursula das Wissen um die "Ecken" hatte? Der Glasschrank stand voll davon. Aber so viel war klar: Bhagwan gehörte nicht zu den Avataren, und selbst bei Maharishi waren sich Ursula und

Sabine nicht sicher, ob er überhaupt erleuchtet sei. In dem Punkt war ich mir allerdings auch nicht sicher.

Sicher war für mich nur, dass ich weder das fette Gesicht von Sai Baba mochte, dessen Bild Sabine in dem kleinen Dachzimmer aufgestellt hatte, noch das hässliche Gesicht dieses liebeverbrannten Sai-Baba-Opfers. Es kostete mich den letzten Rest meiner Nächstenliebereserve aus dem Pfarrhaus, um sanft und verständnisvoll auf die Person einzugehen. Der Versuch, ihr klar zu machen, dass sie sich nicht ihr ganzes Leben hindurch als "Liebesopfer" präsentieren könne, und dass ein wahrer Meister, falls Sai Baba ein solcher sei, seine Anhänger zur Selbständigkeit erziehe, brachte mir ein, dass Marlis von nun an meinen Platz an Sabines Seite einnahm, und ich in einem anderen Zimmer allein schlafen musste.

Nun wurde es also wirklich Zeit für mich, meine Geige und meine Plastiktüte zu packen und zu gehen. Ich verabschiedete mich von Ursula, von ihren Kindern, von Marlis und Sabine, und wir waren natürlich alle ein Herz und eine Seele. Sabine meinte zwar auch, dass es besser sei, wenn ich verschwinde, ermunterte mich aber zu meiner Freude, jenes sagenumwobene, neugegründete Bhagwancenter in Südfrankreich auszukundschaften, sie würde vielleicht nachkommen. Ich möchte auch nicht unerwähnt lassen, dass es Sabine war, die Toni, Ursula und mich dazu gebracht hat, wenigstens einmal Bhagwans Dynamische Meditation auszuprobieren statt des üblichen Programms - und das war denn auch die intensivste und erhellendste „Dynamische" meines bisherigen Sannyasindaseins gewesen.

So winkten sie nun also alle mit den besten und aufrichtigsten Segenwünschen herüber zu uns. Zu uns? Wieso zu uns? Ja, tatsächlich, neben mir ging ein Japaner, der, ohne je ein Wort von sich gegeben zu haben, alle die gerade beschriebenen Abenteuer bei Ursula und Franz miterlebt hatte. Er war in Japan in einem Zenkloster aufgewachsen, und Zenleute reden nun einmal nicht viel und legen auch keinen Wert darauf, erwähnt zu werden. Das ist jetzt echt keine idiotische Haschischeinbildung von mir, sondern wirklich wahr. Da fällt mir ein, ich hatte doch sexuellen Kontakt mit Sabine, denn der Japaner, sie und ich, wir hatten uns einmal abwechselnd mit den Zungen berührt, und das gilt doch als sexuell, oder? Mit anderen Worten, wir drei waren Freunde geworden.

Der schweigsame Japaner, der kein Deutsch und fast kein Englisch sprechen konnte, fuhr vom Kölner Hauptbahnhof aus nach Norden. Viel später erhielt Ursula eine Karte aus Norwegen: "I'm a fishing man now." Ich reiste einige Kilometer gen Süden, bis Bonn. Aber dieser kurze Weg bis zu der Wohnung, wo Kira gastierte, war eine einzige Katastrophe. Mindestens dreimal nahm ich den falschen Bus, fuhr stundenlang in falsche Richtungen und wusste die ganze Zeit, dass ich mich mit der Kira-Aktion in einen toten Winkel manövriere. Ich hätte auch gleich über Norwegen fahren können, oder, noch besser, Sabine überreden sollen, mit mir zusammen abzuhauen aus dem Verein. Aber nun war der Moment dafür irgendwie verpasst.

So fuhr ich mit Kira eine entnervende Nacht hindurch weiter in die falsche Richtung bis Freiburg, wo ich ihr, wieder zum

Frühstück, gestehen musste, dass ich nicht mehr weiter mitfahren wollte. Natürlich war das traurig, aber was sollte ich machen? Alleine wollte sie nicht weiterfahren, der ganze Urlaub war für sie verdorben, und so zuckelten wir in ihrer Ente wieder zurück und machten in Frankfurt Station. Die Stadt ist gar nicht so scheußlich, wie allgemein behauptet wird. Ich machte dort Straßenmusik mit einem amerikanischen Rockstar und half ihm dabei, Schmuck und Diamanten auf dem Flohmarkt zu verkaufen, wir planten eine große Showtournee durch die Staaten - yeah, man, aber schließlich kam mir das doch alles ziemlich spinnig vor, und so musste er seine Tournee allein machen, in den unter- und überirdischen Geschäftsstraßen von Frankfurt-City. Wir näherten uns wieder Köln, Kira und ich verstanden uns immer besser und die Fahrt wurde immer schöner. Auch darüber könnte ich mindestens 40 Seiten berichten, aber ich will das Thema im Auge behalten, meine Geschichte ist ohnehin schon verworren genug.
Ich rief Sabine an. Es war eines jener knappen Gespräche, bei denen sie zuerst den Hörer auflegte. "Du bist hier nicht mehr erwünscht, Christian, mach's gut." Ich versuchte, im Kölner RMC (Rajneesh Meditation Center) eine Anstellung als Treppenputzer und „Cleaner" zu bekommen, aber nach einem Arbeitstag - damals hieß es noch nicht "worship" - musste ich selbst einsehen, dass ich noch nicht reif dafür war. Dafür durfte ich aber abends einen Videofilm über "Bhagwan in Amerika" sehen, seit fast einem Jahr sah ich zum ersten mal wieder die Augen meines Meisters, und die hatten sich so verändert, dass es vielleicht nicht nur mir auffiel.

Das Prädikat, das ich zu vergeben hatte, um den neuen, anderen Augenausdruck zu charakterisieren, ist allerdings von einer Art, dass ich schon sehe, wie gewisse Freunde die Hände über den Kopf zusammenschlagen und "oh Gott, muss das sein" stöhnen" Mein wertvollstes Prädikat lautete: "sabinös!" Seine Augen sahen aus wie die von Sabine, wenn sie verzückt war, und so kullerten mir bei dem Film auch hemmungslos die Tränen aus den Gefühlstaschen.

Wieder einmal und immer noch ohne einen Schein Geldes in der Tasche trampte ich ziellos Richtung Norden. In der Höhe von Osnabrück kam mir die Idee, doch einmal nachzusehen, was aus meinem Freund Albert geworden war. Noch am selben Abend wurde ich auf einem Bauernhof in der Nähe von Bad Essen zum Leiter des "Shunyam Meditations-Centrums" gekürt. Was war geschehen? Die Adresse war in der zentralen Kartei der Rajneesh Foundation in Oregon ordnungsgemäß registriert und mehrere offizielle Briefe waren von dort losgeschickt worden. Man wollte wissen, wie das Center läuft. Aber da lief nichts. Zwar waren die muffligen Freaks inzwischen verschwunden und es wohnten nur noch Sannyasins auf dem Hof. Aber ein Center? Naja, das sollte nun anders werden. Ich spürte eine tolle Kraft in mir, so als würde Bhagwan hinter mir stehen und sagen: "Nun mal ran hier, Junge, zeig mal, was du drauf hast." Zwei Wochen lang lief alles wie am Schnürchen.
Schon am ersten Abend gab ich einschneidende Anweisungen. Zum Hof gehörte eine Bäckerei mit einem alten Backofen, der

mit Holz beheizt wurde. Die Brote waren erstklassig und wurden an Naturkostläden im Umkreis von 150 km verkauft. Das war die Haupteinnahmequelle. Um sie gärte ein ständiger Machtkampf zwischen Edgar, dem sie gehörte, und seinem Gesellen Swami Matthias, der Vieles ganz anders machen wollte als sein Chef. In gewisser Weise war ich nun der Chef und bestimmte, dass die Rollen vorübergehend vertauscht werden sollten. Matthias als Bäckermeister und Edgar als Gehilfe. Daraufhin stürzte sich Matthias in den nächsten Wochen in einen "Backwahn", der bald für alle Beteiligten unerträglich wurde; denn wenn Jemand einen "Trip total durchzieht", kann es passieren, dass er seine Mitmenschen durch Fanatismus belästigt.

Aber zunächst ging die ganze Sache steil bergauf. Morgens um 7 "Dynamische", Gemeinsames Frühstück, Planung der Tagesarbeit. Es gab genug zu tun. Zäune für die Pferdekoppel waren nötig, Bestellung des Weizenfeldes, das ganze Haus sollte auf Hochglanz gebracht werden, Brote backen und ausliefern, Umbau der Bäckerei usw. Langfristig sollte es ein Musik- und Landerholungszentrum werden, wo Leute mit Kindern kommen, wandern, reiten, Musizieren, und wenn sie wollten, auch mitarbeiten konnten. Doch das konnte frühestens im Sommer losgehen. Jetzt war es Anfang April.

Aber Musik spielte auch jetzt schon eine Rolle. Wir machten jeden Abend „Satsang" mit live-Musik, Sannyasins und andere Gäste kamen aus der ganzen Umgebung. Die Bäckerei und der Brotverkauf waren in erster Linie Matthias und Edgars Sache, um die Kinder und den Haushalt kümmerten sich - wenn auch nicht ausschließlich - die beiden Frauen. Albert und ich wollten vor allem durch Musik Geld verdienen, so dass wir wenigstens unseren regelmäßigen Beitrag zum Unterhalt leisten konnten. Wenn wir die Brote ausfuhren, blieben wir auch mal über Nacht in einer Stadt wie Hamburg, spielten dort in Restaurants und Kneipen und verdienten immerhin 100- DM am Abend.

"Da können die mit ihren Broten bald einpacken" grinste Albert etwas hämisch, denn untergründig war eine Art Konkurrenz zwischen den bodenständigen Arbeitern und den Musik-Luftikussen aufgekommen. Wir genossen es, im dicken "Firmen"-Citroen durch die Gegend zu rauschen und dann in einem bestimmten Schickeria-Gartenrestaurant in Essen, nicht zu verwechseln mit dem trostlosen Kaff Bad Essen, für festgesetzte Gage und frei Essen und Trinken an einem lauen Frühlingsnachmittag·hübschen reichen Damen etwas vorzuspielen.

Wie konnte sich das Glück trüben? Es kam Vieles auf einmal zusammen, was meine Centerleiterkarriere beendete, bevor sie richtig begonnen hatte. Der wichtigste Punkt war wohl wieder meine Sehnsucht nach Sabine und die Unfähigkeit, es alleine und ohne sie aushalten zu können. Auch diese kleine Gruppe auf dem Bauernhof hatte eine Pärchenstruktur: Edgar mit Freundin und Kind, Matthias mit Frau und zwei kleinen Kindern - die Geburt des zweiten Kindes hab ich selbst miterlebt. Albert mit einer neuen Freundin, die in Essen wohnte und häufig besucht werden musste, und ich mit einem leeren Platz an meiner Seite, den ich gerne mit der Anwesenheit einer gewissen Frau gefüllt gesehen hätte, an die ich zur Zeit nicht herankam.

Da ich kein eigenes Zimmer hatte, musste ich im „Büro" auf der Couch schlafen. Neben das Bild von Bhagwan hatte ich, als einzige persönliche Attribute meines Privatraumes, ein kleines Foto von Sabine und eines von Kira an die Wand geheftet eines Tages waren die Fotos verschwunden und meine Sachen standen, wie zur Abreise gepackt,- in einer Ecke. Jemand hatte "aufgeräumt", und ich wusste auch sofort, wer dieser Jemand war. „Matthias" brüllte ich mit einer Stimme, die ich nur ein oder zweimal in meinem Leben an mir kennengelernt hatte. Er schlich auf dem Flur herum. "Wo sind die Fotos geblieben?" "Die Fotos…hab ich abgemacht. Die haben nichts mit Bhagwan zu tun. Ich konnte das nicht mehr ertragen."

Er wollte sich abwenden und in sein Zimmer eilen, wo seine Familie ihn beschützen würde. "Bleib hier!" donnerte die fremde Stimme, mein Körper schien lichterloh zu brennen, aber im Innersten war es angenehm kühl. "Du hast deine Frau und deine Kinder, ich hab meine Fotos, das ist mein Privatspace. Willst du vielleicht mit mir tauschen?" „Nein, nein, lass mich in Ruhe, ich will nicht mit dir kämpfen, du hast gewonnen, du bist der starke Mann, o.k.," und weg war er, bei seiner Frau und seinen Kindern. Die Familie war der Halt. Sie war wichtiger als die Centergemeinschaft. Matthias hatte auch klar zum Ausdruck gebracht, dass sein "Backwahn" der Ernährung seiner Familie diente. Ähnlich war es bei Edgar. Die Probleme mit seiner Freundin hatten Vorrang.

Auch Albert fuhr lieber nach Essen zu seiner Freundin, als abends im Satsang zu spielen. Und bei mir war es doch auch nicht anders. Ein Lockruf von Sabine, und ich hätte hier alles stehen und liegengelassen.

Schließlich hielt ich es nicht mehr aus und rief bei Ursula an. Zuerst dachte ich, ich hätte mich verwählt. Eine röchelnde Stimme meldete sich, die Worte waren kaum zu verstehen, wirklich gespenstisch: "Ja hier Ursula...bin todkrank...Sabine ist nicht mehr zu erreichen...leb wohl." Was war denn da passiert? Sabine ist nicht mehr zu erreichen? Hatte sie ihren Körper verlassen? Ich sah sie im Geiste in der Dachstube sitzen, seit Tagen bewegungslos, ungeheure Energiestürme auslösend.

Der Energiepegel unseres kleinen Centers sank. Die "Dynamische" wurde auf acht Uhr verschoben, die Teilnehmerzahl schrumpfte auf ein, zwei Leute, schließlich fiel sie ganz aus. Jeder frühstückte, wann er wollte. Albert hatte sich während einer "Dynamischen", wo wir die Mala wegen des Herumgetobes meistens ablegten, seine alte Mala zurückgeholt. Nun hatte ich keine Mala mehr. Immer häufiger verzog ich mich in den nahegelegenen Wald und wollte allein sein. "Mein einziger Freund" dachte ich," ist der Hund". Ein schöner, junger Schäferhund, der mir überall hin folgte.

Die anderen waren sauer auf mich. "Du bist wirklich nur der Witz eines Centerleiters", sagte Matthias Frau, eine erdige Person mit klaren Vorstellungen. Sie sagte das gar nicht böswillig, denn wir mochten uns eigentlich gern. Sie sagte schlicht die Wahrheit. In den Augen der Gruppe hatte ich die

Verantwortung für das Auf und Ab dieses Unternehmens. Und nun ging es flott bergab. Man sah aber auch, dass mich etwas tief zu bedrücken schien und ermunterte mich, darüber zu sprechen. Zögernd erzählte ich ein wenig von meiner anscheinend unheilbaren Sehnsucht nach Sabine. Nach einer betroffenen, vielleicht sogar andächtigen Stille schlug Edgar vor: „Weißt du was, wir besuchen die Frau einfach. Ich kann mich noch gut an Sabine erinnern, Was Albert, du doch auch." "Klar, Mann. Wir haben ja sowieso öfter in Essen zu tun, Köln ist nicht weit weg."

Am nächsten Tag brausten Albert, Edgar, seine Freundin und ich im Citroen nach Sinnersdorf bei Köln. Wir hatten ein paar schöne Brote für Ursula mitgenommen. Die Tochter öffnete die Tür. "Was, Christian, was willst du, äh, was wollt ihr denn hier? Meine Mutter ist ganz krank, sie liegt im Sterben! Die Anderen sind auch alle da, na ja ..." Franz kam und begrüßte uns freundlich. "Ja, die Sache sieht wirklich ernst aus, aber ich glaube, es ist gut, dass ihr hier seid. Das hat seinen besonderen Sinn. Kommt rein." Die anderen folgten etwas verlegen ins Wohnzimmer.

"Was ist eigentlich los", wollte ich von Franz wissen. "Es scheint bei ihr eine Art Rückfall in eine alte Krankheit zu sein. Ich hab sie deswegen vor Jahren schon einmal behandelt. Es ist eine Nervensache. Du kennst ja Ursula. Sie hat eine enorme Energie und verausgabt sich oft total. Dann schlägt das plötzlich um ins Gegenteil. Auf diese Weise verschafft sie sich selbst Ruhe. "Und was ist mit Sabine? Am Telefon sagte mir Ursula so geheimnisvoll, Sabine sei nicht

zu erreichen?" "Sabine ist auch hier, sie sitzt oben bei Ursula. Aber wir sind alle heute zum ersten Mal seit Wochen wieder hier. Sabine war vorher die ganze Zeit in Lahnstein. Vielleicht hat Ursula das gemeint."
"Meinst du, dass ich zu Ursula hochgehen kann?" Franz sah mich einen Moment prüfend an und sagte dann: "Ja. Vielleicht bringst du etwas Ruhe in diesen Zirkus. Einige Leute sind schon dabei zu klären, wer das Haus erben soll." Als ich in das Schlafzimmer trat, wehte mir eine tiefe, kühle Stille entgegen. Die Frau, die da wie tot auf dem Bett lag und von der zugleich eine hohe Bewusstheit ausging, das war nicht mehr jene kämpferische, herumkommandierende, intrigante Ursula, die ich kannte. Sie spürte meine Gegenwart und hieß mich wortlos, mit geschlossenen Augen und ohne jede körperliche Bewegung willkommen. Ich kniete andächtig an ihrem Bett nieder und hielt ihre Hand. Auf der anderen Seite saß Sabine.
Von unten klangen Gitarren und Gesang herauf. "Wie schön die Musik klingt" hörte ich Ursulas Stimme sehr sanft in meinem Kopf sagen. Meine Freunde hatten tatsächlich unten im Wohnzimmer angefangen, Musik zu machen. "Kämpft nicht gegeneinander" sagte die Stimme noch, und ich bezog das auf Sabine und mich, dann stand ich auf und ging hinaus. Sabine kam hinterher. Einen Moment lang standen wir uns im Flur gegenüber und sahen uns an. Wenn ich mich jetzt daran erinnere, kommt mir eigenartigerweise eine völlig andere Umgebung in den Sinn. Auch eine Art Flur, aber die Wände sind aus Glas, ein sehr modernes Gebäude, das

Sonnenlicht flutet hindurch."Ich liebe dich", sagt unhörbar eine Stimme, die ganze Welt scheint plötzlich tonlos geworden zu sein. "Immer sind wir hier, in diesem Raum" Sabines Gesicht ist abweisend und kühl. Der Klang ihrer Stimme zerbricht die Glaswände. "Es ist besser, wenn du jetzt mit deinen Freunden gehst, Christian." Ich schritt - immer noch etwas benommen - die Treppe hinunter, Toni und einige andere Leute, die mir zum Teil unbekannt waren, stürmten, mich verwundert und misstrauisch anblickend, die Treppe hinauf, und wir fuhren wieder ab.

Zwei Wochen lang spielte ich noch den längst entthronten Centerleiter, dann kam ein Rundschreiben an alle Center aus Oregon. Die "erste jährliche Weltfeier", zu der Bhagwan alle seine Freunde herzlich einlädt, würde in der ersten Juliwoche stattfinden. Die Bemühungen aller Centerleiter und Center seien darauf zu konzentrieren, dass möglichst Viele daran teilnehmen können.
Bei dieser Nachricht sprudelten alle möglichen Gedanken in mir aufgeregt durcheinander. Für mich schwang in dem Schreiben ein Unterton mit, im Sinne von: "Lasst all eure Zukunftsideen und Projekte fallen, kommt her, das wird die Sache, und danach, wer weiß, wo wir dann sind..." Ich nahm das zum Anlass, mich zurückzuziehen. Jeder sollte auf seine Weise versuchen, das Geld für Oregon aufzubringen. Ich sagte den Anderen, dass diese Botschaft die Auflösung aller bisherigen Vorstellungen bedeuten könne, dass jeder nun aus eigener Kraft zusehen müsse, wie er nach Amerika zu Bhagwan kommt.

"Ach, reg dich doch nicht auf, diese Schreiben kennen wir doch, was soll da schon groß passieren." Nun gut, ich hatte ihnen gesagt, was ich dachte, und da ich wenig Chancen für mich sah, hier das nötige Geld innerhalb eines Monats zu verdienen - es war inzwischen Mitte Mai -, reiste ich ab. Sie waren erleichtert und ich auch. Doch wie sollte es nun weitergehen? Ich stand an der Autobahn, ohne Geld. Ich versuchte, mir über meine Gefühle und Wünsche Klarheit zu verschaffen. Wie gehabt, seit über einem Jahr, die intensive Spannung: Zu Bhagwan einerseits, zu Sabine andererseits. Selbst wenn die Energie dort bei Bhagwan in einer Ansammlung von Zig-tausend Sannyasins so anwachsen würde, wie ich es für möglich hielt - der Sprung in eine andere Dimension - Wollte ich das überhaupt - ohne Sabine?
Mein Herz sagte: "Was soll die sogenannte Erleuchtung, wenn Sabine nicht mit dabei ist?" Ich trampte nach Lahnstein. Das Zelt auf dem Campingplatz war inzwischen abgebaut, und ich trat durch die nur angelehnte Tür von Franzens Wohnung wie ein Geist zur Fastnacht. "Hallo", sagte ich zu Sabine und Margit, deren Ehemann Franz hieß (zu blöd, dieses dauernde: Ehefrau von…, Freund von…). Die beiden Frauen sahen mich entgeistert an, mussten dann aber zu meiner Erleichterung lachen: "Du bist vielleicht eine Harke, Christian, gerade sprachen wir von dir, und nun stehst du plötzlich im Raum." „Ja, da staunt ihr, was? Ich bin aber keine Erscheinung, sondern ziemlich echt, du kannst mich sogar umarmen." Soweit ging Sabines Wiedersehensfreude jedoch nicht. "Was habt ihr denn gerade über mich geredet,

erzählt ruhig weiter, ich will eure Unterhaltung nicht unterbrechen." Margit sah Sabine fragend an und sagte dann: "Sabine hat mir etwas ihr Herz ausgeschüttet, dass sie sich in ihren Gefühlen in Bezug auf dich nicht im Klaren ist. Sie findet es zwar schön, mit dir zusammen zu meditieren und zu musizieren, und da ist wohl auch eine tiefe Verbindung, aber was dein Äußeres und das alltägliche Leben angeht, da hat sie Schwierigkeiten. Außerdem ist es immer noch unklar, wie du zu unserer Gruppe stehst. Wahrscheinlich bist du ja nur wegen Sabine hier und nicht, weil du unabhängig von ihr bei dem Projekt mitmachen möchtest, oder?"
Ja, das musste ich zugeben. Aber das Thema wurde bald gewechselt. Die Gruppe hatte mit ihrem Zeltprojekt inzwischen einige Fortschritte gemacht. Das Zelt stand nun in einer verbesserten Ausführung in Boppard, wo Maharishi seine deutsche Hochburg hatte, und konnte dort von führenden TM-Funktionären aus der ganzen Welt begutachtet werden.
Franz kam spät abends aus Boppard zurück. Er sah erschöpft und überarbeitet aus. Er begrüßte mich als alten Freund, haute mir auf die Schulter und sagte in seiner kameradschaftlichen Art: "Na da bist du ja wieder, du altes Arschloch. Du kommst gerade richtig, ich brauch jetzt jeden Mann." Da kein anderer Platz im Haus war, schlief ich neben Sabine, was mir angenehmer war als ihr. Doch sie hätte sich schon etwas einfallen lassen, wenn es ihr zuwider gewesen wäre.
An einem der nächsten Tage fuhren wir gemeinsam nach Boppard. Es war ein besonderer Tag, denn Maharishi sollte höchstpersönlich in seinem Spezialkloster in Boppard anwesend

sein. Es wurde als hohe Ehre angesehen, dass ich mitfahren durfte, ich sollte mich so unverdächtig und unauffällig benehmen wie nur möglich.

Schon die Fahrt nach Boppard war ungewöhnlich. Sabine und ich saßen hinten im Wagen und hatten die Augen geschlossen. Ich spürte deutlich, dass sich in Sabine ein innerer Kampf zwischen Hingabe und Abgrenzung abspielte. Dann hielt der Wagen vor dem riesigen, schlossartigen, uralten Gebäude, das in früheren Jahrhunderten als katholisches Nonnenkloster gedient hatte und nun, von der TM-Organisation gemietet oder gekauft, ganz spezielle Leute beherbergte. Maharishi hatte hier einen Dreijahreskurs für ausgewählte männliche Siddhas eingerichtet. Frauen und Nicht-Siddhas hatten keinen Zutritt, die Leute drinnen durften keinen Kontakt zur Außenwelt haben. Der Ort hatte eine faszinierende Ausstrahlung, das konnte ich nicht abstreiten, aber sie war nicht sehr einladend, sondern streng und kühl. Dass ich darüber hinaus die Präsenz eines Erleuchteten spürte, kommt mir nachträglich als Einbildung vor. Während wir anderen drei still im Auto warteten, war Franz, der schon öfter mit Maharishi gesprochen hatte, ins Haus gegangen. Mir schien, als könnte Maharishi uns hier sehen, nicht von außen, sondern von innen. Ich fühlte mich von ihm akzeptiert und gesegnet. Nicht nur das, er segnete auch die Beziehung zwischen Sabine und mir.

Als ich die Augen aufschlug sah ich, wie Sabine an ihrer Halskette herumnestelte und aus einem silbernen Döschen, das an der Kette hing, eine Prise weißen Pulvers holte.

Schnupfte sie etwa Kokain? Sie strich das Pulver mit der Fingerspitze über meine Stirn und auf meine Lippen und sagte ergriffen: „Probier mal. Das ist Zauberasche. Sai Baba materialisiert sie aus dem Nichts." Das war leider zu viel für mich. Ich musste losprusten. "Was? Sai Baba? Zauberasche? Was ist denn das für ein Hokuspokus? Wie kann man nur an einen solchen Schwachsinn glauben!" Das hätte ich nicht sagen sollen. War ja auch wirklich sehr taktlos. Damit war, das konnte ich Sabines Gesicht ablesen, eindeutig erwiesen, dass ich nicht der Richtige für sie bin.

Franz kam zurück, und es herrschte erwartungsvolle Stille. "Maharishi hat meine Pläne gesehen und gut gefunden. Aber er hat auch deutlich zu verstehen gegeben, dass wir die Sache zunächst noch· auf eigene Faust weiter betreiben sollen. Na dann los. Wir fahren jetzt erst mal zum Zelt. Benehmt euch bitte angemessen! Wir sind hier nur geduldete Gäste. Es ist schon ein enormes Zugeständnis, dass in diesem Ausnahmefall Frauen mit in den Klostergarten kommen dürfen. Falls euch Leute begegnen, denkt dran, die haben seit über einem Jahr keine Frauen gesehen."

Als wir ausstiegen, rannte Sabine los und schoss in ihrem Gazellenlauf auf eine Gestalt zu, die beim Zelt stand. "Toni, Toni, ach wie schön, dass ich dich endlich wiedersehe!" Sie fiel ihm um den Hals, und die beiden verschwanden Arm in Arm im weitläufigen Klostergarten. „Wirklich sehr unauffällig", dachte ich eifersüchtig und versuchte, unter einem der riesigen, wunderschönen Bäume des prachtvollen Gartens zu meditieren. Als wir wieder alle zusammen im Zelt saßen, bekam Sabine einen kleinen Anranzer von Franz. "So geht das hier nicht, Leute, ihr müsst euch schon ein bisschen zusammenreißen. Wir brauchen die Unterstützung dieser Leute hier. Wenn wir unangenehm auffallen, kann unser ganzes Projekt platzen!"

Aber es sollte noch schlimmer kommen. Wir fuhren öfter nach Boppard, und einmal, als Sabine und ich im Zelt saßen - wir hatten gerade eine Aussprache gehabt, hielten uns an den Händen und sie hatte ihrem inneren Gefühlszwiespalt endlich einmal durch Tränen Ausdruck gegeben - kam Franz mit einer Delegation bebrillter TM-Würdenträger, womöglich Universitätsprofessoren, ins Zelt und wollte die Sache demonstrieren, aber die Herren sahen nur irritiert auf mich und die weinende Frau. Wir verschwanden natürlich sofort auf Franz zornige Blicke hin, aber seitdem bin ich nicht wieder mitgefahren nach Boppard.

Trotz solcher Zwischenfälle erhielt Franz den Auftrag, für ein TM-Treffen in Schledehausen ein paar Zelte zu bauen. So nähten wir fleißig Leinenstoffe zusammen. Ursula war auch dazu gekommen. Sie war wieder von den Toten auferstanden und fast die alte. Aber in unserem Verhältnis hatte sich seit jenem Krankenbesuch etwas Wesentliches geändert. Wir gingen viel offener und entspannter miteinander um, und es war eine Art Freundschaft oder Einverständnis zwischen uns entstanden. Die Beziehung zwischen Sabine und mir gefiel Ursula allerdings nach wie vor überhaupt nicht. Sie redete weiterhin auf Sabine ein, dass diese klar und unmissverständlich "Nein" zu mir sagen müsse, wenn sie in Wahrheit doch nicht mit mir zusammen sein wolle. Sie solle nicht mit mir herumspielen und Hoffnungen in mir erwecken, die sie ohnehin nicht zu erfüllen bereit sei.

Da war sicher etwas Wahres dran. Aber die Sache war nicht ganz so einfach, wie Ursula sie sah. Ich hatte Sabine ja auch sehr gut kennengelernt, wie ich meinte, besser als Ursula, und die gemeinsamen Erfahrungen waren über ein bloßes Bestätigungs-und Machtspiel zwischen Mann und Frau weit hinausgegangen. In meinen Augen war es vielmehr so, dass die Nähe gefährlich für Sabine wurde. Wir kannten uns so gut und so tief, dass es bedrohlich wurde. Man konnte vor dem Anderen nichts mehr verbergen. Als wir einmal im Wald spazieren gingen, sah Sabine mich an und sagte: "Christian, du siehst so schön aus…wenn du nur nicht so stinken würdest!" Das war Trumpf-As. Mein Körpergeruch, den ich selbst leider nicht beurteilen konnte, weil ich bei einem Autounfall vor 10 Jahren den Geruchssinn verloren hatte, war bisher für sie kein Gegenstand der Beschwerde gewesen. Und auch meine früheren Freundinnen hatten diesbezüglich eher positive Äußerungen getan, wenn ich einmal von Doris und ihrer hysterischen Zigarettenrauchphobie absehe.

"Ich kann nur hoffen", fuhr Sabine fort, "dass es stimmt, was Ursula sagt, dass nämlich der Körpergeruch mit der Zeit durch beständiges Meditieren ganz verschwindet. Erleuchtete sollen geruchslos sein." Was sollte ich dazu sagen? Ich duschte mich hier zweimal am Tag, das erschien mir ausreichend. Zum Glück hatte ich durch meine langjährige Erfahrung mit Doris gelernt. Die hatte nämlich in der ersten Zeit der Verliebtheit immer von meinem tollen, aufregenden Geruch geschwärmt und nahm später denselben Geruch zum Anlass, sich von mir zu trennen, weil es da einen anderen Mann gäbe, der wenigstens gut rieche. Wenn einem jemand stinkt, dann stinkt er. Keine weitere Diskussion. Woher dieser Gestank in Wirklichkeit kommt, das genauer zu untersuchen, nein, dann lieber die Beziehung abbrechen.

Bei anderer Gelegenheit, als wir mit dem VW von Franz in der Landschaft herumkutschieren durften, an einem kleinen, klaren See mit einem Wasserfall badeten und dann zusammen der Musik von Johann Sebastian Bach lauschten, die aus dem Autoradio kam.; hing der Himmel wieder voller Geigen und Sabine brachte ihre Wonne und Verliebtheit in mich zum Ausdruck.

So ging das also hin und her. Aber diese Tendenz hatte ich an Sabine längst akzeptiert, in Gran Canaria war sie viel ausgeprägter gewesen. Man kann nun einmal nicht in einen Menschen ständig gleichmäßig stark verliebt sein, das geht gegen die Natur. Bei mir schwankte es ja auch. Was die Sache so anstrengend und verkrampft machte, war das unnatürliche Ideal einer perfekten Liebe, das in jedem Kopf herumgeistert und hier, in dieser Situation, seine unerfüllbaren Ansprüche besonders penetrant stellte.

Nach einem "Programm" mit Ursula und Sabine war ich grundlos wütend aus dem Zimmer gegangen und kramte laut in der Küche herum. Sabine kam nach einiger Zeit hinterher und fragte, warum ich wütend sei. Ich wollte sie verprügeln, aber es kam über ein vorsichtiges Gerangel nicht hinaus, die

Wut war nicht total. Wir setzten uns draußen auf die Terrasse, und ich heulte. „Irgendwie ist das hier alles nicht das Wahre, ich möchte ganz andere Sachen mit dir zusammen machen, Sabine, und ich fühle mich wie hinter einer Glaswand, und wir erreichen uns gar nicht wirklich."
Wir sahen uns in die Augen, und plötzlich war es wieder da, dieses unbeschreibliche Gefühl, das von den Augen ausgeht und alle körperlichen, sexuellen Orgasmen weit in den Schatten stellt. Es war das zweite Mal seit jenem Tag auf Gran Canaria, wo Sabine gesagt hatte: „dies wird der schönste Tag deines Lebens", und der dann im weiteren Verlauf der enttäuschendste geworden war.
Sabine hatte die Augen wieder so seltsam verdreht, ein ganz leichtes Schielen, und das schien sich auf meine Augen zu übertragen. Sehr klar vernahm ich alle Geräusche aus dem Tal, so wie damals, als ich vor Bhagwan gesessen hatte, aber dazu kam nun als Hauptsache dieses Wonnegefühl, das zwar deutlich erotischen Ursprung hatte aber noch weit darüber hinausging in eine allumfassende Intimität. "Bist du das, Sabine?" stammelte ich. "Ja, das bin ich." sagte sie. "Aber du musst dabei zugleich bei dir selbst bleiben, du darfst dich nicht in mich verlieren, verstehst du."
Der Zustand blieb in dieser Intensität etwa eine Minute, die Wachheit und beglückende Kraft des Gefühls, so geliebt zu sein, hielten sich jedoch die ganze Nacht hindurch bis zum nächsten Tag und darüber hinaus.
Am nächsten Morgen reiste ich ab. Die Anderen waren darüber - mit Ausnahme von Sabine - verwundert. „Was, jetzt,

wo es bald richtig losgeht, willst du nicht mehr mitmachen?" Aber ich hatte ihnen schon mehrmals von Bhagwans Festival in Amerika erzählt, und dass ich gern dabei sein wollte. Franz fuhr mich zur nächsten Tankstelle, von wo aus ich gut weitertrampen konnte. "Weißt du, Sabine und auch Ursula, die wollen gerne einen Heiligenschein haben, aber das darf man nicht so ernst nehmen. Das gibt sich mit der Zeit. Für mich gehörst du jetzt jedenfalls voll zur Gruppe, und du bist wirklich jederzeit willkommen." Er drückte mir zum Abschied noch einen Zwanzig-Mark-Schein in die Hand und fuhr dann winkend davon. Ich fühlte mich toll. Frei, von Freunden geachtet, und zu neuen Abenteuern freudig bereit. Ein Autonummernschild mit den Kennzeichen TA-O zog meine Aufmerksamkeit an. "Tao", das war Laotzus Wort für das Unsagbare. Ich wurde mitgenommen.

Zwei Jungens um die 20, sie wollten nach Amsterdam. "Wo willst du denn hin?" fragten sie mich. „Keine Ahnung", sagte ich, und sie lachten beeindruckt. Vielleicht konnte ich in Amsterdam Geld mit Geige spielen verdienen? Ich war nun ohnehin auf "höhere Zufälle" angewiesen, denn bis zum Festivalbeginn waren es nur noch zwei Wochen. Als wir gegen Mitternacht in der Hauptbahnhofgegend von Amsterdam ankamen, sagten sie zu mir: "guck dir ein bisschen die Stadt an, wir haben was zu erledigen. In einer Stunde treffen wir uns wieder, okay?"

Nun war Amsterdam zwar nicht gerade neu für mich, aber was ich in dieser Gegend um diese Zeit sah, bewog mich doch, mein Glück woanders zu versuchen. Diese trostlose

Hölle sollte nun das Haschischparadies von Europa sein. Ich konnte keinerlei Beziehung zwischen dieser Stadt und meinen eigenen Haschischexperimenten feststellen. Ich wär am liebsten zu Fuß aus der Stadt gelaufen. Aber meine Sachen waren noch im abgeschlossenen Auto. So musste ich mehrere Stunden warten. Schließlich kamen die Beiden und wir stiegen ein. "So, und jetzt?" „Wir fahren gleich wieder nach Deutschland zurück." Ich war erleichtert, spürte zugleich aber eine unangenehme Unruhe. Die Beiden hantierten mit seltsamen Geräten herum, "Wollt ihr einen Joint rauchen?" fragte ich, wohlwissend, dass ich hier bestimmt nicht mitrauchen würde. Die beiden kicherten albern. "Einen Joint - wo denkst du hin, wir fahren doch nicht nach Amsterdam wegen so einem Pippifax! Was meinst du, Alter, soll er dabei sein?" „Nee, lieber nicht, das sieht man doch, dass der davon keine Ahnung hat."

Ich wurde auf eine weitere Viertelstunde hinauskomplimentiert und sah beim Aussteigen, wie sie sich mit zittrigen Fingern die Nadel in den Arm piecksten. Als ich wieder im Auto saß, war die Atmosphäre der Nervosität und des schlechten Gewissens noch enorm gestiegen. Die Beiden machten sich gegenseitig an, aggressiv und panisch gehetzt. "Pass doch auf, Mensch, wie fährst du denn, da vorn sind die Bullen!" Wenn das die Wirkung von dem Zeug war, dachte ich, dann habe ich wirklich nichts verpasst. Völlig übermüdet erreichte ich am Abend Hamburg und suchte die Adresse von Anand Uwe auf; er war mein erster Sannyasinfreund gewesen. Wir hatten uns in Goa kennengelernt.

Das Glück schien mir hold. In der Wohngemeinschaft residierte eine Frau, die um alle mütterlich besorgt war und mich schon am ersten Abend nach einem ausgedehnten Trinkgelage in ihr Herz schloss. Sie hatte bezahlte Arbeit für mich. Kurze, zündende Überschriften für Handarbeitsbücher formulieren, Beschreibungen für Modelle finden, grafische Handarbeitsanleitungen durchpausen usw. Vier Tage vor dem Festival hielt ich die ersten 1000.- DM in meinen Händen. Fehlten nur noch weitere 2000.-DM. Die wollte mir meine Arbeitgeberin leihen. Doch sie schwankte, und ich auch. Sie befürchtete, dass ich nicht aus Amerika zurückkommen würde, und ich befürchtete, Sabine endgültig zu verpassen, wenn ich dort mit Bhagwan und der gesamten Kommune, aber eben leider ohne Sabine, in den Hyperraum verschwinden würde.

Sabine hatte mir einen sehr schönen Brief aus Lahnstein geschrieben, wie sie nun entspannt im Burgcafe sitze und Cappuccino schlürfe - die braunen, Kugelschreiberumkringelten Flecken auf dem Briefpapier dokumentierten die Wahrheit dieser ungeheuerlichen Aussage, dass sie, wie sie selbst hoffe, von ihrem streng-asketischen Heiligentrip heruntergekommen sei, sich auf ein gemeinsames Essen in einem Italiener-Restaurant in Hamburg freue, mich sehr lieb habe, und mir liefen wieder einmal die Freudentränen. Ich telefonierte mit ihr, und wir hörten uns meine persönliche, musikalische Neuentdeckung, eine Platte des Gitarristen Pat Metheny an. Am Gurupurnima-Vollmond, dem traditionellen Datum der Meister-

Schülerbegegnung, würde sie in SchIedehausen sein, da wollten wir uns treffen. Bhagwan – ade!

Als ich in dem TM-Gelände von Schledehausen ankam - ein riesiger Park mit mehreren hochherrschaftlichen Gebäuden, einem "Zauberberg" Hospital vergleichbar - da war Franz mit der Gruppe gerade eingetroffen. Sie luden fröhlich im NieseIregen die Holz-und Aluminiumstangen für die Zelte aus einem Lastwagen. Nach einer kurzen Begrüßung packte ich gleich mit an. Sabine sah entzückend·aus in ihrem Regenkeep, die dunklen großen Augen und die schwarzen Haare, die unter der Kapuze hervorquollen, verwandelten den kühlen norddeutschen Schauer in einen sanften, indischen Monsunregen, der womöglich nach Mango duftete.

Später gingen wir allein durch den nächtlichen Wald. Doch irgendwie waren wir uns fremd. Als wir uns in einem kleinen Holzhäuschen auf eine Bank gesetzt hatten, sagte sie: "komisch, ich spüre dich überhaupt nicht, so als wärst du gar nicht da." Darauf wollte ich antworten, das sei eben die meditative Leere in mir, aber diese dumme Bemerkung passte nicht. Wir standen auf und gingen schweigend weiter, immer tiefer in den Wald. Nach einer guten Stunde mussten wir feststellen, dass wir uns verlaufen hatten. Es war stockdunkel, die Wassertropfen fielen schwer und mit einem dumpfen Echo von den Bäumen.

"Da vorne scheint es etwas heller zu werde." Wir traten aus dem Wald heraus ins Freie. Der Weg wurde zu einer kleinen Asphaltstraße, die über weite Felder Richtung Dorf führte,

von wo einige wenige Lichter andeuteten, dass es noch andere Menschen auf dieser Welt gab. Der Vollmond glomm glutrot durch den Nebel. Es war eine unheimliche Atmosphäre. Die Straße gab uns die Orientierung.
Als wir nach der stundenlangen Nachtwanderung schließlich in jenem Holzschuppen saßen, wo das Zeltmaterial lag und wir in dieser Nacht schlafen würden, sahen wir uns beim Kerzenschein lange in die Augen. Es war die von mir selbst gewählte Alternative zu jenem "darshan" (Begegnung mit dem Meister) in Oregon, wo sich gerade jetzt, zur selben Zeit, tausende von Sannyasins um Bhagwan versammelt haben mussten; aber ich war darum nicht traurig. Sabines Augen hatten wieder einen ganz neuen, unbekannten Ausdruck bekommen. Sie bewirkten diesmal bei mir eine sexuelle Erregung, wie ich sie in dieser Intensität bisher nicht gekannt hatte. Zugleich spürte ich eine enorme Kraft, die aus dem Bauch kam. Das Gefühl steigerte sich so, dass ich kaum noch still sitzen konnte. „Jetzt spüre ich, dass du da bist", sagte Sabine, aber irgendetwas in ihren Augen erschreckte mich und eine leise Stimme, ganz weit entfernt, sagte so etwas wie „Pass auf, sei wach!"
Die Augen hatten etwas Kaltes, Hypnotisches, es fehlte die beseligende Liebe, die ich in Lahnstein zwei Wochen zuvor darin gesehen hatte. „Ich möchte ein Kind von dir", sagte Sabine. "Und ich werde nur noch mit dir schlafen, wenn du dir über die Konsequenzen im Klaren bist." Wir hatten seit Monaten nicht mehr miteinander geschlafen. Ich antwortete etwas unsicher: "Ja, das wär natürlich schön, ein Kind". Aber

in Wirklichkeit hatte mich dieser neue Augenausdruck abgeschreckt. Da war so etwas wie Gier, eine Art von Besessenheit, jedenfalls etwas, was dem Wesen von Meditation und Bewusstheit nach meiner bisherigen Erfahrung widersprach. Sabine gab mir einen Kuss, der mir unvergesslich bleiben wird, nicht nur, weil es der letzte war. Dann legten wir uns schlafen.

Am nächsten Tag bauten wir die Zelte auf. Franz war voll in seinem Element. Das Schledehausen TM-Festival war angebrochen, und viele Eltern waren mit ihren Kindern gekommen. Die Kinder waren natürlich selig, unter Pfadfinderleiter Franzens Kommando beim Aufbau der Zelte mithelfen zu dürfen. Je lauter und aufgedrehter der Kommandoton wurde - es war natürlich alles sehr witzig gemeint - desto mehr verschwand meine Begeisterung. In den Pausen, wenn wir in der frischen Sommerluft gegessen hatten und auf Decken herumlagen, kam Sabine zu mir und fragte, in einem Ton, der mir ebenfalls neu war: "Darf ich mich zu dir setzen, Christian?"

Es ist mir erst Wochen später klar geworden, dass sie einen Halt suchte. Leider hatte ich selbst keinen Halt. Ich fühlte mich in dieser TM-Gesellschaft vollkommen ausgeschlossen. Unsere kleine Gruppe passte sich der übrigen, zahlen- und machtmäßig weit überwiegenden Mannschaft an. Allein das gemeinsame "Programm-Machen", bei dem ich, der noch nicht einmal in TM eingeführt war, nichts zu suchen hatte, nahm täglich vier Stunden in Anspruch, dazu noch die Maharishi Kassettenvorträge und sonstigen esoterischen

Diskussionen, die nun wiederum aus meiner Arroganz heraus für mich nicht in Frage kamen.

Ich ging, als der ganze Platz während des Programms öde und verlassen dalag, ins Dorf, aß 'ne Bratwurst und trank ein bis zwei Bier dazu. Manchmal spielte ich auch, wenn Kinder übriggeblieben waren, Tischtennis. Am dritten oder vierten Abend wurde es dann klar, dass ich gehen würde. Toni spielte mit der Gitarre am Lagerfeuer, es wär eine gute Gelegenheit für mich gewesen, mit der Geige einzusteigen. Aber das Gefühl dafür war einfach nicht da. Schon die einfältigen Melodien und Texte dieser "TM-Lieder" erinnerten mich an meine Zeit im Evangelischen Jugendkreis, die für sich genommen sicher nicht schlecht war. Aber hier ging es doch um etwas Anderes. Ich konnte den Vergleich zwischen Bhagwans Sannyasins, zu denen ich mich immer noch zählte, auch wenn ich keine Mala mehr hatte, und diesem Verein aus Pfadfindern und völlig verklemmten, spießigen Kopfmenschen nicht verdrängen.

Im Rahmen dieses Vergleichs empfand ich hier alle Leute, bis auf die herumspielenden Kinder und meine Gruppenfreunde, die sich nun aber der Masse anpassten, als...ja, wie soll ich sagen...erdrückend dumm. Ein vorerst letztes Mal spazierte ich mit Sabine im Wald herum und heulte erbärmlich. "Nicht einmal du verstehst mich, auch du weißt in Wirklichkeit gar nicht, was Meditation wirklich ist...wenn nichts mehr da ist, überhaupt nichts...das versteht nur Bhagwan, und der ist auch nicht da, (huh, huh, schluchz, stöhn, seufz). Als ich am nächsten Tag mit (nur) 140 Sachen an

Bremen vorbeirauschte (Deutsche Bundesbahn), fand ich den Aufenthalt in Schledehausen gar nicht so schlecht und freute mich darüber, dass ich immer noch in Sabine verliebt war.

Eine Woche später hatte ich in Hamburg einen Traum, der mir nach dem Aufwachen gefühlsmäßig unmissverständlich klarmachte, dass ich den Zug in Schledehausen verpasst und Sabine verloren hatte. Es waren weniger die Traumbilder - Sabine in zärtlicher Umarmung mit einem mir unbekannten bzw. unerkennbaren Mann im Pfarrgarten meiner Kinderzeit - als vielmehr der bohrende Schmerz im Bauch, was mich, als der Schmerz tagelang anhielt, dazu veranlasste, ein Auto zu leihen und nach Schledehausen zu fahren.

Auf der Fahrt drehte ich zunehmend durch. Gegen diesen Zustand erschien mir der verrückteste Haschischrausch als Klacks. Ich fühlte mich so, als wäre ich gestorben und nur noch ein Geist, aber das war mir ja schon bekannt. Nicht genug damit, ich wusste auch, dass ich gleich wieder sterben würde, und noch einmal, immer wieder bis …ja wie oft eigentlich noch, na, egal, zumindest solange, bis ich das Leben gefunden haben würde. Die Gedanken wurden so unerträglich, dass ich laut singen musste, irgendein schwachsinniges Zeug von Altindisch bis Neuatlantisch, dabei nahm ich ganz konzentriert die Kurven mit (nur) 100 Sachen.

Als ich im Hospital-Park unter schattigen Bäumen meiner ganz in Weiß gekleideten Traumfrau begegnete, hatte sich der Gedankensturm beruhigt. Zurückgeblieben war ein trostlos trauriges, dunkles Heer. "Sabine". „Es hat sich hier für mich Vieles entscheidend geändert, Christian, und

damit auch für dich." Sie sah ernst, bleich und sehr kühl aus. „Was ist denn passiert?"
Im Grunde wusste ich es ja schon, aber doch nicht genau. Sie wandte sich ab und sagte "Jeder bekommt das, was er verdient." Wir gingen eine Weile schweigend nebeneinander, bis wir auf Ursula trafen. Die blickte noch düsterer drein, begrüßte mich mit einem pathetisch gehauchten: "Du kommst zu tiefer Stunde, Oh Freund" und sah dabei Sabine hasserfüllt an. Ich verstand überhaupt nichts mehr. "Ursula, kannst du mir vielleicht erklären, was hier nun vorgefallen ist'?" "Ja weißt du, Christian, die Sabine hat plötzlich ihr Herz für Toni entdeckt und seitdem ist sie für Unsereinen nicht mehr ansprechbar."
Bei dem Namen "Toni" hätte ich fast wieder losgeprustet, wenn die Situation nicht zugleich sehr schmerzlich für mich gewesen wäre. Aber das Schlimmste hatte ich eigenartigerweise schon während der Autofahrt überstanden. Sabine eilte fort zum Zelt. Ich ließ Ursula stehen und lief ihr hinterher. "Sabine, so geht das doch nicht, wir…ich möchte mich wenigstens mit dir aussprechen." "Ja, gut, komm nachher gegen sieben nach dem Essen zum Hauptgebäude.
Eine halbe Stunde lief ich nervös auf und ab: Ausgerechnet Toni, wie konnte das nur passieren! Gab es denn hier keine hübscheren und intelligenteren Leute! Dann war die Zeit um, und ich traf Sabine wieder. Sie kam mir sehr unsicher und hilflos vor. Seltsam. Wenn jemand wirklich frisch verliebt ist, strahlt er Kraft und Freude aus. "Ich versteh das alles nicht, Sabine, du siehst überhaupt nicht glücklich aus." "Ich

bin so, wie ich bin" sagte sie, wie mir schien in einem letzten, verzweifelten Aufwand von Trotz, dann lief sie ins Gebäude und kam mit Toni heraus, der ziemlich gleichgültig sein Abendbrot weitermampfte. Warum sollte er sich auch aufregen?
"Ich möchte gern mit dir sprechen, Sabine. Für mich ist das wichtig." Wir gingen zu dritt den Waldweg entlang. "Es geht mir darum, dass ich nicht in Verbitterung aus dieser Sache herausgehe, versteht ihr? Und ich glaube oder hoffe, dass meine Beziehung zu Sabine so ist, dass sie durch eure jetzige Beziehung nicht wesentlich beeinträchtigt wird." „Das ist schön, wenn du das so sehen kannst, Christian," sagte Toni. Sein Brot hatte er inzwischen aufgekaut. "Aber ich glaube", fuhr ich in einem so selbstsicheren Ton fort, dass ich mich wunderte, "dass Sabine da einen großen Umweg geht."
"Woher willst du das wissen", fragte Toni nach, im Bewusstsein, dass er die Partie ohnehin gewonnen hatte. "Das kann ich nicht genau sagen, ich weiß nur, dass es ein Umweg ist."
Tatsächlich zehrte ich in diesem Moment nur aus dem irrationalen Vertrauen, dass Bhagwan letztlich den direktesten Weg anzeige. Wir gingen eine Weile schweigend. Dann sagte Sabine: "Jedenfalls habe ich mit Toni all das erlebt, was ich mir erträumt habe. Er ist mein wirklicher Partner. In ihm habe ich Christus gesehen, und das ist mir sonst nur einmal kurz bei Thomas passiert. Aber der war vielleicht nicht reif dafür. Ich werde Toni all das geben, was du immer von mir haben wolltest, meine ganze Liebe und Hingabe."

Der Schlag hatte so gesessen, dass mir die Knie weich wurden und ich, vielleicht zum ersten und letzten Hal in meiner Meditationslaufbahn, einen Gedanken als Rettung empfand: "Das ist glatt gelogen." Aber der Gedanke hatte anscheinend nur die Funktion, mich nicht ohnmächtig werden zu lassen, jedenfalls sprach ich ihn nicht aus, sondern grinste stattdessen wie ein Geistesgestörter. "Du brauchst gar nicht so blöd zu grinsen, Christian, das ist hier wirklich nicht angebracht."
Wieder gingen wir eine Weile schweigend, dann erzählte Toni etwas von der wahren Partnerschaft, und wie das spirituell und im Rahmen der TM zu sehen sei, während ich versuchte, den Schock zu verdauen. Plötzlich hatte ich wieder dieses Traumgefühl, das ich sonst nur in Verbindung mit Haschisch oder in intensiven Momenten mit Sabine erlebt hatte. Mir war, als würden wir hier zu dritt schon eine Ewigkeit gehen und als gäbe es überhaupt nicht anderes, nur dies. Die ganze Situation war in ein völlig anderes Licht getaucht - es gab ja gar keine verschiedenen Ichs, nur ein ewiger Raum von Bewusstheit. "Merkt ihr denn gar nichts?", fragte ich erregt. „So wie jetzt, das ist es, genauso, wir sind immer drin, das ist das wahre Leben."!
Sabine und Toni sahen sich und mich verdutzt an. Sabine holte einen Apfel aus der Tasche und sagte mitleidig: "Du denkst einfach zu viel, Christian. So, wir gehen jetzt wieder zurück. Du hast mir ja vorhin schon erzählt, wo dein Auto steht, da vorne ist es, und hier gebe ich dir noch einen Apfel mit auf die Reise, leb wohl." Sie gingen Hand in Hand davon. Sabine drehte sich noch einmal nach mir um, gerade als

ich mir eine Situation in unserem kleinen Dachzimmer vergegenwärtigte, wo wir uns gegenseitig so intensiv erforscht hatten und Sabine ein mich durch und durch erschütterndes "Bah!" ausgestoßen hatte. Dieses "Bah!" kam nun unwillkürlich aus mir heraus, während meine Augen verdreht und schielend in Richtung Wald blickten – und zugleich das weit entfernte, verwunderte Gesicht von Sabine wahrnahmen. Es war übrigens kein "Bah!" des Ekels, sondern ein "Bah!" des TAO.

Ich biss in den Apfel und fuhr im Auto zum "Shunyam"-Center, das etwa sieben Kilometer entfernt war. "Shunyam" bedeutet übrigens "weiter Raum, Leere". Das Center war zur Zeit ziemlich voll. Edgar, Albert und die zu ihnen gehörenden Freundinnen waren gerade vom Festival aus Oregon zurückgekehrt. Albert hatte als Centerleiter ganz dicht vor Bhagwan sitzen dürfen. Da sei wahnsinnig was los gewesen, beim "Darshan" habe Bhagwan gewunken, und die Leute seien zu Hunderten zu ihm auf die Bühne gestürzt - aber, wie der Erzählung zu entnehmen war, nicht in den Hyperraum; denn alle waren brav wieder zurückgekehrt.

Ich war allerdings zu der Zeit viel weniger zum ironischen Herumwitzeln aufgelegt als jetzt, wo ich die Geschichte niederschreibe, und die Anderen merkten das auch. Edgar nahm mich mit nach oben in Alberts großes Zimmer, das zu meiner „Centerleiterzeit" zugleich als Satsangraum gedient hatte. Er vertraute mir an, dass er Therapeut werden wolle und sich auch dazu berufen fühle, die Rolle des Centerleiters an meiner Stelle zu übernehmen.

Dieser Witz half mir beinahe mehr über meine Traurigkeit hinweg als die darauffolgende kurze Therapiesession, wo ich mich flach auf den Boden legen und „Sounds" von mir gehen musste. "Make sounds, make sounds!" beschwor mich Edgar. Und es kamen auch einige Sounds, hauptsächlich das Wort "Nein!" Die Prozedur hatte mich immerhin soweit auf den Boden gebracht, dass ich mir völlig darüber im Klaren war, hier sofort zu verschwinden, sodass die für den späten Abend angesetzte Fete ohne mich ablaufen musste, was sicher niemandem geschadet hat. In dem darauf folgenden Machtkampf zwischen Edgar und seiner Freundin, wer den Centerleiterposten übernehmen dürfe, hätte ich wirklich nur gestört.

Als ich bei Morgengrauen in Hamburg ankam, hörte ich in meinem Kopf die längst vertraute Stimme sagen: "Don't look for peaks!" (such nicht nach Höhepunkten). Das war zwar zunächst tröstlich, aber so eine alte Angewohnheit·ist nicht so leicht aufzugeben.

Dass ich die Höhepunkte allerdings ausgerechnet da suchte, wo sie mit Sicherheit nicht zu finden waren, nämlich in der Eckkneipe gegenüber, trug dazu bei, dass die nächsten zwei Monate zu einem totalen Kellerdasein im wörtlichen und im übertragenen Sinne wurden. Ich wohnte im Kellerzimmer der WG und fühlte mich auch so. Daran änderten auch die leuchtenden Visionen von Sabines Glück mit Toni nichts. Aber warum sollte ich nicht ein Abenteuer daraus machen und sie tatsächlich ein wenig belauschen, so vom Wald aus?

Ich suchte mir einen passenden Zug aus, der letzte fuhr so, dass ich schon in der Morgendämmerung in Schledehausen sein konnte. Vorher spielte ich noch in jener Musikkneipe, wo ich gelegentlich mitmachte, diesmal war es ein phantastischer Abend mit Kolumbia- Gras, seit langem zum ersten Mal, schließlich hatte ich nichts mehr zu verlieren.

Eigentlich hatte ich mich Sabine nüchtern und ausgeschlafen präsentieren wollen, doch nun saß ich, ohne die Situation vorher als vorsichtiger Späher auskundschaftet zu haben, leicht bekifft und übernächtigt auf einem Stein in der Sonne, mitten im TM-Gelände wo Sabine mich nicht übersehen konnte. Da kam sie auch schon. Sie trug nun nur noch lange weiße Kleider. Einen Heiligenschein konnte ich bisher nicht erkennen. Dafür blitzte aber in ihren Augen echte Wiedersehensfreude auf, und wir deuteten eine Umarmung an. "Du hast wirklich einen Sinn dafür, unerwartet aufzutauchen. Diesmal passt es sogar, denn Toni ist gestern weggefahren." Sie hatte noch etwas zu erledigen, ich könnte so lange warten.

Als sie zurückkam, war ihr Gesicht verschlossen. Sie hatte sich wohl vorgenommen, sich ja nicht durch mich erweichen zu lassen."Es gefällt mir übrigens nicht, dass du hier wie selbstverst8ndlich auf das TM-Gelände kommst. Du gehörst nicht zur TM und hast keine Berechtigung hier zu sein." Ich fragte sie, wie es dazu gekommen sei, dass sie ihre monatelang angestaute Liebesenergie auf Toni entladen hat. Am Vollmondtag sei ich doch noch ihr Hauptkandidat, und Toni sei für sie bis dahin nur ein guter Kumpel gewesen. Daraufhin schwärmte sie davon, wie sie mit Toni die Kinder betreuen durfte, nachdem ich weggefahren war, wie sie zusammen gespielt und musiziert hätten, und da sei eben ziemlich bald der Funke übergesprungen.

„Wäre ich dageblieben, hätte ich wohl die Liebe bekommen, die du mir zwei Jahre lang geben wolltest," überlegte ich laut. "Ja, das ist gut möglich" erwiderte sie, "Aber du bist nun einmal nicht dageblieben. Und du hast dich eben auch nicht für unsere Gruppe entschieden. Mit Toni war ich im vergangenen halben Jahr viel häufiger zusammen als mit dir. Er ist mir vertraut geworden als ein wirklicher Mann. Wir wollen wahrscheinlich heiraten. Er gibt mir Halt. Mit dir dagegen habe ich nur den Rausch erlebt. Aber das ist nicht das wahre Leben, Christian. Mit Toni erlebe ich, wie es wirklich ist."

"So, so", murmelte ich. Mein Hals war völlig ausgetrocknet. "Ich bin leider ziemlich kaputt und habe seit gestern Abend nichts getrunken. Könntest du mir vielleicht ein Glas Wasser besorgen?" Sie wollte losgehen, überlegte dann einen Moment und sagte kühl: "Nein, von mir bekommst du nicht einmal ein Glas Wasser." Sabine hatte wirklich den Bogen raus, wie man durch Liebesgabe und Liebesentzug belohnt und bestraft. Womit ich den darauffolgenden, schönen gemeinsamen Spaziergang durch Wald und Feld verdient hatte, weiß ich nicht. Ich weiß nur, im Nachhinein, dass es taktisch unklug von mir war, meiner Freude über dieses kurze Zusammensein Ausdruck zu gehen. "Dies ist seit langem der schönste Tag für mich, Sabine, dass ich hier mit dir zusammen auf der Wiese sitzen darf!" Ihr Gesicht verfinsterte sich. "Ich muss jetzt wieder zurück, Christian." Auf dem Weg traf sie eine TM-Genossin, ich wurde als entfernter Bekannter "von früher" vorgestellt, bei dem weiteren Gespräch war ich überflüssig. So verzog ich mich ins nahe gelegene Dorf. Aber so schnell wollte ich nicht aufgeben. Ich besorgte mir ein Zimmer im Gasthaus, holte den versäumten Schlaf nach und erschien abends wieder auf der Bildfläche. Diesmal pirschte ich mich von hinten durch den Wald heran. Eine weiße Gestalt wandelte, vom Licht des nahegelegenen Klos mondscheinhaft erleuchtet, vor dem Zelt auf und ab. Den Beschreibungen Karl Mays folgend vermied ich das Knacken trockener Zweige und stand dann - ohne Blumenstrauß und auch sonst unvermittelt vor ihr. "Was willst du denn nur von mir, Christian?" „Ich will alles von dir, alles, Sabine, du bist für mich alles!", kam es aus mir herausgesprudelt. Sie sah mich betroffen, dann sogar anerkennend an. "Ja, jetzt bist du wirklich authentisch, Christian. Aber du weißt genau, dass ich dir das nicht geben kann. Aber ich fühle irgendwie, dass ich dir eines Tages, wenn es so weit ist, etwas geben werde, was ich dir vielleicht bisher vorenthalten habe. Das Wichtigste ist aber, dass du lernst, dich selbst mehr zu lieben. Deinen Körper, deine Begabungen, verstehst du?" „Ja, ja, ich versteh schon, es ist aber für mich so schwer. Außerdem habe ich Angst, dass ich meinen Körper bald verliere." "Das ist doch Quatsch. Lerne deinen Körper überhaupt erst einmal richtig kennen, bevor du daran denkst, ihn wieder zu verlassen. Übrigens mit dem Glas Wasser heute morgen, das ist mir noch oft durch den Kopf gegangen, warum ich da so hart war, aber es musste einfach so sein, ich weiß selbst nicht, warum."

Ich wusste es schon. Es hatte mir Einiges in Bezug auf meinen ausschweifenden, widernatürlichen Lebenswandel bewusst gemacht. „Ach Sabine, in Wirklichkeit möchte ich nur, dass wir gute Freunde sind, ganz normal, so wie du mit Franz oder mit Toni. Keine rauschhaften Höhen und Tiefen. Glaubst du, dass das für mich möglich ist?" „Ja, das ist sicher möglich. Im Moment kannst du hier nicht sein, das wirst du verstehen. Die ganze Gruppe hat sich der TM-Organisation untergeordnet. Aber das Leben geht ja weiter, jeder Tag bringt neue Überraschungen, wer weiß, was noch alles kommt." Mit dieser hoffnungsvollen Aussicht entließ sie mich freundlich, und ich schritt dankbar zum Gasthaus.

In Hamburg schrieb ich einen langen Brief, nicht an Bhagwan „persönlich", sondern an eine Ma, die für solche Angelegenheiten zuständig war. Ich hat darin um eine neue Mala, schilderte den Vorfall der Malaverwechslung, mein kurzes, erfolgloses Centerleiter-Unternehmen und meine glücklich-unglücklich tiefe Beziehung zu Sabine, die ich Bhagwan am Gurupurnimatag vorgezogen und die nun ihre Liebe einem Anderen geschenkt hatte. Einige Wochen später erhielt ich darauf einen sehr lieben, verständnisvollen Antwortbrief aus Oregon. Sinngemäß hieß es darin, es besteht keine Notwendigkeit, an der Vergangenheit festzuhalten. Such dir eine Arbeit, die dir gefällt, so dass du die Gegenwart nicht verpasst. Es ist "fine", im Hamburger Center eine neue Mala zu bekommen. Und es ist "fine", dass Swami Edgar Co-coordinater des Shunyam-Centers ist. Zum nächsten Festival bist du herzlich eingeladen. Hier in der neuen Stadt Rajneeshpuram tut sich viel, gerade ist eine neue Straße gebaut worden, und Bhagwan sieht so glücklich und „georgeously" aus, wenn er vorbeifährt. Alles Liebe und Sein Segen.

Die Centerleiterin hängte mir, nachdem sie den Brief vorgelesen hatte, die Plastikmala um den Hals - die Serie der Malas mit der Holzumrahmung des Bhagwanbildes war gerade ausgelaufen. Satyananda, dem ich in Poona mein heißgeliebtes Tagebuch anvertraut hatte, saß augenzwinkernd neben mir, und es war eine tolle Celebration, so als würde ich zum zweiten Mal "Sannyas nehmen". Dabei hatte ich nur einen Gedanken: "Diese Mala ist für Sabine. Ich trage sie an ihrer Stelle."

Dann erhielt ich einen langen Brief von Ursula. Sie schrieb, dass es sie zwar Überwindung koste, so offen zuzugestehen, dass sie sich sehr freuen würde, wenn ich sie bald in ihrem Haus besuchen würde, aber sie hätte auch eine wichtige Aufgabe für mich, es seien ungeheure Sachen passiert. Ich war, das muss ich ehrlich zugeben, in erster Linie daran interessiert, etwas über Sabine zu erfahren. Vielleicht bot sich hier die Chance, ihr wieder näher zu kommen.

So fuhr ich also wieder in dieses Kaff bei Köln und wurde dort überschwänglich empfangen, leider nicht von Sabine, wie ich im Stillen gehofft hatte. Aber immerhin, ich erfuhr, dass Sabine aus Schledehausen abgereist und in ein anderes TM-Center in der Nähe von Stuttgart übergesiedelt sei, wo fast nur Frauen lebten. Toni sei durch diese Blitzaktion

ziemlich geschockt gewesen, denn Sabine hatte nichts mit ihm abgesprochen. Die Nachricht erfüllte mich zumindest mit einer hämischen Freude. "Tja, Toni, ob du wohl der Richtige bist, eine so harte Nuss wie Sabine zu knacken!"
Da Ursula während ihrer Meditationen inzwischen „Durchsagen" von hohen Energiewesen erhielt, neben detailliert ausgeführten vegetarischen Kochrezepten auch die Anweisung, ein Spirituelles Center aufzubauen, war für Sinnersdorf und Umgebung ein Neues Zeitalter ausgebrochen. Ich half dabei, ihre frühere Kosmetikpraxis in einen "Center-Raum" umzubauen, wo Vorträge, Meditationen aller Art, Musikimprovisationen (mein Spezialgebiet), Yoga, Massagen usw stattfinden sollten.
Nun gab es zwar schon ein stattliches Bhagwan- und ein nicht ganz so bedeutendes TM- Center in Köln, keine 20 km entfernt, aber wie hatte Sabine damals so poetisch gesagt: der kleine Apfelbaum und der große Garten. Außerdem sollte ich mit den Kursen Geld verdienen können und wer weiß, vielleicht würde Sabine angezogen werden durch das Angebot, hier ihre eigenen Kurse geben zu können. Schließlich hatte sie ihr Psychologie-Diplom.
Doch Sabine kam nicht. Dafür kamen Andere. Das Haus wurde voll. Im ersten Stock wohnte nun u.a eine TM-Lehrer und Siddhafamilie, ein gebürtiger Türke namens Hassan mit Frau und zwei kleinen Kindern. Ursula hatte die Familie aus Nächstenliebe aufgenommen. Das Ergebnis war ein ständiger Streit. Hassan und Birgit fühlten sich bevormundet. Sie waren eben geduldete Gäste, und mit der Mietzahlung schien es

nicht so recht zu klappen. Ich wurde meiner neuen Freundin Ursula untreu und schlug mich auf die Seite der Gäste.

Birgit, die jahrelang an der Seite ihres Mannes gegen ihren Willen die TM-Lehrerin gespielt hatte, war aus Frust ungeheuer dick geworden. Zu manchen Leuten passt Leibesfülle, aber bei ihr war deutlich zu sehen, dass der mächtige Unterleib in einem grotesken, unnatürlichen Missverhältnis zu dem zarten, feinen Gesicht stand. Ihr ganzes Wesen drängte nach Befreiung. So kam es, dass sie mit mir zusammen ins Kölner Bhagwan-Center fuhr und mit einer Totalität, die ich zu der Zeit beinahe beneidete, nach wenigen Meditationen entschieden war, Sannyasin zu werden. Sie machte noch eine Gruppe bei der Therapeutin Yoga Sudha mit, die mir gerade einige Wochen zuvor in einer Einzelsitzung klargemacht hatte, dass ich nicht erleuchtet, sondern dass meine Sexenergie blockiert sei, und beantragte dann Sannyas.

Ich erzähle das auch deshalb etwas ausführlicher, weil Birgit wenige Wochen später bei einem Autounfall ums Leben kam. Die Sudha-Gruppe war hart für Birgit gewesen. Sie hatte mehrmals versucht, die Flucht zu ergreifen. Doch die Therapeutin muss gesehen haben, dass es bei Birgit darum ging: "jetzt oder nie", und mit einem Engagement, das ungewöhnlich ist, denn wenn normalerweise jemand aus einer solchen Gruppe aussteigen will, wird er nicht überredet zu bleiben, hat Sudha Birgit bearbeitet, durchzuhalten. "Du hast es fast geschafft, Birgit, gleich bist du durch!"

In dieser Zeit der intensiven, auch spannungsgeladenen, aber im Grunde vertrauten und entspannten Dreier-Freundschaft kam es zu meiner TM-Einführung. Hassan übernahm die theoretische Unterweisung und Birgit vollzog liebevoll die feierliche Einweihungszeremonie mit mir. Ich probte die Mantra-Meditation, ich gebe das Mantra hier öffentlich preis, weil man es nicht weiter sagen darf: "shirim", die "I"-Vokale sollen das höchste Chakra stimulieren. Ich wurde auch "gecheckt", es hatte alles seine Richtigkeit. Doch leider musste ich bei diesen Meditationen so lachen, dass ich bald wieder zu meiner gewohnten Gedanken-Beobachtungs-Meditation überging. Denn immer, wenn das Mantra in meinem Kopf auftauchte, sah ich Bhagwan, der dazu die albernsten Grimassen schnitt, und - als Souffleur auftretend - das Mantra aufsagte, mal übertrieben laut, mal verlegen, als könne er sich nicht erinnern, mal gespielt wütend, dass ich meinen Text immer noch nicht konnte usw. Es war zwar köstlich, aber irgendwann hatte ich genug.

Und irgendwann hatte ich auch genug von Ursula und ihren "Durchsagen". Ich nahm ihr durchaus ab, dass sie eine ungeheure Energie verspürte, sie brachte das ja auch in ihren Meditationen unüberhörbar zum Ausdruck, wenn sie in höchsten Tönen wie die Königin der Nacht jubilierte. Aber die Durchsagen betrafen nicht nur sie selbst und ihre Kochrezepte, sondern auch andere Leute wie Sabine und mich. „Sabine", so hatten die körperlosen Meister gesagt, „würde reumütig das Gewand der Büßerin tragen müssen. Ich dagegen würde der Musiker des Neuen Zeitalters sein, wenn ich Sabine und Bhagwan abschwörte und blaue Kleider trüge. Warum nicht? Ich war zu Experimenten bereit. Ich kaufte mir eine blaue Hose und einen blauen Pullover. Es änderte nichts daran, dass ich immer noch an Sabine hing und mir Bhagwan und seine Kommune tausendmal lieber waren als alle Maharishis, Sai Babas und sonstigen Kuthumis. Doch diese Einsicht im Herzen zu spüren ist eine Sache, sie konkret zu leben eine ganz andere. Dazu sollte ich bald Gelegenheit im Hannover Bhagwan-Center erhalten.

9: Nov. 82 - August 83:
RMC Hannover, TM Urach, Kloster Italien, Rajneeshpuram

Birgit brachte mich im Auto nach Hannover, wo ich einen alten Freund besuchen wollte. Zwei Tage später war ich als offizielles Mitglied im "Amrit"-RMC (Rashneesh Meditation Center) aufgenommen, wo ich niemanden kannte.

Ich überlege nun gerade beim Schreiben, wie ich diese Episode in meiner Geschichte unterbringen soll. Obwohl sie nur knapp zwei Monate dauerte, sprengt sie den Rahmen. Um wirklich verständlich zu machen, was dort für mich ablief, müsste ich sehr genau und bewusst beschreiben, und das würde ein neues Buch bedeuten. Eben so wenig kann ich meine späteren, kurzen Besuche in "Rajneeshpuram" in die Geschichte integrieren, obwohl sie dazugehören.

Vielleicht kann ich die Sache so verständlich machen: Bisher hatte ich geglaubt, Bhagwan in Poona direkt begegnet und sein Schüler geworden zu sein. Aber das war eine Selbsttäuschung gewesen. In Wirklichkeit hatte ich Bhagwan mit Haschisch verwechselt. Ich will mich dafür gar nicht nachträglich verurteilen. Die Pseudo- Erleuchtungszustände, die mich seinerzeit glauben ließen, ich hätte die Wahrheit eingeraucht, gehörten zu meiner Entwicklung. Im „Amrit" Aschram wurden mir nun vor allem durch den Centerleiter Veetgyan schonungslos die Augen geöffnet.

Zumindest wurde dort der anstrengende Versuch unternommen, und es hätte vielleicht auch geklappt, wenn der Gedanke an Sabine mir nicht zweimal zur Flucht verholfen hätte. Ich will die Situation im Aschram so knapp wie möglich skizzieren und einige wenige Ereignisse als Beispiele schildern um zu demonstrieren, warum ich es dort nur so kurz ausgehalten habe.

Die Gemeinschaft bestand aus etwa 30 Sannyasins im Alter zwischen 20 und 40. An der offiziellen, öffentlich angebotenen "Dynamischen Meditation" morgens um 7 nahm von der "family" kaum jemand teil. Der Arbeitstag war lang und anstrengend genug. Nach dem gemeinsamen Frühstück und einer kurzen Arbeitsbesprechung begann die Arbeit. Finanzgeschichten und Organisation im Büro, Einkauf und Küche, Saubermachen aller Wohnungen und Meditationsräume, Renovierungen innerhalb und gegen Bezahlung außerhalb des Aschrams, später kamen noch der Aufbau und die Unterhaltung eines vegetarischen Restaurants dazu.

Die Arbeit stand zwar zeitlich und wirtschaftlich gesehen im Mittelpunkt des Aschramlebens, der Kern und eigentliche Sinn lag jedoch nicht darin, Leistung zu demonstrieren, sondern zu lernen, mit sich selbst und im Umgang mit den Anderen aufrichtig und authentisch zu sein. In diesem Punkt stellte Veetgyan hohe Anforderungen, wie ich gleich in der ersten Gruppensitzung zu spüren bekam. Bei solchen "meetings", wo alle Mitglieder der Gemeinschaft zu erscheinen hatten, ging es darum, sein Unbehagen offen auszudrücken.

Da es wirklich nicht leicht ist, seinen Frust in Bezug auf die Arbeit oder seinen Widerwillen gegen bestimmte Personen vor versammelter Mannschaft darzustellen, herrschte ein bedrücktes Schweigen. Die sonst so fröhlichen Gesichter zeigten nun schlechtes Gewissen, Nervosität und nackte Angst. Die Spannung wuchs, wie in der langen Encountergruppe, die ich in Poona mitgemacht hatte und entlud sich schließlich entsprechend. Sei es, dass der Druck nicht mehr auszuhalten war, sei es, dass eine gewisse Routine in dieser Disziplin des Encounter dazu ermunterte, die Sache in Schwung zu bringen, irgendjemand fing an, einen Anderen "anzumachen.

Nachdem zwei Leute, mit denen ich mich schon angefreundet hatte, unter Beschuss geraten waren, weil sie ihre Aufgabe, einen geeigneten Platz für ein Restaurant zu finden, angeblich zu geheimnistuerisch in Angriff nehmen und niemand so recht wisse, wiewiet die Sache nun gediehen sei, fragte Veetgyan mich mit gefährlich sanfter Stimme aus dem Hintergrund. "Fühlst du dich" auch wohl, Christian?" "Och ja, mir gehts ganz gut." "Gefällt dir das, was hier abläuft?" „Naja, es ist nicht gerade angenehm. Aber was raus muss, muss raus."

Ein bulliger Typ, der mich an einen Bundeswehr-Schikaneur - nein, „erinnerte" kann ich nicht sagen, weil ich sowas zumindest in diesem Leben nicht mitzuerleben brauchte, aber er war tatsächlich bei der Bundeswehr gewesen, jedenfalls,

der setzte sich mir bedrohlich nah gegenüber und sagte: "Was spielt du hier überhaupt für eine Rolle, du miese, hässliche Kröte?" Für den Bruchteil einer Sekunde fühlte ich überhaupt nichts, dann wollte sich ein Teil von mir in das Dasein einer miesen, hässlichen Kröte vertiefen, aber ein anderer Teil, der die Erlebnisse mit Sabine auf einen Schlag bereit hielt, ließ mich sagen: "ich bin keine miese, hässliche Kröte, und welche Rolle ich spiele, das siehst du doch."
Veetgyan lenkte die Aufmerksamkeit wieder auf die Beiden, die mit dem Restaurantunternehmen beauftragt waren, ich war wohl im Moment noch nicht wirklich dran. Solche Meetings dauerten bis zu drei Stunden und wurden vier bis sechsmal in der Woche abgehalten.
Das Zusammensein mit den Anderen war für mich auch sonst intensiv, aber natürlich lockerer und angenehmer. Wir machten viel Musik zusammen. Ich stellte fest, dass 80% aller „Familienmitglieder" musikalisch waren, etliche hatten Musik studiert, und Musik war hinter der Gestalt von Meister Bhagwan Trumpf im Herzen der meisten Aschramiten. Auch der Centerleiter war früher Musiker gewesen. Ich hatte neben Küchen,- Saubermach-, und Bautruppdienst, wo ich unter dem Kommando meines speziellen "Bundeswehr"-Freundes, der sich übrigens letztlich auch als toller Kumpel erwies, mit dem Vorschlaghammer Wände einschlagen musste, die ehrenvolle Aufgabe des Hofmusikers.
Ich organisierte die Musik für den sonntäglichen "Satsang" und zog in verschiedenen musikalischen Besetzungen durch einige Restaurants und Kneipen von Hannover, wobei die

finanziellen Gesichtspunkte, die in manchen Meetings wie beim Kartenspiel als Trümpfe ausgespielt wurden, in meinen Augen vordergründig waren gegenüber dem Erlebnis, als Improvisationsgruppe in einem nicht immer freundlichen Rahmen zusammenzuhalten. Der Punkt war nur, dass ich meine Ansichten und Wünsche in den Encounter-Meetings nicht zum Ausdruck bringen mochte - aus Angst. Vielleicht war es noch nicht einmal die existentielle Angst, von der Bhagwan oft sprach, jene Angst vor einem bodenlosen Abgrund, die den Beginn der wahren Meditation anzeigt. Vielleicht war es "nur" eine anerzogene Furcht, mich vor Anderen unbeliebt zu machen. Sollte ich geglaubt haben, diese Furcht im "Poona-Encounter" losgeworden zu sein, so wurde ich hier eines Besseren belehrt.

Was unter Veetgyans Encounter-Leitung ablief war für mich der Alptraum schlechthin. Um das wirklich nachvollziehen zu können, muss man erfahren haben, dass die Angst vor dem körperlichen Tod nicht die letzte ist. Es gibt noch tiefere Ängste. Man wird dagegen einwenden, dass diese Behauptung jeder Grundlage entbehre, schließlich liege der körperliche Tod vor uns, wie soll man da aus eigener Erfahrung vergleichen können? Abgesehen davon, dass ich durch viele Haschischexperimente in "Past-Lifes" versetzt worden war und mich als ein vom Körper unabhängiges Wesen erfahren hatte, abgesehen auch von der Tatsache, dass ich später in einer "nüchternen" Rückführung meine eigene Hinrichtung durch französische Soldaten im 18. Jahrhundert in allen Einzelheiten nacherlebte und mich körperlos in einem befreienden, gewaltigen Gelächter durch die engen Gässchen huschen sah - auch ohne solche Erfahrungen zieht sich ein untergründiges Wissen durch das Leben eines jeden Menschen: die Furcht vor dem körperlichen Tod ist ohne bewussten Erfahrungshintergrund, basiert auf Überlebensinstinkten und Annahmen, und manch einer, der einen Autounfall oder vergleichbare Meetings mit Freund Hein hinter sich hat, erzählt später seinen Freunden: "eigentlich hatte ich überhaupt keine Angst".

Es gibt tiefere Ängste. Die landläufige Angst vor dem Tod ist vorgeschoben. Sonst wäre es unmöglich, dass sich jemand entscheidet, lieber (körperlich) zu sterben, als eine Idee oder einen Geliebten zu verraten. Vor sich selbst oder vor Anderen als Feigling oder Verräter dazustehen, ist für viele Menschen ein schlimmerer Tod als der "Tod". Und diese tieferen Ängste kommen aus ebenso tief sitzenden Vorstellungen darüber, wer wir sind und wie wir sind: Sicher, Menschen mit einem Körper, den wir verteidigen, wenn uns jemand angreift, den wir zugleich aber auch mit Autoabgasen, Nikotin und Alkohol vergiften. Tapfere Soldaten, die ohne mit der Wimper zu zucken eine Stadt bombardieren oder sich umgekehrt bombardieren lassen, wenn es "um die Freiheit" geht, um eine ideologische Freiheit, die vom inneren, individuellen Wesen weiter entfernt ist als der nächste Bratwurststand.

In Veetgyans "Meetings" ging es jedenfalls für mich um Ängste, die ich in manchen Situationen, z.B. auf der Autobahn, wo ich den Tod direkt vor mir sah, nicht erlebt habe. Und obwohl es völlig klar war, dass mir hier niemand körperlich etwas zuleide tun würde, brachte ich vor der Gruppe wohl nicht einen einzigen authentischen Satz zustande. Nach zwei Wochen war ich entschlossen, das Weite zu suchen - gefühlsmäßig war die Flucht verkleidet als Sehnsucht nach Sabine, die ich in ihrem TM-Kloster in der Nähe von Stuttgart aufsuchen wollte. Ich wollte eine allgemeine Abschiedsvorstellung vermeiden und erzählte vor der geplanten Abreise nur zwei oder drei Freunden von dem Vorhaben. Aber hier gab es keine Geheimnisse. Jeder wusste über jeden Bescheid, es herrschte ein Informationsfluss, der - äußerlich betrachtet - gelegentlich den unangenehmen Beigeschmack von "Petzen" hatte.

Als ich meinen Koffer schon gepackt hatte, bestellte mich Veetgyan zum „Meeting". Diesmal waren nicht so viele Leute da, ein "halboffizielles" Treffen. "Ich habe gehört, du willst abreisen, Christian?" eröffnete Veetgyan. "Ja, das stimmt." - "Gefällt es dir bei uns nicht?" "Doch, schon. Ich mag die Leute gern hier, es ist alles unheimlich intensiv, aber..." - „Aber?" „Aber in letzter Zeit ist wieder meine Sehnsucht nach meiner früheren Freundin so stark geworden, und ich hab mich entschlossen, zu ihr zu fahren." "Wo wohnt sie denn?" „Tja, äh , die wohnt in einem TM-Center in der Nähe von Stuttgart." "Ach, TM," unterbrach jemand, "ja, da gehörst du auch hin, da kannst du dich bis zu deinem Lebensende vor deinen wahren Problemen verkriechen." "Ich kann dich nicht halten, Christian, es ist deine eigene Entscheidung" sagte Veetgyan fast traurig, aber plötzlich verzog er sein Gesicht zu einem übertriebenen Grinsen, auf das ich wohl normalerweise eingegangen wäre, vielleicht war

meine Reaktion auch zu langsam, denn das Grinsen war nur gespielt und verschwand sofort wieder. "Warum lachst du denn nicht, Christian, du kannst doch sonst so charmant sein, lach doch mal, jetzt." "Ich tu, was ich will!". sagte ich trotzig. "Nein, das tust du eben gerade nicht, du tust nur das, was dein Kopf will!"
Eine Weile herrschte bedrückte Stille, dann sagte Veetgyan. "Ich werde euch jetzt einen Text von Bhagwan vorlesen." Er las den Text vor. Ich kannte ihn schon und er beeindruckte mich in der Situation überhaupt nicht. Bhagwan antwortete da sinngemäß auf einen Frager, der sich über die Arbeit im Aschram beschwerte (Veetgyan hatte die Frage nicht vorgelesen, aber ich kannte den Zusammenhang): "Ich gebe euch die Arbeit, weil ihr noch nicht bewusst genug seid, euch selbst zu beschäftigen. Die Arbeit kann euch zeigen, in welchem Maße ihr bereit zur Liebe seid. Wenn die Arbeit aus Liebe geschieht, erscheint sie nicht als Mühe, sondern als Spiel." Das ist der Kern, so wie ich ihn - zumindest vom Kopf her - verstand. "Wenn du gehen willst, Christian, dann geh jetzt", sagte Veetgyan; und ich ging.

Das TM-Center lag, wie alle anderen TM-Center, die ich bisher kennengelernt hatte - Boppard, Schledehausen und Bremen - sehr idyllisch. Komfortable, weitläufig angelegte Unterkunft in ruhiger, malerischer Landschaft. Die Bhagwan-Center dagegen, mit Ausnahme des Poona-Aschrams und unseres kleinen „Shunyam"-Centers - ich spreche nur von denen, die ich bis dahin kennengelernt hatte, - Berlin,

Hamburg, Köln, Frankfurt, Bremen, Amsterdam und Hannover, lagen alle mitten in der Stadt in hässlicher Umgebung.
Diesem äußeren Unterschied entspricht nach meiner Auffassung ein innerer. Obwohl Bhagwan immer wieder betont hatte, dass spirituelles Wachstum materiellen Reichtum nicht aus-, sondern einschließe, dass es auf eine Synthese zwischen dem weltabgewandten Buddha und dem lebensbejahenden, sinnlichen Griechen Alexis Zorbas ankomme, war es doch klar, dass Bewusstheit unabhängig von der äußeren Umgebung ist. Weder die erhabene Schönheit der Himalajas noch die geometrische Form der Pyramiden können den Menschen wirklich zu sich selbst führen.
Maharishi schien da anderer Meinung zu sein. Ich behaupte ganz frech, dass die Bewusstseinsentwicklung in Maharishis TM viel stärker von materiellen Bedingungen abhängig gemacht wird als bei Bhagwan. Zu den materiellen Bedingungen gehören nicht nur die ausgesucht schönen Landschaften und die imposanten Herrensitze, die ich völlig in Ordnung finde, sondern vor allem die Tradition („10000" Jahre Indien), die in jedem Kurs und in jeder Meditation herumgeistert. Interessant ist dabei - natürlich immer noch und immer wieder völlig subjektiv- zu bemerken, dass die TM- Prunksitze innen ziemlich lieblos eingerichtet und von einer steifen, toten Friedhofsatmospäre durchzogen waren, während in Bhagwans von außen hässlichen Mietshaus-Centern jeder kleinste Winkel innen mit sorgfältiger Liebe bedacht wurde und im ganzen Haus die Lebensfreude übersprudelte. Soweit der Propagandaminister,

der in Wirklichkeit Außenseiter geblieben ist und keinen besonderen Anlass hat, Propaganda zu machen.

Ich betrat nun also nach einem längeren Fußmarsch durch den Dezemberschnee das TM und frühere Krankenhaus-Gebäude und meldete mich als reguläres TM-Mitglied für den Wochenendkurs an, beiläufig fragend, ob eine gewisse Sabine so-und-so hier wohne. Ja, die wohnte hier. Mein Herz hüpfte in einer mir schon bekannten Mischung aus Freude und Angst.

Da meine Begegnungen mit Sabine sehr selten geworden waren und von nun an in einer Weise selten wurden, dass nicht nur diese Geschichte als Erzählung fast zuende ist, sondern, so fühlte ich mich oft, meine Geschichte überhaupt vielleicht gnädigst sich ihrem Ende zuwenden möge, so möchte ich, am letzten Rest vom Drink nippelnd, eine Begegnung mit Sabine nachtragen. Zuletzt hatte ich sie nicht in Schledehausen, sondern bei einem TM-Kurs in Bremen getroffen.

Dass sie zu dem Kurs wollte, hatte ich erfahren in einem telefonischen Direktgespräch aus Sinnersdorf - laut Ursula einer der Hochenergiepunkte dieser Erde, neben dem berüchtigten "Bermuda-Dreieck" und den Kanarischen („Atlantis"-) Inseln. (Für den, der es weder im "stern" noch bei "von Däniken" oder anderen UFO-Magazinen gelesen hat: Im "Bermuda-Dreieck" stürzen immer die Flugzeuge ab, weil die Piloten ihren Steuerknüppel verwechselt haben). Auf meine ernstgemeinte Frage an Sabine, wie sie unsere Beziehung sehe, gab sie mir die ernstgemeinte Antwort: "Unsere Beziehung ist in Gott." Dass man diese Antwort auch so verstehen kann: "ich hab heut keine Zeit, vielleicht ein anderes Mal", kam mir damals nicht in den Sinn.

Ich fing Sabine in Bremen ab, nachdem ich mich im TM-Gebäude einquartiert hatte, nervte sie dann eine halbe Stunde mit meinem schmachtenden Dauerblick, während sie sich mit irgendwelchen Leuten über ganz neue Theorien von Maharishi unterhielt, z.B., dass man Kneipen meiden müsse wegen der schlechten Schwingungen und der Selbstmörder-Seelen, die sich dort herumtreiben. Bei einem Spaziergang durch Wald und Heide öffnete sie sich etwas dem frischen Wind und meinen Augen, die ich als Diaprojektor benutzen wollte, um (selbst nur als Dia gesehene) Bilder von Rajneeshpuram in ihre Seele zu projizieren. Auf dem Rückweg erörterten wir, wer von uns Beiden jeweils dem Anderen tiefer ins feindliche Lager gefolgt sei. Ich war bisher nur bis TM-Bremen vorgedrungen und hatte verloren.

Aber ich wollte aufholen, und so stand ich nun - viele Wochen später - im TM Frauenkloster zu Urach. Allein die Tatsache, dass ich dort unbehelligt stehen durfte, zeigt, dass es sich nicht um ein echtes Nonnenkloster handelte. Es wurde damals von einem Mann geleitet, der mir übrigens gut gefiel, weil er mir direkt und ehrlich erschien, und zu den Kursen waren natürlich Frauen und Männer willkommen.

Da ich schon durch die zwei Wochen Hannover-Aschram-Phase ganz gut auf Arbeit, Bewegung und Mithelfen „eingetuned" war, lief ich gleich in die Küche und packte wie selbstverständlich mit an. Das wurde freundlich erstaunt zur

Kenntnis genommen. Die Arbeit, so konnte ich den meisten Gesichtern und einigen Bemerkungen entnehmen, wurde hier als notwendiges Übel und Prüfung angesehen, obwohl die Arbeitszeit halb so lang war wie im Hannover Aschram und doppelt so langsam voranging.

Bei dieser Gelegenheit traf ich auch Sabine. Ich war entzückt, sie nicht. "Ist deine TM-Einführung überhaupt offiziell bestätigt?" fragte sie mich. "Klar, hat alles seine Richtigkeit. Ich hab dir damals deine 100- DM wiedergegeben und meine eigene Einführung mit 200- DM bezahlt." "Aber du kommst doch nicht wegen der TM-Kurse her, sondern nur meinetwegen." "So ist es." „Du weißt, dass ich das nicht will. Ich will, dass du mich in Ruhe lässt!"

"Ja, das glaube ich dir, dass du auf diesem Friedhof deine letzte Ruhe finden willst, aber ich weiß, dass dein Herz in Wirklichkeit etwas ganz anderes will." Sie lief aus der Küche. Später hörte ich sie telefonieren. "Toni, du bist es, ach wie toll, dass du anrufst. Ja, ich hab euch das Gefühl, dass es gut ist, wenn du herkommst, ich freu mich sehr auf dich."

Immerhin, der glatte Boden des riesigen Korridors war wohl gerade gut gewachst, denn ich konnte mich kaum auf den Beinen halten. Und das Licht dieser Krankenhausbeleuchtung. Ich musste weinen. Fast zwei Jahre lang hatte ich angenommen, dass Sabine nur vom Kopf her "Nein" zu Bhagwan sagt, ihr Herz hatte Tendenzen einer "Ja-Strömung" kundgetan. Nun hatte ich das Gefühl, dass sie nicht nur mich persönlich, sondern auch das, was ich als mein tiefstes, unpersönliches Inneres empfand und mit dem Name "Bhagwan" verband, ablehnte - womöglich nie damit Kontakt gehabt hatte. Sollte ich mich so getäuscht haben? War es wirklich ihr Herz, das sie zu Toni und diesem Verein hier zog? Aber wie waren dann diese wunderbaren Erlebnisse des Eins-Seins möglich gewesen? Wenn wir in einem so tiefen Punkt übereingestimmt hatten, wie konnte es dann nun zu einer solchen Gegensätzlichkeit kommen?

Nach dem gemeinsamen Abendbrot hatte ich noch einmal Gelegenheit, mit Sabine zu sprechen. "Ich musste vorhin mit anhören, wie du mit Toni telefoniert hast. Ich dachte, du seist nicht mehr mit ihm zusammen." „Da hast du eben falsch gedacht. Du brauchst dir wirklich keine Hoffnungen mehr zu machen. Du bist nicht mein Mann, jedenfalls nicht in diesem Lehen." Ich fing an zu heulen und zu jammern. Sabine ließ sich dadurch natürlich nicht beeindrucken oder erweichen, aber ich fühlte mich danach erleichtert.

Am nächsten Tag besuchte ich einen Vortrag. Der Centerleiter sprach über verschiedene Aspekte des TM und des spirituellen Weges. Sabine betrat den Raum und setzte sich dazu. Wir hatten nun beide die Augen geschlossen, und ich konnte mich in das Hörspiel: "Vier Ohren - ein Bewusstsein" vertiefen. Es waren natürlich viel mehr Ohren im Raum versammelt, aber die spielten nicht richtig mit. Allein wegen dieser 10 Minuten des stillen Zusammenseins mit Sabine hatte sich die Fahrt hierher gelohnt. Die Stimme des Centerleiters strömte klar und sympathisch durch den weiten, beseligenden Raum des Bewusstseins. Dann ging Sabine, und der Raum schrumpfte allmählich zusammen.

Abends durfte ich vor dem Vortrag öffentlich Geige spielen, obwohl ich mich nachmittags vor dem Centerleiter und den Kursteilnehmern als Sannyasin zu erkennen gegeben und eine ziemlich freche Frage gestellt hatte, in der die TM als intellektuelle Esoterik kritisiert wurde. Einerseits wollte ich mit meiner indisch getönten Improvisation tatsächlich einen Beitrag zur Meditation leisten, der auch dankbar aufgenommen wurde. Andererseits wollte ich Sabine imponieren - ein Balz- und Werbemuster, das sich schon bei meinen Annäherungsversuchen als Siebzehnjähriger nicht sehr bewährt hatte und auch hier einen zumindest fragwürdigen Erfolg hatte.

Der anschließende Vortrag des Leiters verlief recht merkwürdig. Er verlas einen Ausschnitt aus Maharishis Autobiografie und musste dabei so erbärmlich stottern, er verhaspelte sich und sprach oft, als wisse er nicht mehr weiter, und das war schon recht auffällig und ungewöhnlich, denn er sprach sonst sehr frei, klar und bestimmt. Der Inhalt des Textes war allerdings nach meinem Verständnis schauerlich peinlich, im Vergleich zu den freien, spontanen Diskursen von Bhagwan erste Grundschulklasse. Nach einer weiteren Abfuhr, als ich Sabine auf der Treppe abfing und sie sich mit den Worten: "lass mich endlich in Ruhe" ihren Weg nach oben ins Schlafzimmer bahnte, war ich entschlossen, meine Bemühungen mit ihr aufzugeben. Am nächsten Morgen bezahlte ich bei ihr an der Rezeption die 100.-DM für das Wochenende, was sie zu überraschen schien und sagte: "Du hast recht, Sabine, es ist völlig sinnlos, ich habe alles falsch

gemacht. Ich werde dich nie wieder belästigen, leb wohl."
Über diese Nachricht war sie hocherfreut.
Ich fuhr wieder zurück zum Hannover Aschram. Der Empfang war überwältigend. Alle freuten sich aufrichtig, dass ich wieder zurückgekehrt war. Zwar war ich kein Aschramit mehr, sondern nur Gast. An den "meetings" durfte ich nicht teilnehmen. Aber im Übrigen galt ich als vollwertiges Mitglied der Gemeinschaft. Trotzdem bemühte ich mich darum, wieder offiziell aufgenommen zu werden. Der naheliegende und reguläre Weg, in einer Privataudienz bei Veetgyan und/oder seiner Freundin Ananto, mit der er das Amt der Centerleitung teilte, um eine zweite Aufnahme zu bitten, kam mir erst in den Sinn, nachdem ein anderer, trotzig-aufsässiger Versuch gescheitert war.
Ich hatte mich in ein Hauptmeeting gesetzt. "Was willst du hier, Christian? Du weißt, dass Nicht-Aschramiten auf solchen Meetings nichts zu suchen haben." „Es sind zwei Punkte, die ich hier vortragen möchte", begann ich großspurig. "So geht das nicht, Christian. Entweder du gehst freiwillig, oder ich lass dich hinaustragen." Die Spannung wuchs rasant. „Willst du Gewalt gegen mich anwenden, Veetgyan?" Einige konnten den Druck nicht mehr aushalten. "Mensch, geh doch endlich, geh!" Ich schwankte noch einen Moment, ob ich dieses "Energie-Experiment" länger durchhalten sollte und gab dann nach. Betont lässig erhob ich mich, strich demonstrativ mein Sitzkissen zurecht und verließ mit einem hochmütigen Grinsen den Raum.

Einige Tage später in einer Privataudienz. "Du willst also wieder Aschramit werden", begann Veetgyan. "Warum eigentlich?" "Tja, ich glaube, es ist wegen dir." „Wegen mir? Ich dachte, du seist hier wegen deiner Freundin Vishram? Wie findest du das, Ananto?" Er wandte sich belustigt an seine Freundin, so als ob sie bestätigen sollte, dass Veetgyan nicht schwul sei. Ich ließ mich dadurch nicht irritieren. "Du bist der erste Mensch seit Bhagwan und meiner Freundin Sabine, dessen Bewusstheit mich anzieht." "Meine Bewusstheit kannst du überhaupt nicht ermessen."

Ich schaute in einem eigenartig gleichgültigen Grundgefühl, das vielleicht aus einer Art Resignation entstanden war, auf eine Blume und vergaß alles um mich herum. In dem Augenblick begann die Blume zu leuchten. Sie war von einem weißen Licht umgeben, das ich vorher nie bemerkt hatte. "Siehst du, das ist es", hörte ich Veetgyans Stimme. "Und jetzt ist es wieder weg." Ich schaute weiter auf die Blume, aber das Leuchten war tatsächlich verschwunden, dagegen konnte ich nichts machen. Veetgyan fuhr fort. "Ich weiß nicht, was du hier willst, Christian. Deine eigentliche Frage dreht sich gar nicht darum, in einem Aschram zu sein oder nicht. Außerdem habe ich Angst, dass du meine Leute vergiftest!"

Dieser Vorwurf erschien mir dermaßen abwegig, dass ich noch nicht einmal mit Empörung darauf reagierte. Inzwischen war Vishram gerufen worden. Da ich ihr längst erzählt hatte, dass ich mehr Interesse an Sabine und Veetgyan hatte als an ihr, was nicht ausschloss, dass ich gerne mit ihr zusammen war, war es mir nicht peinlich, als Veetgyan ihr berichtete, worum es mir ging. Schließlich sagte er, zur Überraschung aller Anwesenden: "Du bist jetzt wieder Aschramit, Christian, kümmer dich um deine Arbeit. Ich weiß sowieso, dass du nicht lange hierbleiben wirst. Spätestens dann, wenn du die Hosen runterlassen musst, haust du wieder ab. So, und nun hinaus mit dir, du weißt, was du zu tun hast." Ich wetzte erfreut davon mit dem Vorsatz, ein fleißiger und authentischer Aschramit zu sein.

Einen knappen Monat blieb ich noch. Die Meetings wurden immer grauenhafter und die Arbeitszeit erhöhte sich vor der Eröffnung des Restaurants auf 16 Stunden. Nach einem trostlosen"Satsang", wo etliche Leute zu heulen anfingen, wurde mir im anschließenden meeting die Schuld gegeben. Die Centerleiterin, die mich in all den Wochen noch nicht einmal angelächelt hatte - dabei erinnerte sie mich etwas an Sabine - sagte: "Deine Satsang-Musik, Christian, ist so entsetzlich, dass man nur heulen kann." Dabei waren vorher alle begeistert gewesen. Ich hatte viele, die aus Hemmungen noch nie öffentlich musiziert hatten, dazu gebracht, im Satsang aufzutreten.

Mein spezieller "Bundeswehrfreund " meldete sich auch gleich zu Wort: "Dein widerliches Geigengewimmer geht mir schon seit langem auf die Nerven." Veetgyan sagte im Erzählton: "Neulich ging ich noch abends durch das Center und hörte plötzlich ein eigentümliches Geräusch. Es hörte sich an wie Katzengejammer. Ich lauschte an der Tür: tatsächlich, es kam aus dem Meditationsraum, wo um diese Zeit eigentlich "Music-Group" sein sollte. Ich trat ein, und was sah ich: Christian stand da versunken mit drei oder vier Männeken und alle heulten und jaulten so andächtig, dass mich niemand bemerkte. War das die Probe für die Musikgrouplieder, Christian?" "Es waren an dem Abend so wenig gekommen, dass ich nichts anderes machen konnte," sagte ich kleinlaut. Dabei handelte es sich um jenes Chor-Improvisationsexperiment, das schon in Berlin großen Anklang gefunden hatte und auch diesmal ganz begeistert aufgenommen worden war, sodass ich mir vorgenommen hatte, das Experiment einmal im großen Kreis während des meetings durchzuführen, als Alternative zu dem ständigen Encounter. Doch daran war nun gar nicht zu denken.

"Ich weiß überhaupt nicht, was du hier noch willst", setzte Ananto den Reigen fort. „Wann immer ich dich sehe, stehst du untätig herum, während alle anderen beschäftigt sind." Das war aus meiner Sicht ein unglücklicher Zufall. Tatsächlich hatte sie mich zweimal in einer Situation gesehen, wo ich gerade nicht gewusst hatte, was ich als nächstes tun sollte. Das passierte anderen auch. Ansonsten hatte ich mich für meine Begriffe bis zur Erschöpfung verausgabt. Aber das hätte ich alles laut und klar aussprechen sollen, statt es für mich beleidigt zu denken.

"Dann ist mir zu Ohren gekommen, dass du einmal vormittags um 11 Uhr gefrühstückt hast du hattest doch aber vorher gar nicht Nachtschicht gehabt, oder?" Ich hatte keine Lust mehr, mich damit zu verteidigen, dass ich außerhalb des Planes den Anderen bis in die Morgenstunden geholfen hatte, und da mir niemand zur Hilfe kam, schwieg ich und war nun entschlossen, auszuziehen. Ich spürte bei dem Gedanken eine große Erleichterung. Es kamen noch verschiedene Vorwürfe, die aber an mir vorbeirauschten, weil ich mich bereits ganz woanders sah.

In einem Telefongespräch mit Ursula hatte ich erfahren, dass Sabine mit Toni nach Italien gereist war, zu einem TM-Kurs, bei dem Maharishi persönlich anweste. Toni war danach allein aus Italien zurückgekehrt. Wo sich Sabine zur Zeit aufhielt, war unklar. Diese Nachricht versetzte mich in helle Aufregung. Ich wollte sofort nach Italien. Hätte ich es nur getan! Ich hatte mir Geld von einem Freund aus Hamburg geliehen, meine Aschramschulden bezahlt und in Hannover hielt mich danach nichts mehr - oder doch? "Dummerweise" hatte ich ein junges, hübsches Mädchen kennengelernt und verbrachte noch vier oder fünf Tage in ihrer WG, wo ich ein Bild für Sabine zeichnete. Ich wollte nicht mit leeren Händen kommen. Das hätte ich mir, wie sich später herausstellte, sparen können. Sparen können hätte ich mir auch meine Besuche in der Hannover Spielbank, wo ich genau das Doppelte von dem verspielte, was ich bei Veetgyan herausgepokert hatte. Mir waren die 600,-DM Aschrammiete für Januar zu hoch, ich hatte nur knapp drei Wochen dort gewohnt und hatte als „full-worker" gearbeitet. Die brauchten normalerweise überhaupt nicht zu bezahlen. "Was ist dir denn die Sache wert gewesen?" hatte Veetgyan gefragt. "Höchstens die Hälfte." "O.K." grinste er, "450.-„

Irgendwann stand ich dann an der Autobahnauffahrt von Hamburg und wollte mich immer weiter „führen" lassen, bis ich Sabine irgendwo in Italien treffen würde. Doch nach einer knappen Stunde überkam mich eine Mutlosigkeit, die auf der Busfahrt in die Innenstadt mit 40- DM für Schwarzfahren bestraft wurde. Ich fuhr zum Haus meiner Eltern, die gerade verreist waren. Was wollte ich hier? Ich wusste es nicht. Ich befand mich seit einer Woche in einem so aufgedrehten Zustand, dass ich keinen klaren Gedanken fassen konnte.

Es tut mir selbst weh, dass meine Eltern diese ganze Geschichte nur mit Entsetzen aufnehmen können. Dabei ist meine Selbstbeobachtung und Darstellung gar nicht gegen sie persönlich gerichtet. Sie haben sich zweifellos alle erdenkliche Mühe mit der Erziehung gegeben. Aber je mehr ich mir darüber bewusst wurde, was diese Erziehung für mich tatsächlich bedeutet hatte, wie aus einem spontanen, glücklichen Kind ein schuldgefühlgemarterter "Erwachsener" geworden war, desto mehr wusste ich, dass die Undankbarkeit, die mir seit Kindesbeinen vorgeworfen worden war, ihre natürliche Berechtigung hatte. Jedes intelligente Wesen muss sich gegen das, was in unserer Gesellschaft "Erziehung" genannt wird, sträuben. Niemandem kann da speziell und persönlich ein Vorwurf gemacht werden, weil die Bewusstseinslage allgemein vollkommen verdunkelt ist. Es ist, wie Bhagwan treffend sagt und dafür sicher 90% der Menschheit gegen sich hat, das Werk der Priester und Politiker, die die Religion und die Angst der Menschen für ihre Machtzwecke ausnutzen.

So saß ich nun in der elterlichen Wohnstube und grübelte, wie es weitergehen sollte. Schließlich kam ich zu dem Entschluss, mit dem Geld aus der Kirchenkasse und dem Wagen von meinem Vater nach Italien zu fahren. Ich schrieb einen Brief an meine Eltern, worin ich freimütig zugab, dass ich bei dieser Aktion keine Schuldgefühle empfinde, sondern im Gegenteil ein befreiendes Gefühl der Vergeltung. Wer sich trotz seiner eigenen Erziehung im Innersten ein Gefühl für menschliche Würde bewahrt hat, der weiß: dass ein vier- bis sechsjähriges Kind von einem erwachsenen Mann regelmäßig verprügelt wird, ist ein bestialisches Verbrechen. Aber seit Jahrhunderten ist es das Normalste der Welt. Und wenn die erwachsenen Kinder mit ihren Eltern gemütlich am Kaffeetisch sitzen und darüber plaudern, wie es im Büro läuft, wie viel Geld verdient wird und dass es mit dem Bau des neuen Hauses gut vorangeht, dann ist das in meinen Augen ein einziger Akt der Verdrängung. In Wirklichkeit sitzen sich da Todfeinde und Bestien gegenüber. Dieses Schema wird dann wieder mit den besten Absichten an die nächste Kindergeneration weitergegeben. So weit, so schlecht. Doch nun geschah etwas Merkwürdiges.

Ich zählte gerade das Silbergeld, und es war ganz sicher nicht die peinlich kleine Summe der Opfergaben, die mich plötzlich klar erkennen ließ: so geht es nicht. Ich war total in diese Aktion gegangen und darüber hinausgewachsen. Sie war nicht durch schlechtes Gewissen und Schuldgefühle abgeblockt, sondern schlichtweg überflüssig geworden. Von dem Zeitpunkt an begann ich meine Eltern zu akzeptieren, auch wenn sie selbst das Gegenteil empfanden. Tief innen hatte ich begriffen, dass ich ihnen nicht mehr die Verantwortung für Erziehungsfehler aufdrücken konnte. Das half mir in meiner eigenen Entwicklung überhaupt nicht weiter. Mit dieser Einsicht war eine tiefe, innere Loslösung verbunden. Ich packte das Geld wieder ah seinen Platz, schloss alles sorgfältig ab und zerriss den Brief.

Über Ursula erreichte ich Toni, der mir die Telefonnummer von einem Hotel oder einer Pension in Montepulciano gab, wo Sabine sich zuletzt aufgehalten haben sollte. Wie es zu Sabines Entschluss gekommen war, ohne Geld in Italien zurückzubleiben, darüber konnte oder wollte Toni nichts Näheres sagen. Ich kaufte mir von meinem letzten Geld eine Fahrkarte nach Florenz. Interessanterweise wurde in jener Nacht, als ich schon auf dem Weg nach Italien war, tatsächlich bei uns zu Hause eingebrochen. Alles war durchwühlt und der Schmuck meiner Mutter gestohlen worden. Sie haben mich nie beschuldigt, allerdings auch keine Anzeige erstattet. Da ich ziemlich genau weiß, welches Bild mein Vater von mir hat...aber naja, aus seiner Sicht ist es auch verständlich. Sein Urteil über mich ist ja zum großen Teil mein eigenes geworden, ich habe es früh übernommen und muss damit nun zurechtkommen. Beobachten, Beobachten, Beobachten!

Als ich in Florenz ausstieg, hatte ich noch 10 Pfennig, so wie damals in Bombay, nur war das Klima hier etwas anders. 5

Grad unter Null. Ich schlich unentschlossen um den Bahnhof und fragte schließlich einen jungen Italiener, in welche Richtung ich laufen musste, um nach Montepulciano zu trampen. Er verstand mich nicht und ging weiter. Nach einiger Zeit kam er wieder zurück und zog mich zum Busbahnhof. Es fuhren Busse nach Montepulciano. Als ich ihm meine 10 Pfennig vorzeigte, wollte er mir das nötige Busgeld schenken.

Diese rührende Hilfsbereitschaft hatte ich in Italien schon oft erfahren. Das war aber nicht der eigentliche Grund, warum ich mich hier wie zu Hause fühlte - im Gegensatz zu Deutschland. Der tiefere Grund waren die schönen, anziehenden Mädchen und die wunderbare Landschaft. Sabine war eine typische Italienerin. Und ich war ihr sehr dankbar, dass sie mich hierher gelockt hatte. Ein italienisches Sannyasinpärchen, das Englisch sprach, lud den Jungen und mich zum Cappuchino ein. Der Junge konnte sein Geld behalten. Die Sannyasins gaben mir etwas Geld und die Adresse und Telefonnummer des bekanntesten italienischen Bhagwancenters, "Miasto" in der Nähe von Siena.

In Siena musste ich auch umsteigen. Ich erwischte den falschen Bus, landete nach stundenlanger Fahrt in einem Bergkaff, hatte nicht mehr genug Geld für die Rückfahrt, wieder musste mir eine rührende Italienerseele helfen, nachts lief ich mit knurrendem Magen durch die kalten Straßen von Siena, rief im "Miasto" an, ja, ich könnte kommen.

Der Nachtbus fuhr weit aus der Stadt heraus. Ich stieg an der Stelle aus, die mir beschrieben worden war. In einer kleinen

Kneipe wärmte ich mich etwas auf und sprach zwei Mädchen auf Englisch an. Ich hatte sie richtig eingeschätzt. Sie gehörten zur „Alternativen Szene", wohnten in einer Frauenkommune auf einem Hof in der Nähe, sprachen gut Englisch und musterten mich argwöhnisch bis aggressiv, als ich nach dem Miasto fragte. „Du bist also auch einer von diesen "Roten"? Mit denen haben wir hier überhaupt nichts im Sinn, die sind hier echt unbeliebt."

Als ich ihnen meine Situation schilderte, wurden sie freundlicher. „Also zu den Bhagwanleuten fahren wir dich nicht, da kannst du zu Fuß hinlaufen, das sind noch gut 7 km. Aber wir können dich zu Charly bringen, der wohnt da in der Nähe. Ist zwar ein merkwürdiger Kauz, aber vielleicht nimmt er dich für eine Nacht auf". Wir tobten zu dritt in einem kleinen Fiat auf einem abenteuerlichen Feldweg durch verlassenes Gehölz, und nach einer guten halben Stunde kamen mir erste Zweifel, ob wir auf dem richtigen Weg waren. Vielleicht wollten die beiden Emanzen ein Exempel statuieren? Schließlich hielten wir vor einem heruntergekommenen Gehöft, das aussah wie eine finstere Burg. Wir stiegen eine schmale steile Holztreppe hinauf, von innen bellte ein Hund. Die beiden Damen hämmerten gegen die massive Tür und schrien etwas auf Italienisch. Schlurfende Schritte, Raucherhusten und verstärktes Hundegebell waren die Antwort. Die Tür öffnete sich und ich erkannte im Kerzenlicht einen bärtigen, etwa 50 jährigen Einsiedlertyp. Er beruhigte seinen Hund auf Amerikanisch und begrüßte uns auf Italienisch. Wir tapsten durch ein dunkles, kaltes Zimmer und gelangten durch eine mit Decken verhängte Tür in eine mollig warme, nur durch Kerzen erleuchtete "faustische" Studierstube. Es herrschte eine geniale Unordnung. Überall lagen dicke alte Bücher herum, neben Hundeknochen und seltsameren Utensilien. Elektrisches Licht gab es hier nicht. Als Ofen diente eine große Öltonne. "Du bist Deutscher?" brummelte der Amerikaner, "und willst zu deinen Roten Brüdern? Na, dafür ist es heute zu spät, die haben längst zu. Du kannst heut Nacht hier schlafen." Wir leerten zu viert eine Flasche Cinzano, das Gespräch wurde meist in Italienisch geführt, dann zogen die beiden Frauen ab.

„Bloß gut, dass sie endlich weg sind", schimpfte Charly, "die sind nur hergekommen, weil sie was von meinem Gras rauchen wollen. Aber ich hab selbst so wenig, reicht gerade für mich."! Er sah mich einen Moment prüfend an, dann lachten seine Augen freundlich und er sagte: „Du gefällst mir. Ich hab auch nichts gegen Bhagwan, im Gegenteil. Hab selbst einige Bücher von ihm gelesen. Aber die da drüben sind ziemlich arrogant. Naja, jetzt bist du jedenfalls mein Gast."

Er drehte einen Joint aus purem Gras, und nach zwei, drei Zügen war ich so high wie selten. Ich musste hinaus, ins Freie. Bhagwanitas et Sabinam apostolicam eternitatiplumplamplem… Vorsichtig ging ich die Treppe hinunter, denn jeden Moment konnte mich der Körper verlassen. Unter freiem Sternenhimmel. Ganz Italien war Sabine.

Als ich in den nächsten Tagen durch die umliegende Toskanalandschaft wanderte und über weite Täler auf das eine oder andere burgartige Gehöft schaute, blieb das Grundgefühl:

dies alles war ein wunderschöner Traum in Sabines Mutterleib. Zugleich versetzte mich der Gedanke, dass ich sie vielleicht bald sehen würde, in einen so aufgedrehten, euphorischen und bangen Zustand, dass ich Charly bat, er möge mir in dieser extremen Situation väterlich beistehen.

Meine Geige hatte ich gleichsam als Pfand in Deutschland bei einer Freundin gelassen, die ich nun telefonisch um eine telegrafische Geldanweisung bitten konnte. Charly erfuhr durch einen Anruf in Montepulciano - während ich am ganzen Leib zitterte - dass Sabine nun woanders wohne. Er versuchte es mit der neuen Telefonnummer und

tatsächlich, Sabine wurde ans Telefon gerufen. Ich konnte kaum den Hörer halten und hätte mir beinahe in die Hosen gemacht. „Hallo, Sabine, ich bin's." "Christian, na das ist eine Überraschung. Ja wo bist du denn?" Ihre Stimme klang wirklich freudig überrascht.

„Ich bin auch in Italien, bei einem Freund, in der Toskana, und ich möchte dich so gern besuchen." "Das möchte ich nicht so gern, Christian." Ihre Stimme klang nun wieder abweisend. "Na ja, äh, wie geht's dir denn da, bist du glücklich?" "Ja, mir geht's sehr gut hier. Ich arbeite mit Kindern zusammen, helfe alten und kranken Menschen." „Also, Sabine, es hilft alles nichts, ich muss dich besuchen, ich habe dir eine sehr wichtige Nachricht zu übermitteln und das liegt letztlich nicht in meiner Hand, verstehst du?" „Ich muss jetzt auflegen, Christian, leb wohl."

Das Gefühl, ihr eine Nachricht überbringen zu sollen hatte sich tatsächlich in den letzten Tagen gesteigert, doch welchen Inhalt

die Botschaft hatte, wusste ich nicht. Charly betrachtete mich in einer Mischung aus Besorgnis, Ermahnung und Belustigung: "Mein lieber Freund, du solltest eigentlich erwachsen geworden sein. Was sind das nur für pubertäre Schwärmerspiele! In deinem jetzigen Zustand kann ich dich doch nicht auf dieses arme Mädchen loslassen."
„Das ist kein armes Mädchen, die ist mir haushoch überlegen. Wenn einer hier zu bedauern ist, dann bin ich das mit meinen verzweifelten Abnabelungsversuchen." "Du meinst wohl Annabelungsversuche - du läufst ihr doch hinterher!" "Ja, sicher, das ist nun einmal die Situation. 'Wenn ich mich dagegen wehre, wird es nur noch schlimmer. Ich will da jetzt total durchgehen, bis ich die Nase so gestrichen voll habe, dass die Sache endgültig erledigt ist. "Das glaube ich dir nicht - außerdem könntest du das einfacher machen. Es ist deine eigene Entscheidung. Aber, wie du willst. Weißt du denn nun wenigstens, wo sie sich aufhält?" „Sie ist an einem Ort, wo sie mit Kindern spielt und alte, kranke Menschen betreut." "Na, dann hast du sie ja bald gefunden, von solchen Orten gibt es in Italien höchstens 10 000."
Ich starrte ihn verzweifelt an. „Na, ist ja gut, Charly hat aufgepasst. Also, nach dem, was mir die Frau in Montepulciano gesagt hat, ist deine Angebetete in einem Katholischen Nonnenkloster in einem kleinen Kaff - den Namen habe ich aufgeschrieben - irgendwo in der Provinz Viterbo." „Ach du meine Güte, ein Kloster, auch das noch!" "Ja, ich wünsch dir jedenfalls viel Glück bei diesem Abenteuer", lachte Charly. Er brachte mich in seinem alten Fiat, der sich in dieser

Gegend gut als Geländewagen eignete, zum Bahnhof und wir verabschiedeten uns als alte Freunde.

Als ich den winzigen Bahnhof jenes Ortes, der nun der richtige sein sollte, in einem Triebwagen erreichte, hatte ich bereits eine kleine Odyssee hinter mir. Ich war zwischendurch in einem Ort ähnlichen Namens gelandet und hatte mit angstvollen Magenkrämpfen alle in Frage kommenden klosterartigen Gebäude abgeklappert - keine Spur von Sabine. Auf irgendeinem Bahnhof hatte ich dann die Fahrkarte bekommen, die ich brauchte und darüber hinaus ein kleines Stück Haschisch. Zwei Jungen hatten mich in dieser Angelegenheit angesprochen, was mir bisher sehr selten passiert war, und ich hatte, was noch seltener, vielleicht sogar zum ersten Hal vorgekommen war, Haschisch gekauft. Sonst war ich immer eingeladen worden.

Nun wanderte ich auf der Landstraße, die vom entlegenen "Hilfs"-Bahnhof zum Dorf führte und überlegte, wie ich auftreten sollte. Die äußeren Voraussetzungen, die ich mitbrachte, waren höchst unattraktiv. Ungewaschen, unrasiert, unausgeschlafen und erschöpft. Allein beim Anblick meiner Reisetasche, die von Charlys Hund völlig zerkratzt und mit Lehm beschmiert worden war, würde Sabine bestätigt sehen, dass ich nach wie vor nicht als ihr Mann in Frage kam. Aber abgesehen davon, dass es dafür nun ohnehin zu spät war, hatte ich mich jemals ernsthaft bei ihr um die Stelle des Ehemanns beworben? Nein. In Wirklichkeit ging es mir, d.h. einem mir noch immer unbekannten, tieferen Teil meiner

Selbst um etwas, das mit Ehe und Kindern nichts zu tun hatte. Es ging um die höchste, uneingeschränkte Freiheit.
Und ich war nicht frei. Ich hing mit Kopf und Herz an Sabine und hätte sie jetzt auf der Stelle heiraten wollen - römisch-katholisch. Vernünftiger wäre es gewesen, für die Nacht ein Quartier zu suchen, die Lage auszukundschaften und meditativ vorbereitet vor Sabine zu erscheinen. Aber ich hielt die Spannung nicht mehr aus. Ich wurde von einem Auto mitgenommen, das mich direkt vor der Einfahrt jenes katholischen Institutes absetzte, wo, das spürte ich jetzt deutlich, Sabine sein musste. Ich ging die Allee entlang, die auf ein riesiges Gebäude im klassisch-römischen Stil zuführte, Augen starr geradeaus gerichtet. Ich versuchte auf den Atem und auf den gehenden Körper zu achten. Es war nichts zu machen. Ich fühlte Angst. Eine erbärmliche Angst.

Hatte Bhagwan nicht oft genug gesagt, dass Angst das Gegenteil von Liebe ist? Also konnte das hier keine Liebe sein. Aber was wollte ich dann hier? Ein masochistischer Drang danach, abgelehnt zu werden? Mutprobenspiel? Eine solche Angst hatte ich sonst nur in Verbindung mit Haschisch und Veetgyans Encountermeetings erlebt. Ich fühlte das kleine Haschischstück in meiner Hosentasche.
"Die Situation muss auf die Spitze getrieben werdenI!, dachte ich. Haschisch in Verbindung mit Sabine, das war für mich bisher das Höchste gewesen, das war offensichtlich mein individueller Weg. Ich rauchte eine Zigarette mit ein paar Haschischkrümeln. Kurz darauf wusste ich, dass diese

Droge nun ihre frühere Funktion verloren hatte. Sie wirkte nicht mehr angstverstärkend, sondern angstdämpfend. Sie war in dieser Situation zu einer Art Halt geworden. Ich hatte die Verantwortung abgegeben, ein anderes, mir nur durch das Haschisch bekannte Wesen übernahm die Führung.

Der Zug war abgefahren und ich sah mich in das Kloster eintreten. Eine alte Nonne kam mir entgegen. Sie konnte nur italienisch. Bei der herbeigerufenen Äbtissin war es nicht anders. Ich konnte immerhin verstehen, dass sie wissen wollten, wer ich sei und was ich hier wolle. Ich sagte Sabines Namen und fügte hinzu: „un amico tedesco". Die Nonnen verschwanden und ich hatte Gelegenheit mich umzusehen. An die Stelle meiner Angst war ein höchst belustigter Beobachter getreten. "So, nun sind wir zur Abwechslung einmal in einem echten katholischen Nonnenkloster, nein wie süß, diese Jesusbildchen und die Madonnafiguren. Gleich wird die Madonna höchstpersönlich erscheinen!"

Die Stimme war wirklich witzig, mein Körper probierte einige Aikidoschritte, um Boden zu gewinnen. Ich nahm zwar den Raum und alles andere ganz deutlich wahr, hatte aber zugleich das Gefühl, ganz woanders zu sein, wo, wusste ich nicht. Dann sah ich Sabine in ihrem weißen Kleid mit ernstem Gesicht herankommen. „Bona sierra, Christian."

Dass sie mich lachend und tanzend empfangen würde, war nicht zu erwarten gewesen, aber wenn ein Mensch innerlich erfüllt und glücklich ist, dann müsste doch zumindest ein Funke von Freude in seinen Augen glitzern. Das war hier leider nicht der Fall.

"Sabine, ist das wirklich dein Ernst? Willst du eine Nonne werden?" Sie wandte sich zur Seite, ging an mir vorbei und sagte tonlos, ohne mich anzusehen: "du gehst deinen Weg, Christian, und ich gehe meinen." Ich setzte ihr nach und reimte: „Mein und Dein, das lass mal sein." Aber, wie gesagt, das war eigentlich gar nicht ich, der da sprach, sondern irgendein unsichtbares Wesen, das sich über diese ganze Situation köstlich zu amüsieren schien. Wir standen uns nun wieder gegenüber. Während des folgenden Gesprächs fühlte ich mich in die Rolle eines distanzierten Zuschauers versetzt, der aus eigenem, persönlichem Engagement weder piep noch papp sagen, sondern nur wahrnehmen konnte, wie die Sprechwerkzeuge benutzt wurden. Die Stimme klang erregt und zugleich zu einem Flüsterton gedämpft. Der Blick war auf jene Stelle zwischen Sabines Augen geheftet, wo ihr "Drittes Auge" sitzen musste.

"Deine Gedanken", sagte die Stimme, "sind sehr stark, da musst du gut aufpassen." „Ja, ich weiß", sagte Sabine betroffen, und ihre Augen waren weit, ja erschrocken aufgerissen. "Wer ... wer bist du?" "Ich bin nicht der Christian, den du kennst. Das ist nur der Körper. Ich bin Bhagwan. Ich bin in Wirklichkeit in Indien. In Indien werde ich immer wiedergeboren. Und du hast eine wunderbare Aufgabe, Sabine, die höchste Aufgabe: du wirst einen Buddha zur Welt bringen. Ich werde durch dich wiedergeboren."

Sabine blickte einen Moment irritiert auf meine rechte Hand, die sich in heiliger Pose erhoben hatte, so, wie der kitschige Jesus auf vielen Bildern zu sehen war, mit den beiden ausgestreckten

Fingern. „Und das... das ist meine wahre Aufgabe?" stammelte sie. „Ja, das ist deine wahre Aufgabe. Ich werde dir noch in anderen Gestalten begegnen, auch in der Gestalt von Toni." Nun spürte ich, wie die Energie nachließ. In den letzten Satz hatte sich schon das Interesse eines gewissen Christian eingemischt, Sabine um jeden Preis nahezukommen, sei es um den Preis, für Toni gehalten zu werden. Während des ganzen mysteriösen Gesprächs, bei dem ich "auf meiner Seite" keinerlei Überlegung oder Absicht bemerkt hatte, waren die Nonnen immer zudringlicher um uns herumgeschlichen. Als Sabine dann sagte, du musst jetzt gehen, Christian", war ich auch tatsächlich fast wieder der Alte. Ich ergriff verlegen meine schäbige Tasche und sagte: „Ich hab ein Bild für dich mitgebracht, Sabine." „Ich will dein Bild nicht!", antwortete sie, und ich wurde von einer Nonne hinausgeleitet.
Ich lief kichernd und euphorisch aufgedreht durch die Nacht. Das war ja der absolute Höhepunkt gewesen. Was war da überhaupt passiert? Offensichtlich hatte "ich" das erlebt, schließlich konnte ich mich an alles erinnern. Ich genehmigte mir ein Bier in der Dorfkneipe und wurde von Leuten in die nächste Stadt mitgenommen, wo ich, wie selbstverständlich und ohne zu zögern durch den Kellereingang in eine Art Hotel eintrat; ich schritt durch den Hausflur, nahm ein leeres Gästezimmer in Beschlag und verschmolz trotz der lausigen Kälte in einer orgiastischen, gedanklich-gefühlsmäßigen Vereinigung mit Sabine.
Da ich auch bei der Niederschrift der Erinnerungen davon ausgehe, dass das, was als erstes auf das Papier kommt, das

Unmittelbarste und daher Authentische und Beste ist - auch die Reihenfolge möchte ich nachträglich nicht verändern - will ich noch etwas nachtragen, was mir jetzt, gleichsam "zu spät" einfällt. Das Gespräch mit Sabine war länger, als ich es eben dargestellt habe. "Christian wird sich dir immer mehr hingeben, und du wirst ihn immer mehr ablehnen. Das muss so sein. Du hast ihm erzählt, dass du im letzten Leben mit ihm verheiratet warst und mit ihm bei einem Autounfall ums Leben gekommen bist. Es kommt darauf an, den Tod bewusst zu erleben, dann..."
„Wer war der Mann im Auto?" fragte Sabine. "Das.. das kann ich dir jetzt nicht sagen", brachte die Stimme, zum ersten Mal mit einem Anzeichen von Mühe oder Hilflosigkeit hervor. "Na ja, Namen und Personen spielen auch keine Rolle", meinte Sabine daraufhin.

Mir ist später klargeworden, dass ich mit meinem idiotischen, höchstpeinlichen Klosterauftritt auch das letzte Interesse, das Sabine einige Zeit sehr stark an Bhagwan gehabt hatte, zunichte gemacht haben muss. Meine verzweifelte, persönliche Anstrengung, Sabine zu Bhagwan zu führen, hatte bei ihr das Gegenteil erreicht und mich selbst immer weiter von dem Meister und seiner Gemeinschaft entfernt. Und ich brauchte auch nicht nach irgendeinem geheimnisvollen, körperlosen höheren Wesen zu suchen, dem ich die Verantwortung für dieses Gespräch zuschieben konnte. Ich hatte mich durch Haschisch wieder einmal in eine erhebende Distanz zu mir selbst, zu meinen authentischen Wünschen und Ängsten gebracht, die ja schließlich doch hintenherum, esoterisch aufgebauscht und verlogen zum Ausdruck gekommen waren

Ich fuhr nach Deutschland zurück mit dem festen Entschluss, einen angemessenen Arbeitsplatz zu finden, wo ich meine kreativen Fähigkeiten einsetzen konnte. Die Begegnung mit Sabine hatte mir eine tolle Kraft gegeben. Ich landete wieder in Köln bei Ursula, die mich bei meiner neuen Arbeit und auch sonst sehr unterstützte.

Ich machte heim WDR Sendungen zum Thema Meditation und Musik. Damit verdiente ich immerhin so viel Geld, dass ich den Hauptteil meiner Schulden abbezahlen und mit "stand by" von London nach New York fliegen und von dort mit dem "Greyhound"-Bus quer durch die Staaten nach Oregon zu Bhagwans "Second Annual World Festival" fahren konnte.

Ich fuhr zusammen mit meiner geliebten Schwester. Es war eine aufregende, tolle Reise, die ich hier aber ebenso wenig schildern kann wie meine Erlebnisse in Rajneeshpuram. Nur soviel: in Portland warf ich meinen letzten Krümel Haschisch in den Papierkorb, weil Drogen aller Art auf der "Ranch" verboten waren. Hit diesem "Wurf" hatte ich mich innerlich von Haschisch befreit. Ich wusste, dass es mich nicht weiterbringt, sondern meine Entwicklung hemmt.

In Rajneeshpuram wurden wir von einem riesigen, doppelten Regenbogen begrüßt. Mir liefen die Tränen, als ich merkte, dass ich immer noch in Bhagwan verliebt war und mich wahnsinnig auf das Wiedersehen freute, obwohl ich vorher die ganze Zeit betont cool die Sache auf mich hatte zukommen lassen. ‚Liebe ist das Gegenteil von Angst'.

Die rasante wirtschaftliche Entwicklung, auf die alle Bewohner zu Recht stolz waren, interessierte mich kaum. Ich fand es eher störend, dass von morgens bis spät in die Nacht ununterbrochen Busse durch die Gegend ratterten. Konnte man diese kurzen Strecken nicht zu Fuß bewältigen? Aber solche Äußerlichkeiten konnten nicht die überwältigende Tatsache verdecken, dass die ganze Gegend von reiner, tiefer Meditation erfüllt war. Wenn ich abends nach einem seligen Blick zum ungewöhnlich klaren Sternenhimmel zufrieden in den warmen Schlafsack gekrochen war, stand ich – schwuppdiwupp- knackfrisch morgens um 5 Uhr als einer der ersten vor der Meditationsballe, wo drei Stunden später im Beisein von Bhagwan der Satsang stattfand. In Deutschland war ich normalerweise frühestens um 10 Uhr mit Mühe aus dem Bett gekrochen.

Das Wichtigste waren die Satsangs. Die Husten- und sonstigen nervösen Geräusche waren zwar anfangs etwas störend, aber das ließ sich wohl nicht vermeiden - bei 15 000 Leuten. Ich lernte, sehr viel tiefer in die Meditation zu gehen als bisher, und es war eine beseligende Tiefe ohne Angst. Die nahm ich als Andenken mit. Unvergesslich wird mir auch jener Blick sein, den Bhagwan mir einmal von fern aus seinem Rolls Royce zuwarf, Ich hatte im Bus auf dem Weg zum schönen Stausee gesessen, als es plötzlich hieß: "Bhagwan kommt." Der Bus hielt, alle rannten wie wild heraus auf die Straße, ein kleines Kind blieb weinend auf der Strecke. Ich betrachtete nachdenklich das Kind und fragte kritisch, ob das wohl in Ordnung sei.

Die sogenannten "drive-bys", wo Bhagwan sorgsam die unermesslich lange Schlange seiner Jünger vom Auto aus durchleuchtete, hatten mich bisher regelmäßig abgetörnt. Aber möglicherweise operierte er dabei mit seinem Röntgenblick an mir herum, und das war mir wohl etwas unangenehm, was weiß ich. Nun jedenfalls kam er von einer Spazierfahrt zurück und drückte, nachdem er etwas langsamer gefahren war, wieder aufs Gaspedal. Dabei drehte er sich direkt nach mir um und strahlte mich an.

Er war sicher 100m entfernt, aber die Entfernung spielte keine Rolle Da war einfach mein allerbester Freund, ein wahnsinnig toller Bursche, der auch mich toll fand, und sein Blick sagte alles, z.B. auch dies: "Drück' voll auf die Tube, Junge, gib Vollgas, auch wenn Millionen von Miesepetern dir das Spiel verderben wollen. Das Leben ist ein einziges Freudenfest." Yeah, man! Und er rauschte davon.

Auch ich rauschte dann bald wieder davon, zurück nach Deutschland, zusammen mit meiner Schwester, die nun Sannyasin und damit erstrecht meine aller-allerliebste Schwester geworden war. (ich hab auch nur eine) Wir konnten uns gar nicht mehr trennen und besuchten, nur so zum Vergleich, jenen anderen Erleuchteten, Herrn Jiddhu Krishnamurti, in der Schweiz. Was die Rahmenbedingungen des Krishnamurti -Festivals betraf, da fiel mein vergleichendes Urteil so aus: Schönere Landschaft, viel weniger Leute, prozentual gesehen aber auch weniger interessante und lebendige Menschen, und vor allem ein Rahmen der Präsentation, bei dessen Gestaltung man offensichtlich die Story vom Christuskind in der Krippe zum Vorbild genommen hatte. Erbärmlicher und popeliger ging es kaum noch. Am Eingang des Zeltes rasselten die Spendenbüchsen, wie bei "Brot für die Welt"; ich bekam einen Sitzplatz, na gut, der war in Rajneeshpuram auch nicht viel besser gewesen, aber hier ging es um die Unterbringung von ungleich weniger Menschen. Und dann der klapprige Holzstuhl auf dem Podest! Krishnamurti hatte sich diesen Stuhl vielleicht als "awareness-Übung bestellt, ich glaub, er musste sich während des ganzen Vortrags mit den Reinen abstützen, um nicht mit diesem Stuhl zusammenzukrachen, dabei weiß jeder Leser, der bis hier durchgehalten hat, dass Krishnamurti - im Boxerjargon gesprochen - ein SuperFederleichtgewicht ist. Aber Krishnamurti wollte ja ausdrücklich nicht als Meister verwöhnt werden. Dafür schimpfte er wieder auf "diesen Guru mit dem Rauschebart und den Rauschegewändern", was ich witzig fand.

Was nun die "innere " Situation anging, so konnte ich zu meiner Freude feststellen, dass ich die Gegenwart eines Erleuchteten unabhängig von Bhagwans Aussagen ohne Zweifel selbst spürte. Natürlich war meine Aufmerksamkeit durch positive Vorurteile erhöht. Aber als ich vor dem Vortrag mit geschlossenen Augen dasaß und es innen plötzlich hell, weit und klar wurde, da wusste ich: Krishnamurti - ein erleuchtetes Wesen - hatte den Raum betreten. So war es.

Die kleine, dürre Gestalt auf dem Stuhl verblüffte, ja schockierte mich. Sie wirkte wie eine Marionette, deren ruckhafte, energische Armbewegungen irgendwie aus der Luft gelenkt zu sein schienen. Dass sich das Zentrum Wesens nicht im Körper befand, war so auffällig, dass ich unwillkürlich im Raum herumsah, um die Marionettenfäden zu entdecken. Der

Vortrag war so zermürbend intensiv, dass ich nach einer halben Stunde gegen eine bleierne Müdigkeit ankämpfen musste. Es war ein sehr beeindruckendes Erlebnis, und ich bedankte mich im Stillen bei Krishnnmurti. Er hatte wirklich mehr Liebe von seinen „Anti-Jüngern" verdient.

Wohin reiste ich nun? Ganz recht, nach Italien. Als ich nach vielen tollen Abenteuern schließlich bei Vollmond (guru-purnima)vor der Klostermauer stand, fackelte ich nicht lange und kletterte ‚rüber.

Ich schlich mich durch den vom fMond hell erleuchteten großen Klostergarten winnetouartig an das Gebäude heran. Falls Sabine immer noch in diesem Gemäuer weilte, dann war sie bei dem Vollmond sicher irgendwo hier draußen, alleine. So gut kannte ich sie. Doch das einzige menschliche Wesen, das ich auf meiner fast zweistündigen Expedition entdeckte, war eine Leiche. Eine ältere Frau lag aufgebahrt bei Kerzenlicht in einer kleinen Kapelle. Enttäuscht zog ich mich zurück.

Am nächsten Tag ging ich wieder frech auf den Haupthof und erfuhr von der Oberin, was ich schon ahnte: "Sabina non che, non che." Sie war nicht da. Aber über diese Nachricht konnte ich nicht froh werden. Irgendetwas stimmte da nicht. Sabine tobte nicht befreit und lachend durch die Welt, sondern war noch im Bann des Klosters, das fühlte ich intuitiv. Ich überreichte der Nonne einen Brief und ging nachdenklich davon.

Zwei Monate später erfuhr ich von einer Freundin, dass Sabine tatsächlich immer noch im selben Kloster „sehr glücklich" war. Ich durfte den Brief lesen, den sie ihrer Freundin geschrieben hatte. Darin hieß es, dass sie vom evangelischen zum katholischen Glauben übergetreten, von einem alten Pater in die wahre Lehre eingeführt worden sei und demnächst so etwas wie eine Konfirmation vor sich habe. Der alte Pater hatte einen neuen Orden oder eine neue Richtung innerhalb des alten Benediktinerordens gegründet. Es gäbe da schon eine ganze Kette von Klöstern und man wolle sich auch in Afrika und Indien ausbreiten. Die Freundin sei eingeladen, im Kloster als Pianistin ein Konzert zu geben, allerdings ohne Bezahlung. Sie dürfe auch ihren Freund mitbringen, es sei alles sehr locker hier, der Freund könne auch eventuell im nahegelegenen Männerkloster unterkommen.

Das hörte sich ganz so an, als wollte Sabine tatsächlich ihr weiteres Leben als katholische Nonne verbringen. Die einzige positive Erklärung, die ich dafür finden konnte, war, dass sie an einen echten Mystiker geraten sein musste. Davon hatte es ja in der katholischen Kirche im Laufe der Jahrhunderte einige gegeben.

Da ich immer noch ständig an Sabine denken musste, entschloss ich mich, ein drittes Mal zum Kloster zu fahren. Die Pilgerfahrt sollte ausschließlich dazu dienen, dass ich mir meiner Anhänglichkeit bewusster wurde. Ich wollte in der Nähe des Klosters meditieren und Distanz zu meinen Hoffnungen und Wünschen bekommen. Schon die erste Nacht auf der Kuhwiese vor dem Kloster bestätigte mir, dass mein Ansatz richtig war. Ich lag da in dem selten erlebten Zustand zwischen intensivem Träumen und Wachheit, bis mich die Kühe morgens um 6 vertrieben. In der Nacht hatte sich ein Gedanke herauskristallisiert, der mich begeisterte: ich wollte mich direkt an die Seite vor dem Klostertor auf eine Steinstufe setzen und dort so lange im Yogasitz und mit geschlossenen Augen ausharren bis…ja bis meine Probleme verschwunden waren. Ich stellte mir vor, wie die Leute an mir vorbeigehen würden, zunächst kichernd oder schimpfend, dann würden sie mich ansprechen oder gar anstoßen, schließlich würde vielleicht sogar Sabine zu mir geschickt werden, und wenn ich dann immer noch nicht reagierte, würde man wahrscheinlich die Polizei oder einen Krankenwagen rufen. Bis dahin müsste allerdings eine Art Erleuchtung passiert sein, entweder bei Sabine oder bei mir, am besten bei uns beiden.

Die erste Stunde verlief vielversprechend. Eine schöne, stille Meditation mit Vogelgezwitscher, das nur gelegentlich durch einen erbärmlichen Frauenchor aus dem Kloster gestört wurde. Einige Male hatte ich Kontakt mit Sabine. Ich spürte ihre Gegenwart und war dabei sicher, dass sie auch meine fühlte. Die ersten Leute kamen vorbei, der Betrieb wurde reger, Autos und Mopeds fuhren aus und ein. Niemand beachtete mich. Das erstaunte mich. Ich war wirklich nicht zu übersehen, und nach meiner Erfahrung sind die meisten Italiener neugierig und kontaktfreudig. Nach der zweiten Stunde waren meine Beine wie abgestorben und der Rücken und Hintern taten unangenehm weh. Beobachten des Schmerzes. Die erwartete Gedankenflut war bisher ausgeblieben.

Dann kam Sabine vorbei. Ich hielt die Augen weiterhin geschlossen, aber ich spürte sie deutlich näherkommen. Innerer Aufruhr. Angst, Peinlichkeit, Beschämung, Sehnsucht, Enttäuschung…Ich hielt es nicht mehr aus und öffnete kurz die Augen. Ich sah sie von hinten, immer noch im weißen Kleid, wie sie mit einer alten Nonne sprach. Als sie sich umdrehen und zurückgehen wollte, konnte ich sie nicht ansehen, so stark war meine Beschämung. Sie ging an mir vorbei, als wäre ich nicht da. Und sie hatte recht. Falls da überhaupt jemand saß, dann war es ein Häufchen Elend, ein trostloser Bettler, der sich seiner menschlichen Würde nicht bewusst war. Meine eigenen, illusorischen Wünsche hatten mich in diese Situation gebracht. Immer wieder hatte ich diesen Wünschen und Hoffnungen nachgegeben, und was hatte ich damit gewonnen? Nichts, aber auch gar nichts. Ich blieb noch eine Weile sitzen und entschloss mich dann, das Experiment abzubrechen. Immerhin hatte ich einen Einblick in den fiesen Mechanismus des Wünschens und Hoffens erhalten.

In der Dorfkneipe, wo mich die Leute schon in ihr Herz geschlossen hatten, weil ich mit dem Sohn des Hauses Musik gemacht hatte, trank ich einen Cappuccino. Es war ja auch ganz schön, hier in der Sonne zu sitzen, eine Zigarette zu rauchen und einen Cappuccino zu trinken. Das war eben mein Weg. Ich konnte wirklich nicht erwarten, dass Sabine von ihrem hochgelegenen, steilen Heiligenpfad auf diese platte Ebene zu mir heruntersteigen würde.

Mir kamen wieder alle möglichen Zweifel. Ich hatte meine Sitzung zu früh abgebrochen. Hatte ich wirklich Sabine gesehen? So genau hatte ich doch vor lauter Angst gar nicht hingesehen. Vielleicht hatte ich mir alles nur eingebildet? Ich ging zurück zum Kloster und nahm wieder meinen alten Sitzplatz ein. Ich saß den ganzen Tag ziemlich gleichgültig da - hatte eben nichts Besseres zu tun. Einige Jugendliche kamen mit ihrem Kofferradio, und nachdem sie mich einige Zeit als Kuriosität genossen hatten, wurden sie sauer; denn das war hier ihr Stammplatz, und meine Anwesenheit störte sie. Das wollte ich nicht. Das Herumsitzen hatte ohnehin nichts mehr gebracht. Ich erhob mich und zischte in der Kneipe einige Bierchen.

Danach fühlte ich mich zu neuen Schandtaten aufgelegt. Ich stellte mich an einem geeigneten Platz vor der Klostermauer auf und ließ mein Geigenständchen für Sabine durch die laue, stille Nacht hallen, im Wechselgesang mit entferntem Hundegebell. Das musste sie gehört haben - vielleicht hatte sie sogar dazu gekichert, wie ich. Aber als ich dann von der anderen Seite wieder diesen erbärmlichen Nonnenchor vernahm, wo ich ihre helle, wunderschöne Stimme als einzigen Lichtblick oder Wonneklang herauszuhören meinte, da ärgerte ich mich. Wenn sie jetzt da diese langweiligen Lieder mitsang, dann konnte sie von meiner sensiblen Violinimprovisation nichts mitbekommen haben. Perlen vor die Sau.

Ich hätte das ganze Kloster in Brand stecken können vor Wut. Von der Straße aus, die etwas erhöht lag und von wo aus man das Kloster überblicken konnte, sang ich mit lautester Stimme über das Klostertal hinweg in indisch klingenden Phantasieworten grimmig meinen Wut und Schmerzgesang. Es war kein Gegröle, sondern ein tragisch-erhabener Gesang, der im Tal widerhallte. Doch den genauen Ton der Posaunen von Jericho hatte ich wohl nicht getroffen, denn das Gemäuer lag ungerührt da wie seit eh und je. Ich nahm spaßeshalber an, dass Sabine vielleicht überhaupt nicht da war und ich diesen ganzen Zirkus für mich selbst veranstaltete - und ich musste laut lachen. Ob sie da war oder nicht: ich spielte tatsächlich nur mit mir selbst. Ein groteskes Spiel.

Am nächsten Tag spazierte ich noch etwas in der Umgebung herum. und freute mich für Sabine, dass sie sich eine so schöne Landschaft ausgesucht hatte. Sicher hatte sie oft dieselben Bilder, dieselben Klänge aufgenommen, die ich jetzt wahrnahm. Und wenn sie nun wirklich glücklich hier war? Was wollte ich mehr? Die Tatsache, dass sie sich seit über einem Jahr mir gegenüber verschlossen und miesepetrig gezeigt hatte, musste ja nicht bedeuten, dass das ihr Allgemeinbefinden war. Vielleicht verstellte sie sich sogar nur mir zuliebe, um mir zu zeigen, dass ich mich nicht von ihrem Glück oder Unglück abhängig machen dürfe.

Ja, das war die Lösung! Sabine hatte selbst einmal zu mir gesagt - einer ihrer unvergesslichen Aussprüche: "Du musst mich Innen suchen, Christian, nicht außen. Ich bin in Dir." Und das stimmte. Ich hatte schon in manch einer tiefen

Meditation erlebt, wie ich ganz von Sabines Gegenwart durchleuchtet war, so, als wäre sie mein innerster Kern. Das Gefühl der Wonne und überströmenden Liebe musste ich unwillkürlich mit dem Namen "Sabine" verbinden, obwohl ich ahnte, dass diese Gefühls-oder Daseinsebene nicht an die reale Person Sabine gebunden war. Es ging darum. die innere Sabine in mir selbst immer weiter und tiefer zu erforschen und zu entdecken. Dankbar fuhr ich mit dem Bummelzug davon Richtung Deutschland.

10: Jan. 84:
Letzte Begegnung in Hamburg

Das wäre ein schöner Schluss für meine Geschichte gewesen. Aber ich hab noch einen besseren. Zwar nicht besser im Sinne eines romantisch-gefühlsseligen Happyends, aber im Sinne einer Wahrheit, die ich nun nicht mehr mit dem Namen "Sabine" , sondern nur mit dem Namen "Bhagwan" verbinden kann. Und es hat schon seinen guten Grund, dass das kein (von Eltern gewählter) Eigenname ist.

Der Name "Sabine" war für mich keinesfalls in Vergessenheit geraten. Im Gegenteil. Mit dem zugehörigen Menschenbild ratterte, tanzte, schwebte und bohrte er unablässig auf Spaziergängen, Partys und Diskobesuchen, bei Höhen-und Tiefflügen, anstrengenden und erholsamen Phasen durch Kopf und Gemüt.

Zum Weihnachtsfest wollte ich Sabine mit einem großen Paket überraschen. Dabei wusste ich während der tagelangen Gestaltung schon im Voraus, dass sie nichts von mir annehmen wollte außer Desinteresse. Während der Kopf unermüdlich (der ist wirklich nicht kleinzukriegen) in allen Tonlagen und dramatischen Richtungen klarmachte, wie negativ Sabine auf dieses Geschenk reagieren würde, bastelte ein anderer Teil meiner selbst relativ unbeeindruckt und liebevoll an einer "Adventsschnur", wo für jeden Tag vom 1.

bis zum 24. Dezember eine kleine Überraschung vorgesehen war. "Ich" wollte dabei üben, etwas ohne die Erwartung eines Dankeschön zu tun. Allerdings konnte ich keinen Menschen nennen, der mir so verhasst gewesen wäre, dass ich mich nicht gefreut hätte, wenn ausgerechnet dieser Mensch mir so ein tolles Geschenk gemacht hätte. Ziemlich raffiniert, das Ego, wie?

Wahrscheinlich zu abwegig, aber wissenschaftlich interessant: es gibt so ein Ego - ich bin der Beweis. Oder darf ich verallgemeinernd sagen: "ich" ist der Beweis? Die pausenlos auf mich einredenden Gedanken zeigten mir in allen Variationen, dass ich in Sabines Augen so unausstehlich widerlich sei, dass sie schon beim bloßen Anblick meiner Handschrift auf das Paket spucken und sich angeekelt abwenden würde. Aber die Aktion wurde durchgehalten. Ich reichte das fertige Paket bei der Post ein.

Silvester erhielt ich zum ersten mal so eine Art "Durchsage", wie es bei Ursula die Regel war. Wenn ich zum Neujahr die "Dynamische" machen würde - ja, Herr Jesus, ich trage das Kreuz, oh wie gerne - dann würde ich Sabine treffen. Ich zischte los, von Detmold nach Hamburg, schaffte es tatsächlich, morgens um 6 oder 7 Uhr die "Dynamische" mitzumachen - war es wirklich Neujahr? - und erwartete getrost alles Weitere. Zum Monatsende, an Sabines Geburtstag, rief ich nach einigen Angstwellen im Kloster an. Charmant und italienisch - ich muss wohl tatsächlich mal ein Italiener gewesen sein - fragte ich nach Sabine und erfuhr: „Sabina non che, en Hamburgo" "Si, capito, grazie, ciao." Alles klar. Sie war in Hamburg. Mir strömten die Tränen vor Glück. Ich sank auf die Knie und dankte Bhagwan. Hätte ich damals, in dem Moment, gewusst, wofür…ich hätte wahrscheinlich schwarze Tinte auf sein Bild gespritzt.

Ich rief alle mir zugänglichen Freunde von Sabine an. Renate, die Pianistin - sie wussten von nichts. Nach einigen Tagen hielt ich es nicht mehr aus und rief bei ihrer Mutter an, die mich von Anfang an nicht ausstehen konnte. "Ja, hier Sabine". Ich brachte keinen Ton heraus, und selbst diesmal war Sabine die erste, die auflegte. Später versuchte ich es nach einigen Stimmübungen erneut. Ich konnte immerhin meinen Namen einigermaßen verständlich artikulieren, und nachdem ich das geschafft hatte, sprudelte es aus mir hervor.

"Ach Sabine, ich habe ja so schreckliche Angst, ich weiß gar nicht was ich sagen soll, bist du denn jetzt raus aus dem Kloster, ach, es ist so toll, dass du wieder in Hamburg bist, ich hab im Kloster angerufen, ich hab richtig italienisch gesprochen, und die haben mir gesagt, dass du hier bist und…"

"Ich bin nicht raus aus dem Kloster, und ich habe jetzt auch keine Zeit, mein Vater ist gerade hier."

"Können wir uns denn nicht wenigstens irgendwo treffen, oder soll ich dich noch mal anrufen?"

"Nein, das möchte ich nicht. Ich muss jetzt Schluss machen. Alles Gute."

Nach nach allem, was ich bisher mit Sabine erlebt hatte jetzt aufgeben, wo sie in Hamburg war und sich nicht durch Klostermauern abschirmen konnte? Nein! Einige Tage später rief ich wieder an. Diesmal erwischte ich ihre Mutter. "Sind

Sie etwa der Christian, der "Poona-Herr"? Also haben Sie denn noch immer nicht kapiert, dass meine Tochter nichts von Ihnen wissen will. Sie haben Ihr doch wohl nun genug Leid zugefügt" "Aber bitte, verstehen Sie doch, ich habe ihr doch nie ein Leid zufügen wollen, sie war doch auch sehr glücklich mit mir zusammen, ich liebe Sabine." "Das ist mir völlig gleichgültig. Sie haben in der Welt meiner Tochter nichts zu suchen. Sie ist nun in ihrer neuen Umgebung sehr glücklich und möchte von Ihnen und Ihrer Sekte nicht mehr belästigt werden."
"Aber darüber kann sie doch in Wirklichkeit nur lachen, wenn sie ihren wahren Weg gefunden hat." "Nein, sie ist…sie wird durch Ihre Belästigungen sehr aufgeregt und in ihrem Seelenfrieden gestört, also unterlassen Sie von jetzt an bitte Ihre Zudringlichkeiten auch im Sinne meiner Tochter, haben Sie mich verstanden?" Boing.
Sabine hatte womöglich daneben gesessen. Für diese Situation gab es nur eine Erklärung; ich jagte einem Phantom hinterher. Die Sabine, die ich einmal geliebt und die mich geliebt hatte, mit der ich tiefe Meditationen erlebt und die verrücktesten Abenteuer bestanden hatte, das konnte unmöglich dieselbe Sabine sein, die sich jetzt hinter den grauenhaften Worten ihrer Mutter auf dem Sofa verkroch. Aber das wollte ich genauer wissen. Ich musste sie endlich sehen - Aug in Aug - und mit ihr sprechen. Vielleicht hatte sie vor mir genauso viel Angst wie ich vor ihr, nur dass es bei ihr anders zum Ausdruck kam.

Die Mutter hatte angedeutet, dass Sabine von Zweifeln geplagt war. Das war eigentlich ein gutes Zeichen. Das war für mich ein Zeichen, dass Sabine noch lebte. Das sage ich hier ganz unmissverständlich und offen: wer in der Kirche, speziell in einem katholischen Kloster seine letzte Ruhe findet, der ist in meinen Augen echt tot. Und das war meine Seelenqual mit Sabine. Sie durfte nicht sterben - nicht so!
Der Zeitpunkt war gekommen. Ich erzählte meiner Sannyasinwohngemeinschaft, was für mich los war, und dass ich Sabine besuchen müsste, in der Höhle des Löwen. Ich wurde liebevoll ausstaffiert, d.h. völlig neu eingekleidet. Ich bekam sogar einen Schlips verpasst, den ich sonst nie trage. Dann fuhr ich mit der S-Bahn und erreichte im Nieselregen die Wohnung von Sabines Mutter. Vor Jahren war ich einmal hier gewesen und hatte mich, wie ich meinte, ganz nett mit Sabines Mutter unterhalten. Ich muss ganz ehrlich sagen, wenn es auch unglaublich klingt: meine Gefühle für Sabine konnten diese Frau, die mich deutlich hasste, nicht ausschließen. Ich hatte mir oft überlegt, wie ich ihr irgendwie etwas Gutes tun könnte, hatte ihr eine Kassette mit Tonbandaufnahmen von Sabine schicken wollen. Aber dann hatte ich wieder gezweifelt, ob es sich nicht doch nur um einen Anbiederungsversuch handelte. So viel war von Sabines Innenleben auf mich übertragen worden und tief in mich eingedrungen, dass ich ja oft selbst nicht wusste, ob ich Sabine oder Christian oder ich weiß nicht was war-.
Jedenfalls, nun stand ich im Hausflur und wollte klingeln. Aber ich traute mich nicht. Ich ging wieder aus dem Haus.

Klack. Da wurde von innen die Haustür abgeschlossen. Dabei war es höchstens 18 Uhr. Sollte ich nun unten klingeln? Und wenn die Mutter herunterkam? O Schreck und Graus! Es war eigentlich schon schlimm genug, wenn Sabine die Tür öffnete.

Ich wartete noch und stand im Regen. Aber da öffnete sich tatsächlich die Tür, und Sabine trat heraus, in jenem hellen schönen Mantel, den die verstorbene Birgit manchmal getragen hatte, weil Sabine ihn bei Ursula hatte liegen lassen. Sabine sah mich. Ich zuckte hoch. Ohne jegliche Kontrolle kam es aus mir heraus. "Sabine, Sabine siehst du mich, bist du wirklich da, bist du wirklich da, Sabine, und kannst mich sehen?" "Natürlich sehe ich dich, Christian", sagte sie und machte einen ausweichenden Bogen. "Ich hab auf dich gewartet Sabine, entschuldige, ich wollte dich besuchen aber… äh …dann bist du plötzlich aus der Tür gekommen."

Mein Gott, sie war noch schöner als früher! Renate, mit der wir zusammen auf Gran Canaria gewesen waren und die von Sabine besucht worden war, hatte mir erzählt, Sabine sei ziemlich fett und im Augenausdruck stumpf geworden, aber das konnte ich nicht feststellen. Ich hatte von Renate auch andere haarsträubende Geschichten erfahren, und ich schätzte Renate als eine sehr erdverbundene, liebevolle, klarsichtige Frau und Mutter. Ich muss diese Vorinformationen vorwegschicken, weil sie ja irgendwo in meinem Kopf gespeichert waren und die jetzige Begegnung mit Sabine auch mit beeinflussten.

Sabine hatte z.B. Renate berichtet, dass die Seele nach dem Tode weiterlebt, weil nachgewiesen sei, dass der Körper beim Eintreten des Todes sieben Gramm leichter werde. Renate hatte diese Bemerkung aus ganz anderen Gesichtspunkten lächerlich gefunden als ich. Für mich war es unbegreiflich, wie jemand, der tiefe Meditationserfahrungen hatte, auf diese dubiosen 7 Gramm hinweisen musste. Hatte Sabine denn alles vergessen, was sie durch eigene Meditation erfahren und mir überzeugend mitgeteilt hatte? Für jemanden, der wirklich meditierte, war es doch völlig klar, dass das Bewusstsein unabhängig vom Körper ist, der brauchte doch keine "objektiv-wissenschaftliche 7-Gramm-Theorie"!

Dann hatte Renate auch gefragt, wie Sabines Verhältnis zu mir sei. Sabine habe verkrampft lachend geantwortet: "Ach, der ist doch verrückt. Einmal hat er mich im Kloster besucht und dabei affig herumgehampelt. Wahrscheinlich bekifft." Das hatte sie zum Glück richtig erkannt. Als wir die Straße überquerten, sagte ich: "Ich möchte nicht, dass du mich als einen bekifften Spinner in Erinnerung behältst, Sabine. Natürlich ist es einfacher, sich mit einer solchen Erinnerung im Kloster zurückzuziehen."

Wir gingen 10 Meter schweigend auf einem schmalen Fußweg nebeneinander, und ich versuchte, auf meinen Atem und das Gehen zu achten, um bei mir zu bleiben. Dabei fühlte ich die Nähe zu Sabine und wurde mir der Tatsache bewusst, dass dieses Zusammensein ein höchst seltenes Geschenk war. Sabine blieb stehen. "Was erwartest du von mir, Christian?"

Obwohl ich diese Frage schon einige Male in ähnlichen Situationen von ihr gehört hatte, war ich völlig überrascht.
"Ich erwarte...nichts von dir, Sabine. Überhaupt nichts. Ich bin glücklich, dass ich jetzt mit dir hier zusammen sein darf. Ich...ich liebe dich und ich steh auch dazu." Dass ich nichts von ihr erwartete, war, wie mir später klar wurde, eine Lüge. Nicht absichtlich, mit dem bewussten Vorsatz, Sabine zu täuschen, nein, es war eine Selbsttäuschung - und darum geht es hier in erster Linie - eine Lüge, die durch das angenommenes Ideal: "ich bin ohne jede Erwartung" blitzschnell parat war.
So wollte ich gerne sein: ohne jede Erwartung. Sabine lieben, ohne sie durch Erwartungen und Wünsche einzuschränken. Wäre der Begriff "Wunsch" zur Sprache gekommen, hätte ich vielleicht eher gezögert. Diese Unterscheidung mag manchem - zumal in dieser brisanten Situation - pingelig erscheinen, aber sie ist wichtig. Wir leben und agieren im Mechanismus der Sprache. Unzählige für unser eigenes Glück wichtige Entscheidungen werden verfehlt, weil wir unbewusst und automatisch gewissen "Sprachspuren" folgen, die in unserem Kopf zu einem festen Muster geworden sind. Sabines Wort "Erwartung" löste bei mir die Assoziation von: "wie soll sich Sabine verhalten?" aus. Und darauf konnte ich nicht antworten. Denn mein Gefühl war tatsächlich: "ich bewundere und begehre dich, Sabine, weil du dich immer so verhältst, wie ich es nicht erwarte." Hätte sie aber gefragt, was mein tiefster Wunsch ist, dann hätten die Gedanken andere Wege eingeschlagen:"Ich möchte, dass du bei mir

bleibst, dass du aus dem Kloster verschwindest, dass du Sannyasin wirst, dass du meine Frau wirst."

Doch das reale Gespräch ging so weiter: "Ich werde wieder in das Kloster zurückkehren, Christian, und wir werden uns nicht wiedersehen. Ich lebe durch Christus, für Christus und sterbe in Christus." "Das hört sich aber sehr traurig an", sagte ich, denn ihre Stimme und ihr Gesichtsausdruck erschienen mir keinesfalls freudig. "Das ist nicht traurig, sondern sehr schön.", sagte sie. "Wenn das wirklich wahr ist", sagte ich und brachte dabei meinen Bhagwan und ihren Christus in Gedanken auf einen gemeinsamen Nenner, "dann werden wir uns immer wieder sehen."

Wieder gingen wir einige Meter schweigend nebeneinander, aber ich achtete nicht mehr auf meinen Atem und mein Gehen, sondern sah ihr Gesicht, das sie vor mir halb im Kopftuch verbarg, verliebt an. „Christian, ich möchte jetzt allein weitergehen." Sie rannte über die Kreuzung davon, ich hinterher. Sie hatte schon am Anfang unseres Gespräches gesagt, dass sie auf dem Weg zur Kirche sei. „Ich möchte noch bis zur Kirche mitgehen." Sie lief immer schneller. "Ist das Christus?" schrie ich verzweifelt. "Ja, das ist auch Christus", schrie sie zurück. Ich hatte sie eingeholt, und wir liefen wieder nebeneinander. "Du kannst die Mauern, die du um dich herum aufgebaut hast, ruhig sehen, Sabine." Sie hielt einen Moment inne und sagte etwas lauter: "Ich will dich nie mehrwiedersehen, Christian."

Ich schaute sie einen Moment verblüfft an. Der krasse Inhalt war nicht so authentisch aus ihr herausgekommen, dass ich

niedergeschmettert sein konnte. "Das ist mein Weg" Sie deutete mit düsterer Miene auf ein noch trostloseres Gebäude. Die katholische Neubaukirche. Sollte ich nun abziehen? Eigentlich hatte es gereicht. Aber vielleicht sah sie in mir wieder den Satan, der ihr in das heilige Gebäude nicht folgen kann, so wie ein Vampir das Kreuz fürchtet.
Ich eilte hinterher und setzte mich auf eine der hintersten Bänke. Vorne kniete Sabine in einer lockeren Gruppe von etwa zehn Frauen über 60, die Hälfte davon in Nonnentracht. Nun war mir die Einrichtung der Kirche weiß Gott nicht unbekannt. Auch katholische Gottesdienste hatte ich häufiger besucht. Aber was hier geboten wurde, war echte Zen-Meditation, so wie in der Geschichte, wo der Meister an den in Meditation sitzenden Schüler herantritt und entnervend an einem Stein kratzt, bis der Schüler schließlich aufspringt und brüllt: "Warum störst du meine Meditation?"
Ich saß hinten und hatte die Augen geschlossen. Immerhin war ich mit Sabine in ein und demselben Klangraum. Aber ob es wirklich derselbe Bewusstseinsraum war? Eine näselnde Stimme verlas einige Verse. Aufstehen, Setzen. Ein noch trostloserer Gesang als damals im Kloster, aber Sabines Stimme, klar und deutlich, entschädigte mich. Arme, wunderbare Lerche, in diesem Käfig! Der Priester begann seine Predigt. Nun merkte ich plötzlich, welch ein Poet mein Vater war, dessen Predigten ich wohl damals nicht recht würdigen konnte - mangels Vergleich. Ich versuchte meine letzten positiven Interpretationsreserven zu mobilisieren: "Du sitzt

hier zusammen mit Sabine. Sie hört jedes Wort, genau wie du. Also paß auf. Jeder Pups ist von höchster Bedeutung."
In der Predigt ging es um ein Geschwisterpaar. Die Schwester hatte einen Orden gegründet. Der Bruder zuckelte etwas hinterher. Er war nicht ganz so fromm und heilig. Das passte zwar inhaltlich gut auf Sabine und mich. Aber die Geschichte wollte einfach nicht vorangehen - naja, das passte ja auch. Die Schwester ermahnte ihren Bruder, fromm und tugendhaft zu sein. Der gab sein Bestes, aber wie es so ist im Leben: Die Schwester starb als Heilige, der Bruder war immerhin bei der Beerdigung dabei. Und die Moral von der Geschicht: "Die heutige Spende, liebe Gemeinde, geht an..."
„Aufstehen, setzen." Beim Schlussgebet und Abschlusssegen "von Ewigkeit zu Ewigkeit usw." verhaspelte sich der Pfaffe dermaßen, dass ihm sein ekelhaftes Routinegrinsen wie ein Gebiss aus dem Gesicht fiel und er aus Versehen beinahe das einzige, erlösende, authentische Wort gesprochen hätte: "ich begreif überhaupt nichts mehr."
Die Orgel setzte ein – endlich! Aber in Wirklichkeit war es mir die ganze Zeit erstaunlich gut gegangen, der Zenmeister konnte ruhig weiter kratzen oder auf der Orgel spielen. Ich sah, wie Sabine vorne unruhig wurde und eine Nonne ansprach. Die nahm sie mit durch einen Seitenausgang, so dass Sabine nicht mehr an mir vorbei musste.
Nun wusste ich es mit Sicherheit. Meine innere Sabine hatte mit der da draußen nur noch wenig gemein. Aber eine Verbindung blieb, trotz allem, vielen Dank, Sabine. Als ich ins Freie trat, fühlte ich mich ungeheuer glücklich und befreit.

Diesen Kirchenzirkus hatte ich hinter mir, und zwar so gründlich, dass ich im nächsten Leben nicht mehr darauf hereinfallen würde.
Und die Moral von der Geschieht?
Hau bloß ab mit deiner Moral!

Schluss

Hast du etwa geglaubt, damit sei die Geschichte zu Ende~ Naja, macht nichts, habe ich auch manchmal gedacht. Aber so endet keine Geschichte, die im Leben gewachsen ist. Sogar eine Birne hat ein Anrecht darauf, vom Baum zu fallen, wenn sie überreif ist. Und solange sie sich am Ast festhält was soll's? Vielleicht macht die Natur auch einmal eine Ausnahme, und ein Birnengeist steigt zum Himmel? Oder stell dir eine große, schöne Sinfonie vor, die in einem armseligen Missklang endet. So etwas geht doch schon fast gegen das höhere Gesetz, das zum Glück nicht mehr von Menschen bestimmt wird.

Diese Geschichte ist nicht abgeschlossen, das verspreche ich mir und all jenen, die an ihr Anteil genommen haben. Und zwar nicht mit dem platten Spruch: „Das Leben geht eben weiter." Da klingt nicht nur abgestumpfte Resignation mit, sondern ein Mangel an Poesie. Ich gestalte doch schließlich mein Leben selbst. Und ich möchte, dass mein Leben voller Poesie. Das ist ein Wunsch, der dem Leben selbst entgegenkommt.

Ob ich Sabine jemals in ihrer menschlichen Gestalt wiedertreffe, ist sehr fraglich. Aber ich habe ihren Dom von innen gesehen, und dabei habe ich erkannt, dass es auch meine Heimat ist. Wenn ich nach innen gehe, bin ich in Sabine und sie ist in mir. Nur sehr Wenigen ist es vergönnt, ihre Partner von innen zu erleben. Und ich, glaube, es gibt kein höheres Ziel in einer zwischenmenschlichen Liebe, als dass einer den anderen zu sich selbst führt.

Unser gemeinsamer Dom ist weit, still, von Orgelklängen durchdrungen und vielfarbigen Sonnenstrahlen. Niemand ist innen und Niemand ist draußen. Aber die Leere wirkt nicht trostlos oder verlassen. Es ist schön so. Es fehlt nichts. Hast du schon einmal das deutliche Gefühl gehabt: „ja, so könnte es ewig bleiben!"? Schmerz und Lust müssen vorübergehen, auch die größte Lust würde bald so unerträglich werden wie der tiefste Schmerz. Aber es gibt einen Zustand, nur ein einziger ist es, der unendlich schön ist. Er hat für mich bisher nicht die Qualität von Dauer gehabt, ich habe den Eindruck, dass er auch nichts mit Dauer zu tun hat. Er ist einfach da – jetzt.